LE

DROIT DE LA GUERRE

Première Partie — Les Hostilités

CONFÉRENCES

Faites aux Officiers de la garnison de Grenoble

Pendant l'année 1891-1892

PAR

A. PILLET

PROFESSEUR A LA FACULTÉ DE DROIT DE GRENOBLE

> Qui igitur adipisci veram gloriam
> volet, justitiæ fungatur officiis.
> Cic. *De officiis*. II. XIII.

PARIS

LIBRAIRIE NOUVELLE DE DROIT ET DE JURISPRUDENCE
ARTHUR ROUSSEAU
ÉDITEUR
14, rue Soufflot et rue Toullier, 13

—

1892

LE

DROIT DE LA GUERRE

CONFÉRENCES

Faites aux Officiers de la garnison de Grenoble

LE

DROIT DE LA GUERRE

PREMIÈRE PARTIE — LES HOSTILITÉS

CONFÉRENCES

Faites aux Officiers de la garnison de Grenoble

Pendant l'année 1891-1892

PAR

A. PILLET

PROFESSEUR A LA FACULTÉ DE DROIT DE GRENOBLE

> Qui igitur adipisci veram gloriam
> volet, justitiæ fungatur officiis.
> Cic. *De officiis.* II. XIII.

PARIS

LIBRAIRIE NOUVELLE DE DROIT ET DE JURISPRUDENCE
ARTHUR ROUSSEAU
ÉDITEUR
14, rue Soufflot et rue Toullier, 13

1892

L'ouvrage que nous offrons au public n'est rien autre que la reproduction fidèle des conférences faites aux officiers de la garnison de Grenoble pendant l'hiver de 1891-1892. Que l'on ne s'attende pas à y trouver des recherches savantes ou des théories nouvelles sur le droit de la guerre. Il contient simplement l'exposé des principes les plus communément acceptés de cette importante matière, et les notes ajoutées à l'œuvre primitive ont pour but unique de faciliter les recherches de ceux qui voudraient étudier plus complètement cette partie assez peu connue du droit des gens.

Nous avons compté, en organisant ces conférences, sur l'attrait qu'exerceraient sur nos officiers des idées dont quelques-unes peut-être sont discutables, mais qui toutes sont empruntées aux côtés les plus élevés et les plus généreux de l'humanité. L'expérience nous a montré que nos calculs étaient justes. En livrant aujourd'hui ces mêmes conférences au public, c'est encore dans la grandeur et l'intérêt de leur sujet beaucoup plus que dans leur mérite, que nous plaçons nos espérances.

INTRODUCTION

LE DROIT — LE DROIT DES GENS — LE DROIT DE LA GUERRE

Une étude sur le droit de la guerre demande pour être bien comprise à être précédée de quelques idées philosophiques générales que nous allons essayer d'esquisser aussi simplement et aussi clairement que possible dans cette Introduction.

Le droit des gens a été depuis l'antiquité jusqu'à nos jours l'objet de nombreuses et savantes recherches. La détermination des lois principales qui doivent présider aux rapports des nations soit en temps de paix soit en temps de guerre forme en effet l'un des sujets d'étude les plus intéressants qui se puissent rencontrer, et il est peu de grands philosophes, peu d'esprits supérieurs qui ne lui aient consacré une part de leurs méditations et n'aient essayé de résoudre ce problème qui semble toujours fuir et échappe à l'esprit prompt à le saisir. Ce n'est pas que des conquêtes importantes n'aient été faites dans ce domaine de la science. De grandes vérités ont été dégagées, des points nombreux mis en lumière, des règles de conduite proclamées et suivies pour le bien de l'humanité tout entière. Et cependant, de nos jours encore, cette œuvre colossale et dont l'enfantement a duré des siècles s'appuie sur une base chancelante. Ce que l'on conteste le plus volontiers au droit des gens, c'est ce nom de droit que nous prétendons lui donner, ce qu'on lui refuse, c'est ce caractère obligatoire qui est l'attribut obligé de tout principe d'ordre juridique. A vrai dire, l'idée qu'il puisse y avoir un véritable droit des gens composé de règles précises et certaines, obligatoire au même titre et autant que toute autre branche du droit, cette idée n'a pas encore pénétré dans la masse : bien plus, nombre d'esprits éclairés se refusent à l'admettre et l'on en trouve quelques-uns même parmi ceux qui font des sciences juridiques l'objet de leurs études ordinaires. La raison de ce doute presque universel est facile à comprendre : les nations sont complètement indépendantes les unes des autres, comment dès lors parler d'obligations qui existeraient entre elles, que seraient ces prétendus devoirs sans législateur pour les définir, sans juge pour les apprécier, sans pouvoir exécutif pour les faire respecter. Il ne peut pas y avoir de droit là où n'existe pas une puissance supérieure disposant de la contrainte qui sert de sanction au droit. Et cette objection n'acquiert-elle pas une force nouvelle si l'on porte ses regards sur la situation respective de nations qui sont en état de guerre les unes avec les autres. Comment oser parler d'un droit de la guerre et comment espérer de le voir observé entre deux peuples qui ne songent qu'à se nuire, qu'à s'arracher par la force des avantages qu'ils sont résolus à se refuser l'un à l'autre. Si durant la paix on peut, dans une certaine mesure, faire fondement sur la courtoisie de ses voisins, cette espérance n'est-elle pas démentie par la survenance de l'état de guerre et n'y a-t-il pas une véritable inconséquence, voire même une sorte d'insanité à vouloir définir des lois de la guerre ? Telle est cette objection dans toute sa force. Elle est venue à l'esprit de quiconque réfléchit et raisonne, et il est nécessaire que nous y répondions avant de faire le premier pas dans la voie que nous nous sommes tracée.

Ce raisonnement repose sur une conception erronée, mais l'erreur ne consiste pas dans la méconnaissauce de la nature du droit des gens, ou du droit de la guerre, elle consiste dans la méconnaissance de la véritable nature du droit en général.

On peut imaginer trois façons différentes de concevoir le droit, et, en fait, ces trois conceptions différentes se rencontrent dans des milieux divers : ces conceptions peuvent (afin de fixer les idées) être appelées la conception primitive ou enfantine, la conception courante et la conception philosophique.

La conception primitive ne se rencontre pas seulement chez les enfants, elle est commune à tous ceux qui vivent loin des affaires et qui subissent les lois de la société dans laquelle ils vivent sans chercher jamais à en pénétrer les causes. Elle se caractérise par la confusion complète du droit et de la force mise à son service pour le faire observer. L'idée d'une loi générale supérieure à tous ne s'est pas encore fait jour ; le droit c'est le pouvoir qu'ont certaines personnes d'en obliger d'autres à faire une chose contre leur volonté. Un enfant n'est pas sage. Vous le menacez du gendarme. Le gendarme est tout pour lui, législateur, juge, exécuteur, ces idées n'en font qu'une seule, celle de la force et, en effet, ne faut-il pas une certaine initiation et en outre de la réflexion pour se rendre compte du fonctionnement de ces différents organes. Telle était aussi suivant toute apparence la conception des civilisations primitives. Partout, avant de faire une loi, on a constitué un juge, on l'a pourvu de la force nécessaire à l'exécution de ses sentences, et c'est précisément de ces sentences indéfiniment répétées qu'est né insensiblement le premier de tous les droits, le droit coutumier.

Mais cette forme est trop imparfaite pour nous arrêter plus longtemps et il vaut mieux passer à la seconde, plus actuelle, plus intéressante, digne d'un examen plus approfondi. Dans la vie courante, le droit apparaît comme une sorte d'ordre général adressé à tous les citoyens par une autorité supérieure, laquelle est en même temps dépositaire d'une force suffisante pour en assurer l'observation. La force est ainsi parfaitement distincte du droit, mais elle apparaît en fait comme intimement liée au droit, l'un ne va pas sans l'autre. Supprimez la force, et le droit n'est plus possible. Les causes qui ont donné naissance à cette conception sont faciles à découvrir. Depuis que l'on a entrepris de faire des lois, on s'est préoccupé d'en assurer l'exécution. La loi est par essence une règle jugée nécessaire. Si elle n'était pas nécessaire, on ne la porterait pas. Donc aussi puisqu'elle est nécessaire il faut en assurer l'exécution, ce qui ne se peut faire qu'en donnant au droit la force pour compagne. Ainsi on a été habitué de longue date à voir invariablement, à côté du droit qui montre la route à suivre, la force publique qui veille à ce que personne n'ose s'en écarter, et de cette association de fait est née dans beaucoup d'esprits une association d'idées indissoluble. On distingue très bien la loi ordre général, impersonnel, du jugement par lequel un magistrat en fait l'application au cas particulier porté à son tribunal. On comprend parfaitement qu'une loi peut être bonne et un jugement mauvais, que le magistrat peut se tromper dans l'interprétation qu'il donne, mais ce que l'on ne sait pas se résoudre à séparer, c'est la loi de la force placée à côté d'elle. Pourquoi la loi est-elle obligatoire si ce n'est parce qu'il existe des juges qui l'appliquent, des huissiers et des gendarmes qui exécutent la sentence de ces juges ; on n'obéirait pas à la loi si l'on ne savait pas que, de gré ou de force, il faudra s'y résoudre : ôtez au droit son pouvoir de contrainte et vous lui ôtez du même coup son autorité. En vérité, ce raisonnement paraît évident, et il est évident en effet pour tous ceux qui regardent le texte de la loi comme un inférieur l'ordre de son supérieur qu'il ne discute pas, mais qu'il accepte parce qu'il y est obligé, sans pouvoir se demander quelle est la raison d'être, le fondement dernier de cet ordre. Un homme du monde, un homme d'affaires même, un praticien n'essaiera jamais de remonter au-dessus de la loi elle-même. La loi sera pour lui l'autorité suprême parce qu'elle représente la force suprême, le législateur a le droit de commander parce qu'il a le pouvoir de se faire obéir. Ne parlez pas à ces gens-là de droit des gens, de droit de la guerre. Ils vous demanderont ironiquement où sont vos tribunaux et où sont vos sergents et seront bien près de traiter vos plus savantes spéculations de rêveries de cerveaux échauffés.

Les philosophes véritables ne se sont jamais arrêtés à ces opinions et il faut entendre ici par philosophes non seulement les esprits assez vastes pour embrasser l'ensemble des lois morales de l'humanité, mais tout esprit curieux de se rendre compte de la nature véritable et des causes premières de phénomènes sur lesquels se porte son attention. Les philosophes donc ont toujours porté sur le droit un jugement plus haut : les anciens comme les modernes ont enseigné que la loi n'est pas l'ordre arbitraire du souverain en qui réside la force, mais quelque chose de nécessaire, une conséquence inévitable de l'existence même d'une société. Lorsque Platon parlait de la justice, il ne la faisait pas consister dans l'obéissance aux lois écrites, mais dans un sentiment de mesure, d'harmonie qui fait que l'homme conforme volontairement ses actions à un ordre général que lui fait apercevoir sa raison. Ce même Platon mettait le but de l'Etat et des lois dans la vertu et disait que le politique ne doit jamais cesser d'être philosophe. Aristote après lui reconnaît une autorité supérieure à la loi même, et admet à côté du droit l'équité qui doit servir à corriger sa rigueur, là où cette rigueur ne semble plus conforme à la justice. Cicéron enfin, qui a serré de plus près le problème, oppose, à la loi écrite, une loi qui ne se trouve ni dans les xii tables, ni dans l'édit du préteur, loi purement philosophique que nous tirons de la nature même de l'homme et qui constitue la plus haute expression du droit. Quelle est la pensée commune de tous ces grands hommes, si ce n'est que la loi ne tire pas son autorité de la force matérielle qui lui est impartie, qu'elle est elle-même non pas une souveraine, mais une personne subordonnée à des règles et à des principes d'un ordre plus élevé.

La même idée se retrouve dans toutes les écoles philosophiques modernes, à l'exception peut-être de celle de Hobbes. Elle est très clairement exprimée par le dernier et le plus illustre des scolastiques, Suarez, elle n'a pas échappé à Grotius, à Burlamaqui, à Vattel, à Bentham, et à tant d'autres, elle éclate enfin dans les écrits de Montesquieu lorsqu'il lance sa célèbre proposition : les lois sont les rapports nécessaires qui dérivent de la nature des choses. Avec Montesquieu la formule était trouvée qui nous donne la véritable raison d'être du droit, le secret de l'autorité des lois. Les lois existent parce qu'elles sont nécessaires ; elles sont nécessaires parce que une société ne peut pas exister sans un certain ordre, et que cet ordre suppose un ensemble de principes généraux dictant à chacun ses droits et ses devoirs. De même que l'on ne peut pas faire coopérer à une même œuvre un grand nombre d'hommes sans régler minutieusement les mouvements de chacun, de même dans une société on ne peut concilier la liberté de chacun avec la liberté de tous, sans soumettre l'une et l'autre à une limite commune. Le droit est le produit de la nature même de la société. Il naît de ses conditions d'existence, il se règle sur le sen-

timent de justice qui est au fond du cœur de l'homme.
Voilà pourquoi on n'a jamais vu de société sans droit,
voilà pourquoi il n'y a jamais de révolutions brusques
dans le droit privé. Le pouvoir change de mains, d'esprit,
d'orientation, les conditions d'existence de la société ne
changent pas pour cela, et le droit reste le même.

Le droit s'impose à celui qui tient en main la force
comme s'imposent à lui les nécessités physiques de l'existence : il paraît commander et en réalité il obéit, il obéit
à des nécessités plus fortes que son pouvoir et si à la règle que la raison lui impose il s'avise de substituer son
arbitraire, il compromet par là même la société qu'il a
pour mission de conserver.

On pourrait supprimer d'un trait de plume nos lois
civiles sur les contrats : par là même on les dépouillerait
de toute autorité, croit-on qu'on cesserait pour cela de
suivre les principes qui y sont inscrits? On continuerait
à les suivre ou bien on se condamnerait à un irrémédiable
désordre, et, tout commerce cessant, la société tomberait
dans l'anarchie et dans la misère. Il serait facile de détruire entièrement l'organisation militaire d'un pays. Croit-
on que les citoyens renonceraient pour cela à défendre leur
patrie? Ils la défendraient avec moins d'ordre, et, sans
doute, avec moins de chances de succès, mais ils la défendraient encore, sentant bien que l'impuissance amène
promptement la servitude. Il serait puéril de multiplier ces
exemples. Que l'on songe à une loi d'un ordre quelconque
et, en l'examinant bien, on verra qu'elle reflète non pas la
volonté arbitraire d'un souverain tout-puissant, mais la
nature même des rapports qu'elle a pour objet de régle-

menter, ou, en d'autres termes, les conditions matérielles de l'existence de l'homme vivant en société.

Telle est la véritable nature du droit. On voit ainsi qu'il existe une analogie assez frappante entre le rôle du législateur ou le rôle du juge. Les conditions d'existence de la société exercent sur le législateur une influence semblable à celle que le texte de la loi exerce sur le juge. Le juge doit obéir à la loi, tout ce qui est laissé à sa discrétion, c'est l'appréciation des faits portés devant lui dans leurs rapports avec le droit. Le législateur est dominé de son côté par les besoins de son peuple, le besoin de justice, c'est-à-dire d'égalité, le besoin de protection, le besoin de liberté. Il est libre en apparence lorsqu'il écrit le texte de la loi, en réalité il est l'esclave des circonstances au milieu desquelles il agit. S'il se trompe, s'il émet un commandement en contradiction avec les faits matériels ou moraux qu'il observe, son œuvre est au moins inutile, le plus souvent elle est fatale aux intérêts même qu'il a entrepris de défendre.

En réalité, législateur et juge sont l'un et l'autre des interprètes.

J'en ai dit assez pour faire voir que la véritable source de l'autorité du droit est dans la nécessité des choses, dans le seul fait de l'existence de la société. S'il en est ainsi, on saisit sans peine la distance qui sépare le droit de la force employée à assurer son exécution, ou, plus exactement, l'indépendance respective de ces deux éléments. Certes, la force est très utile, elle garantit et régularise l'application du droit, mais elle n'est pas le droit lui-même, et ne lui donne pas son autorité. On aperçoit dès

lors que, là où l'intervention d'une force publique est
irréalisable, dans les rapports des nations entre elles,
l'existence d'un droit n'est pas pour cela impossible. S'il
existe entre nations une véritable communauté d'existence, si elles forment une société internationale, il devra
y avoir un droit international, et ce droit international
aura l'autorité même du droit national, celle qui résulte
de la nécessité et qui est une condition d'existence de la
société en question.

Il y aura même un droit de la guerre, parce que, durant une guerre, tous les liens sociaux ne sont pas rompus
entre peuples ennemis. Chacun des adversaires veut par
la force des armes atteindre le but vers lequel il se dirige, mais ce but il ne veut pas le dépasser. Cet état violent de la guerre n'est pas un retour à la barbarie, ce
serait contraire aux intérêts et.à la volonté des belligérants. Ils entendent l'un et l'autre que quelques grandes
règles de loyauté et d'humanité soient observées, ils ont
en ce sens des intérêts communs, ils forment encore
une société commune, il leur faut un droit commun, et
ce droit, comme le droit des gens pendant la paix, comme
le droit civil de chaque peuple, a sa racine dans les conditions de fait des hostilités, dans la nature des choses.

Il n'est pas moins vrai, nous objectera-t-on, qu'en
admettant même que nous ayons là un véritable droit, ce
sera un droit dépourvu de sanction, et qu'un abîme le
séparera toujours du droit sanctionné, du droit national.

Cela est-il bien sûr? Il semble que dans ce raisonnement réside une double illusion ; la première consiste à
penser que le droit des gens ne puisse pas avoir une

sanction efficace, la seconde à dire que le droit national ne doit son observation qu'à sa qualité de droit sanctionné.

On a souvent proposé de donner une sanction au droit des gens en constituant du commun accord des États intéressés une sorte de tribunal supérieur, chargé de définir le droit et de trancher les contestations entre nations. Peu d'années se passent sans qu'un projet de ce genre n'éclose de nouveau. Ne contestons pas leur côté séduisant, bornons-nous à dire que ces projets ne sont pas sortis jusqu'ici du domaine de la spéculation, et que rien n'autorise à croire que, de nos jours au moins, ils puissent avoir une valeur réelle. Mais en renonçant à établir une puissance supérieure aux États, on ne renonce pas à donner au droit international une sanction. Ce que les États ne sauraient être contraints à faire, ils peuvent le faire de leur plein gré ; il leur suffit d'inscrire dans leurs lois des dispositions garantissant l'exécution de leurs obligations internationales. Nous avons ainsi dans notre Code de justice militaire une disposition frappant de peines sévères ceux qui, sur un champ de bataille, dépouilleraient ou mutileraient un blessé (art. 249). Elle garantit les blessés de l'ennemi comme les nôtres, et réalise, en ce qui nous concerne, la sanction de notre obligation internationale de respecter les blessés. Pourquoi cet exemple ne serait-il pas étendu à d'autres cas. Chaque nation a intérêt à une observation rigoureuse des devoirs internationaux, qu'elle commence à les inscrire dans ses lois et son exemple sera suivi. On cherche de tous côtés une sanction efficace aux sages prescriptions de la convention de Genève du 22 août 1864 sur l'amélioration du sort des soldats malades ou blessés, que l'on se borne à provoquer, dans tous les pays, des projets de lois sur ce point : on peut affirmer par avance que pas une assemblée, pas un souverain n'hésitera à les adopter.

Cette voie est la plus simple, la plus terre à terre. Je pense que l'on pourrait arriver par elle à donner une sanction aux principes du droit des gens, ces principes ne pouvant être fort nombreux, car plus fière et plus susceptible que l'indépendance de simples particuliers, l'indépendance des nations s'accommoderait mal d'un réseau serré de droits et de devoirs.

C'est soutenir, en apparence au moins, un paradoxe, que de prétendre que le droit national ne doit pas son observation à la présence de la force publique qui en garantit l'exécution. Que cette circonstance aide à l'observation du droit, il faut le reconnaître, qu'elle la détermine, nous le contestons absolument. On ne réfléchit pas assez, lorsque l'on émet cette proposition, aux limites nécessaires de l'influence que la force publique peut exercer. Que l'on compare ce que l'on appelle la force publique aux forces vives de la nation tout entière, et on sera frappé de sa faiblesse. Que l'on suppose pour un instants des citoyens résolus à ne céder qu'à la force, et l'on aperçoit du même coup, qu'à raison de la disproportion de ses ressources, la force publique va rester impuissante. Du jour où dans une société les citoyens prendraient le parti de n'obéir à la loi qu'autant qu'ils y seraient contraints, le règne de la loi serait fini et cette société elle-même condamnée. Non seulement il n'est pas juste de dire que le droit ne va pas sans la force, mais il est exact au contraire de prétendre que, si le droit devait toujours s'appuyer sur la force, le droit ne pourrait pas fonctionner, parce qu'il ne trouverait nulle part une force capable d'assurer son fonctionnement.

Dira-t-on pour échapper à ces raisonnements que, ce que la force ne pourrait pas faire effectivement, sa présence, la possibilité de son application suffit à le réaliser, en d'autres termes que la force agit par la voie de l'intimidation, et par une seule menace contient toutes les infractions qui sans elle seraient tentées contre le droit. L'explication à mon avis ne serait pas meilleure, et on pourrait y répondre que l'intimidation n'agit pas sur tous les esprits, et, qu'en outre, du moment où l'on ne pourrait plus compter que sur la force pour assurer l'observation du droit, la menace serait vaine et puérile en face du nombre infini des délinquants possibles.

Si ces raisons sont justes (et on conviendra qu'elles ne reposent que sur des faits certains) il devient évident que si le droit devait son autorité à la force qui l'accompagne, il n'aurait aucune autorité réelle et deviendrait d'une application impossible.

Mais, fort heureusement, ce n'est point ainsi que les choses se passent en fait. La très grande majorité de ceux qui sont soumis à l'autorité du droit en observent les prescriptions d'eux-mêmes, sans l'intervention d'aucune pression extérieure, simplement par leur intelligence et leur volonté. L'intelligence leur montre que la loi est nécessaire, que son observation importe à leur intérêt propre aussi bien qu'à l'intérêt d'autrui et ils se

rendent à sa parole. La volonté leur fournit la force
de faire leur devoir, et ils savent que leur premier devoir
d'hommes et de citoyens est d'obéir aux commande-
ments de ceux qui ont sur eux une légitime autorité.
Dès lors, rien ne justifierait à leurs propres yeux une
résistance quelconque : ils suivent minutieusement les
prescriptions de la loi, et cette obéissance leur devient
naturelle comme tout ce qui correspond à un besoin
évident, à une vérité dès longtemps reconnue et dont on
ne cherche même plus à refaire la démonstration.

Voilà quel est le véritable fondement de l'autorité du
droit. Il réside dans la nécessité du droit et dans la conscience que possède la raison humaine de cette nécessité [1].

Faisons un dernier pas dans cette voie. La loi proprement dite, la loi du législateur et du juge est-elle la
seule règle à laquelle notre conduite soit assujettie? Certainement non. Si l'on entreprend de repasser la série
des actions que l'on accomplit dans le cours d'une journée, on voit que l'obéissance aux lois positives y tient
une toute petite place, une place généralement négative,
tandis que cette journée a été remplie d'actions souvent
fort gênantes et que nous ont imposées d'autres lois qui
se passent fort bien de législateur et de tribunaux, et qui
ne sont cependant pas moins tyranniques pour cela. Que
dire des mœurs? Les mœurs, les usages règlent jusque
dans leurs détails les plus infimes les particularités de
notre vie et nous ne sommes nullement les maîtres de
résister à leur action. Les mœurs déterminent notre vêtement et notre chaussure, l'emploi de notre temps, tout

[1] Cp. Sumner Maine. *Le droit international. La guerre*, ch. II.

jusqu'à l'utilisation de nos loisirs. Que si quelqu'un s'a-
vise de s'insurger contre leur souveraineté, personne
n'est institué pour le juger, mais tout le monde le condamne. Il passe pour un original, bientôt pour un fou et
le moment est vite arrivé où il est mis au ban de la société.

Que dire de l'honneur? Le tribunal des maréchaux a
cessé depuis bien longtemps de rendre ses arrêts, et cependant les lois de l'honneur sont observées plus scrupuleusement que toutes les autres. Les lois de l'honneur
priment jusqu'aux lois positives et tel homme qui se re-
procherait de causer le moindre tort à son prochain peut
se croire forcé par son honneur de manquer à la grande
loi qui interdit de verser le sang.

Que dire enfin de la politesse ? Est-il permis d'écrire
à son occasion le nom de lois, et cependant le code de la
politesse ne fait-il pas l'objet de nos préoccupations quo-
tidiennes? Même les moins soucieux de justice véritable savent que l'on ne manque pas impunément aux devoirs de simple politesse, ils les observent avec soin,
démontrant péremptoirement par là que ce n'est pas sur
la force, mais sur la volonté consciente qu'est basée, la
véritable autorité d'un commandement.

Lois positives, lois d'honneur, lois de la politesse,
lois de l'usage, tout cela au point de vue philosophique
ne fait qu'un, et ce nom général de lois leur convient
également à toutes. Partout, en haut comme en bas de
cette échelle, on trouve une nécessité sociale, la conscience de cette nécessité ; c'est en cela et en cela seulement que réside l'autorité de la loi. Nous pouvons
maintenant passer à l'étude du droit de la guerre.

LE DROIT DE LA GUERRE

PREMIERE CONFERENCE

La guerre. — Son côté moral. — Définition. — Son caractère exceptionnel. — Sa nécessité. — Des projets de paix perpétuelle. — Dans
quels cas la guerre est nécessaire. — Histoire sommaire du droit de
la guerre. — Athènes, Rome, le Moyen âge, les temps modernes. —
Fondement rationnel du droit de la guerre.

Messieurs,

Le sujet que je me propose de traiter ici devant vous
est de ceux auxquels personne ne peut rester indifférent.
Il n'en est pas, dans le domaine du droit, de plus ancien ni
de plus actuel ; il n'en est pas qui présente une importance plus grande pour les nations, et il n'en est pas non
plus qui touche plus directement aux intérêts du simple
particulier. L'histoire des guerres des peuples constitue
la part la plus considérable de beaucoup de l'histoire de
l'humanité. La guerre a été jusqu'ici le lot commun des
hommes, il faut donc étudier la guerre, et il faut l'étudier

non seulement au point de vue de l'histoire, si intéressantes du reste que soient à cet égard les annales de l'humanité, non seulement au point de vue de l'art militaire, mais encore, et surtout, au point de vue du droit et de la raison. Vous le savez mieux que personne, vous, Messieurs, qui avez le grand honneur de porter et de défendre le glorieux drapeau de la France. Il existe des guerres justes et il existe des guerres injustes : il y a des défaites glorieuses et il y a des victoires déshonorantes ; on a vu, parmi les grands capitaines, des héros de loyauté, de justice et d'humanité, comme notre Bayard, et l'on a vu aussi de véritables bandits. Tout cela vous ne l'ignorez pas, et, par là même, vous comprenez très bien que la guerre ne consiste pas seulement dans l'action de la force des armes, qu'elle comporte aussi un élément moral. L'un et l'autre sont nécessaires aux nations. Il leur faut la puissance qui garantit leur indépendance, et il leur faut le droit qui garantit leur honneur. De même que dans un duel celui-là n'est pas considéré comme vainqueur qui a usé d'un procédé déloyal pour désarmer son adversaire, de même une nation qui, au cours d'une guerre a foulé aux pieds les exigences de la raison et les suggestions de l'humanité en sort nécessairement diminuée : fût-elle victorieuse, elle a semé, par ses excès, les germes de son abaissement futur.

Cet élément moral et juridique est ce que l'on appelle le droit de la guerre. Ce droit est d'une origine fort ancienne, d'une existence incontestable, et cependant, nous sommes obligés de le reconnaître, il demeure encore bien imparfait ; peut-on s'en étonner, lorsque l'on réfléchit qu'il se forme de lui-même, par le consentement des peuples, et que nulle autorité supérieure n'est là pour le définir et pour en assurer l'observation. Cependant, malgré son imperfection, et peut-être à raison de son imperfection même, ce droit mérite d'être examiné de près. Mieux il sera connu, et plus il sera pratiqué, plus aussi l'humanité avancera dans la voie de la civilisation. En France particulièrement, nous devons avoir à cœur de le bien connaître et de le suivre exactement. Certes, la nation française est la nation belliqueuse entre toutes, mais, grâce à Dieu, nous n'avons jamais passé pour un peuple de barbares ou de pillards. Cette bonne réputation, il vous appartient, Messieurs, de la conserver, de la développer encore : c'est donc vous parler de choses qui vous sont chères que de vous entretenir des intérêts de l'humanité et des principes du droit des gens.

Qu'est-ce, Messieurs, que la guerre? Les nombreux auteurs qui ont étudié cette matière se sont empressés de repondre à cette question chacun à sa manière, et nous possédons une foule de définitions différentes de la

guerre [1]. Vous me permettrez de ne pas vous les citer et
de dire simplement, d'après Vattel, que la guerre est
l'état d'une nation qui poursuit par la force la reconnaissance de ce qu'elle considère comme son droit. Vous le
voyez, la guerre nous apparaît comme une voie particulière d'exécution, comme la sanction d'un droit méconnu ou violé [2], avec cette particularité que c'est l'of-
fensé qui prend en main la défense de son droit et ap-

---

[1] Grotius. *Le droit de la guerre et de la paix* (trad. Pradier-Fodéré)
l. I, ch. I § 2. — Bynkershoek. Quæst. jur. publ. lib. 1. De rebus bel-
licis. cap. i. — Vattel. *Le droit des gens.* 1. III, ch. i. — Klüber. *Droit
des gens moderne de l'Europe* § 235. — Wheaton. — *Droit international* ch. i, § 6. — Heffter-Geffcken. *Le droit international de l'Europe*
(trad. Bergson) l. II, ch. ii, § 113. — P. Fiore. *Nouveau droit international public* (trad. Pradier-Fodéré). IIe partie ch. i, t. II. p. 240 *et droit
international codifié* (trad. Chrétien) art. 229. — Phillimore. *Commen-
taries upon international law.* vol. III, ch. iv, § 59. — Bluntschli-*Das
moderne Völkerrecht des civilisirten Staaten* § 510. — Morin. *Les lois
relatives à la guerre* t. I, ch. i, § 5. — Guelle. *Précis des lois de la
guerre sur terre* t. I, tit. I, chap. i. — Dahn. *Das Kriegsrrecht, Kurze,
volksthümliche Darstellung für Jedermann* §1. — Calvo. *Le droit international théorique et pratique* 4e éd. t. IV, § 1865. Bulmerincq
dans *Marquardsen's Handbuch des öffentlichen Rechts* t. I, Völkerrecht
§ 92. — Neumann. *Eléments du droit des gens moderne Européen* (trad.
Riedmatten) § 39 — *Lueder dans le Holtzendorff's Handbuch des Völ-
kerrechts* t. IV, § 48. — Rüstow. *Kriegspolitik und Kriegsgebrauch*
p. 2. — Rivier. *Programme d'un cours de droit des gens* § 60. Gre-
nander-Rev. pr. de dr. fr. 1881 p. 472. Funck-Beutano et Sorel. *Précis
du droit des gens*, p. 233. — Travers Twiss. *Le droit des gens.* II p. 47.

[2] Il est intéressant de remarquer que le mot même de guerre provient du germanique war ou werra qui signifie défense et d'où est
venu le mot allemand wehr (Calvo § 1863). Seul Grotius prétend faire
dériver le mot guerre du latin duellum (l. I, chap. i § 2, 2). Cf. Bello.
— *De re militari et bello tractatus* p. 1.

plique toutes ses forces à le faire triompher. Cette notion première nous montre que l'état de guerre est un,
par sa nature, ou, plus précisément, qu'il faut bien séparer la notion de la guerre de la cause pour laquelle on
a pris les armes. Bonne ou mauvaise, légitime ou illégi-
time, la guerre est toujours la guerre et donne lieu,
pendant le cours de ses opérations, à l'application des
mêmes principes de droit [1].

Une autre observation doit encore être faite au sujet
de cette définition. La guerre, si souvent qu'elle puisse
se produire, ne peut pas être considérée comme l'état normal de l'humanité. Elle est et restera toujours un état
exceptionnel [2]. Il est facile de s'en convaincre en consi-
dérant quel est le but de l'existence de l'homme. Encore
que cette grande question ne puisse être complètement
élucidée, il est certain que l'homme a pour but de se développer, d'acquérir, de devenir plus parfait, et, par là
même, de contribuer dans la mesure de ses forces au

---

[1] Lueder l. c. § 49.

[2] « La guerre est toujours un moyen ; elle n'est jamais une fin » dit
très bien Lorimer (*Droit international* tr. Nys p. 190). M. Henri Bro-
cher considère au contraire la guerre comme l'état naturel aux socié-
tés et la paix comme quelque chose d'artificiel. (*Les principes naturels
du droit de la guerre*, R. D. I. 1872, p. 381 et 382). Ce même auteur.
a aussi émis cette idée que les diverses parties du droit ont leur origine dans l'état de guerre (*L'enfantement du droit par la guerre* R.D.I.
1878 p. 473 ; 1880 pr. 60 et 206). Cf. de Jhering. *La lutte pour le droit*
et Sumner Maine. *Le droit international. La guerre* ɔ. 10.

progrès de la société dont il fait partie. En temps de guerre, l'homme emploie ses forces à détruire et non pas à créer. Les non combattants eux-mêmes manquent de cette sécurité, qui est la condition de leur liberté et de leur développement ; si un pareil état, au lieu de demeurer exceptionnel, devenait permanent, il est certain que l'humanité retournerait tout droit à la barbarie, et que la société n'échapperait pas à une prompte dissolution. Mais cette éventualité ne mérite pas de nous occuper.

La guerre est donc une exception, et si l'on réfléchit au bouleversement qu'elle engendre, aux maux qu'elle entraîne et aux pertes qu'elle fait subir même au vainqueur, on ne peut s'empêcher de souhaiter que son caractère exceptionnel s'accuse sans cesse, et qu'elle devienne une exception toujours plus rare. Voilà un souhait bien modeste, et cependant il a excité de vives récriminations. Si la guerre a ses détracteurs, elle a aussi ses apologistes. Des historiens comme Treitschke, des polémistes comme Proudhon, des philosophes comme de Maistre [1], ont fait l'éloge de la guerre. Plus récemment, le feld-maréchal de Moltke a repris cette thèse et a mis à la soutenir un véritable enthousiasme. Dans une lettre

---

[1] De Maistre. Soirées de Saint-Pétersbourg, 7e entretien. *Considérations sur la France*, ch. III, v. aussi Rüstow qui insiste principalement sur l'action exercée par la guerre sur les productions littéraires et artistiques (*Kriegspolitik und Kriegsgebanch*. p. 6).

adressée à M. Bluntschli se trouvent ces paroles : La
« guerre est un élément de l'ordre du monde établi par
« Dieu. Les plus nobles vertus de l'homme s'y dévelop-
« pent, le courage et le renoncement, la fidélité au de-
« voir et l'esprit de sacrifice : le soldat donne sa vie.
« Sans la guerre, le monde croupirait et se perdrait
« dans le matérialisme [1] ». La même pensée se trouve af-

---

[1] R. D. I. année 1881 pp. 79 et suiv. — L'illustre maréchal n'a pas
été toujours de cet avis et dans sa jeunesse il put compter (si bizarre
que cela puisse paraître) au nombre des apôtres de la paix perpétuelle.
Voici ce qu'il écrivait en 1841. « Nous avouons franchement que nous
« adhérons à l'idée si ridiculisée d'une paix européenne générale. Non
« pas que les conflits longs et sanguinaires doivent complètement ces-
« ser, les armées être licenciées, les canons être fondus. Non. Mais la
« suite entière de l'histoire n'est-elle pas un progrès vers la paix ? Une
« guerre serait-elle possible dans notre temps pour la succession
« d'Espagne ou « pour les beaux yeux de Madame ». ? La Hollande
« oserait-elle rompre la paix pour une province ou le Portugal pour la
« navigation du Douro ? La possibilité de mettre le monde en feu est
« réservée maintenant à un petit nombre de Puissances. Les guerres
« deviendront toujours plus rares parce qu'elles sont terriblement
« coûteuses, soit en raison de l'argent qu'elles font dépenser, soit en
« raison des intérêts qu'elles obligent à négliger. La Prusse n'a-t-elle
« pas, sous une bonne et sage administration vu sa population s'ac-
« croître d'un quart en vingt-cinq ans de paix ? n'a-t-elle pas aujour-
« d'hui quinze millions d'habitants mieux nourris, mieux vêtus, mieux
« instruits, que ne l'étaient ses onze millions d'autrefois ? De pareils
« résultats ne valent-ils pas le succès d'une campagne ou la conquête
« d'une province ? Nous sommes obligés de reconnaître que les
« milliards votés chaque année en Europe pour les dépenses militaires,
« les millions d'hommes arrachés à leur occupation dans la fleur de
« l'âge pour être entraînés en vue d'une guerre possible, toutes ces
« immenses ressources pourraient être employées, d'une façon de

firmée avec plus d'énergie encore dans une autre lettre
du même général à M. Goubareff : « Selon vous, la guerre
« est un crime ; selon moi, c'est le seul et juste moyen
« de consolider le bien-être, l'indépendance et l'honneur
« d'un pays [1] ». Ce sont, en somme, les idées mêmes
qu'exprimait au commencement de ce siècle le philosophe Hegel dont les doctrines paraissent s'être conservées
vivantes au sein du parti militaire allemand.

Non, Messieurs, la guerre n'est pas une bonne chose,
même lorsqu'elle est couronnée de succés, et il faut,
comme l'observe justement de Martens [2], avoir regardé
au travers d'un prisme pour n'être frappé que des avantages qu'elle peut procurer à l'humanité. Vous savez

« plus en plus productive. L'Europe ne verra-t-elle jamais un désar-
« mement général ? On a dit que sans la guerre l'homme perdrait son
« énergie morale et désapprendrait à sacrifier sa vie pour l'honneur,
« la foi, la gloire, l'amour de sa patrie ou de sa religion. Il y a peut-
« être quelque chose de vrai dans cette assertion. En outre plus les
« guerres se feront rares en Europe, plus il sera nécessaire de trouver
« un champ d'activité pour la force exubérante des jeunes généra-
« tions. L'Angleterre s'est fait une arène de toutes les parties du monde
« et de toutes les mers ; elle y trouve une occupation pour les
« jeunes rejetons de son aristocratie, un témoignage du martial cou-
« rage de sa jeunesse, de nouveaux canaux pour son commerce et de
« nouveaux marchés pour son industrie. L'Allemagne ne devrait-elle
« pas saisir aussi cette occasion de répandre au-delà de ses frontières
« la civilisation, l'énergie la diligence et l'honnêteté allemandes ? »
(Extrait du tôme II des *Mémoires du maréchal de Molkte*, reproduit
par le *Daily News* du 9 janvier 1892).

[1] V. Calvo t. IV p. 11.

[2] R. D. I. 1881 p. 310.

mieux que personne à quel prix ces avantages sont
achetés, combien il faut sacrifier de vies et accumuler de
ruines avant de faire surgir ces grands hommes, ces
beaux caractères qui sans cela seraient peut-être, suivant l'observation de de Moltke, restés complètement in-
connus. La guerre la plus juste et la plus humainement
conduite a toujours le tort immense de faire subir à des
particuliers innocents la peine qu'à méritée un souverain
coupable, et, par là, elle répugne aux idées les plus élé-
mentaires de justice. Et puis, à côté de ces quelques
avantages habilement mis en lumière, que de défauts laissés dans l'ombre. Si la guerre élève les grands caractères, ne rabaisse-t-elle pas les caractères ordinaires ? La
guerre ne relâche-t-elle pas les liens de la discipline, ne
fait-elle pas appel aux pires instincts de l'homme : à la
haine, à la fureur, à la cupidité ? Comment affirmer
après cela que la guerre est moralisatrice, qu'elle est
une épreuve dont les nations sortent meilleures. Pour
ma part, je considère la guerre comme éminemment
démoralisatrice au contraire, et, si la pratique des
armes est bonne, nécessaire même, à l'éducation morale, c'est pendant la paix, bien plus que pendant la
guerre qu'elle portera ses fruits. C'est à la caserne, et
non pas dans les camps que le soldat, l'homme du
peuple, apprend à pratiquer les vertus qui feront de
lui le bon citoyen. Il se forme à la notion du devoir,

de la responsabilité, de l'obéissance, il pratique le désintéressement, il apprend à connaître ce que c'est que l'honneur, que la fidélité au drapeau. Aussi, malgré les grands sacrifices qu'elle nous coûte, malgré les plaintes répétées des économistes, l'organisation militaire actuelle n'est nullement une cause de désorganisation sociale. Le régiment est la grande école de la morale et de l'honneur, et vous, Messieurs, qui en êtes les maîtres, soyez persuadés que par la pratique quotidienne du devoir, par l'exemple que vous donnez, vous rendez à la patrie un service aussi grand que celui que nous sommes tous appelés à lui rendre, en versant, s'il le faut, pour elle, notre sang sur les champs de bataille.

Enfin, s'il est bon que les âmes héroïques trouvent l'occasion de se montrer, ces occasions ce n'est pas uniquement dans la guerre qu'elles les rencontreront. Les entreprises lointaines ouvrent aux amateurs de dangers et de gloire une large carrière, et ils peuvent conquérir une réputation de héros en combattant simplement les ennemis de la civilisation. Je ne crois pas que le D'r Livingstone, pour ne citer que lui, se soit jamais trouvé sur un champ de bataille, et cependant tous ceux qui ont lu son journal conviendront qu'il a été un véritable héros.

Je crois donc que la guerre est un mal et que ce que l'on peut dire de plus juste à ce sujet, c'est que c'est un des fléaux dont il a plu à Dieu d'affliger l'humanité.

Mais je crois aussi que c'est un mal nécessaire, et, par là, j'entends me séparer immédiatement des généreux utopistes qui, à toute époque, et surtout à notre époque, ont cru possible de déraciner complètement cette pratique. Déjà Platon rêvait d'une république idéale. Plusieurs à sa suite ont entrepris de démontrer que la guerre n'est point une nécessité, et que par des artifices habiles on pouvait assurer aux nations le bienfait d'une paix perpétuelle. Ce mouvement vers la paix est devenu sensible surtout à partir du siècle dernier, et la plupart des grands esprits de cette époque se sont laissés entraîner à ces illusions. Leibnitz, Bentham, Kant, chez nous, l'abbé de Saint-Pierre [1], se sont employés à cette œuvre qui a été poursuivie de nos jours par des philosophes éminents, tels que l'écossais Lorimer [2] et le russe Kamarowski [3].

De nos jours, le mouvement en ce sens ne s'est certainement pas ralenti, mais il s'est transformé, et à l'ac-

[1] Leibnitz. *Codex juris gentium diplomaticus* — Kant *Zum ewigen Frieden. Konigsberg*, 1795. Ed-Hartenstein t.VI, p. 405 et s.—Bentham *Une paix universelle et perpétuel.e.*— Abbé de St-Pierre *Projet de paix perpétuelle* — Rousseau — *Extrait du projet de paix perpétuelle de l'abbé de St-Pierre*. Ed. Divot. I, p. 606 et s.

[2] Lorimer. — *Le problème final du droit international, dans son traité* pp. 281 et ss. Cf. Summer Maine pp. 275 et s. Kamarowski.

[3] *Le tribunal international* trad. J. Lacointa, Paris, 1887 et R. D. I. 1882, p. 90.

tion individuelle des penseurs s'est substitué l'action plus constante et aussi plus retentissante des associations et des congrès [1]. On espère décider ainsi les nations à se constituer en une grande union formée des représentants des diverses puissances, et les amener à soumettre leurs différends au jugement d'arbitres choisis et constitués en tribunal supérieur. Ce mouvement d'opinion a déjà produit quelque effet. A diverses reprises des motions ont été faites dans les Parlements de plusieurs Etats, afin d'inviter les gouvernements à entrer dans la voie des solutions pacifiques de leurs querelles [2] ; plusieurs traités internationaux contiennent des clauses par lesquelles les hautes puissances contractantes conviennent de recourir, avant toute prise d'armes, aux bons offices d'une puissance amie ; enfin certaines querelles récentes, qui, par leur acuité plus que par l'importance des intérêts engagés, ne laissaient pas que de menacer la paix

---

[1] Le premier congrès de ce genre a été tenu à Genève du 9 au 12 sept. 1867. Il n'a abouti à aucun résultat, et il est demeuré célèbre par les scènes de désordre auxquelles il a donné lieu.

[2] Plusieurs fois des tentatives ont été faites par les souverains eux-mêmes en vue d'arriver à réaliser l'utopie de la paix perpétuelle. Un projet préparé par Henri IV et Sully et appuyé par la reine Elisabeth d'Angleterre n'eut aucune suite. La Sainte Alliance qui n'est autre qu'une seconde tentative de réalisation de la même idée eut les résultats que l'on sait. Enfin Napoléon reprit en 1863 la même idée, mais ses propositions échouèrent surtout en raison de l'opposition de l'Angleterre, dit Lorimer (Traité pp. 327) V. aussi Rüstow. l. c. pp. 12 et 33.

publique, ont eu leur solution dans une décision arbitrale à laquelle les Etats intéressés ont fort raisonnablement consenti à se soumettre. Ce sont là des résultats
qui méritent 'd'être signalés ; mais est-on autorisé à
dire que la guerre soit appelée à disparaître dans un avenir prochain? Je ne le pense pas. L'histoire est là pour
nous montrer qu'à aucune époque la guerre n'a entièrement disparu du monde, et l'expérience de tous les jours
nous enseigne que les progrès de la civilisation, en même
temps qu'ils répandent et fortifient les idées d'humanité,
multiplient les occasions de conflits, et, par la participation donnée à l'individu dans les affaires de l'Etat, rendent le patriotisme plus fier et plus intransigeant que jamais.

La cause de la paix perpétuelle n'est pas de notre
époque, quelques efforts qu'on puisse faire pour amener
son triomphe. Il est facile de se l'expliquer rationnelle-
ment. Parmi les intérêts dont le conflit peut, à une époque donnée, diviser les nations, il en est de purement
matériels et même de nature assez vulgaire, tels que ceux
qui se réfèrent uniquement à quelques questions d'ordre
pécuniaire, mais il en est aussi de fort élevés et sur
lesquels un peuple soucieux de ses devoirs n'acceptera
jamais ni transaction ni décision émanée du jugement
d'autrui. Ainsi, lorsque l'existence même de la patrie est
en jeu, lorsque son indépendance est menacée, lorsque

son honneur est compromis, quel est le gouvernement
qui osera prendre sur lui de remettre aux mains d'un
tribunal le sort du pays qu'il dirige ? Cette seule complaisance serait justement qualifiée de trahison. A des
différends de cette sorte, une seule solution est possible,
et c'est la fortune des armes qui doit la fournir.

Montesquieu [1] a dit que la guerre est le principe de la
légitime défense appliquée aux nations, et, en effet, n'y
a-t-il pas une analogie frappante entre le sort de l'individu et le sort de la nation ? Nous admettons la nécessité de la guerre comme garantie de l'existence, de la liberté et de l'honneur des peuples. De même la loi civile
reconnaît au particulier le droit d'employer la violence à
la sauvegarde de son existence ou de sa liberté. L'homicide commis en un cas pareil devient un acte licite. Pour
l'honneur, la loi voudrait que sa protection fût du ressort
des tribunaux, mais les mœurs, sur ce point, ont été plus
fortes que la loi, et la menace du Code pénal, non plus
qu'autrefois les édits de Louis XIII, n'ont empêché que
l'on continuât à s'en rapporter à soi-même du soin de
venger son honneur. Le duel, cette guerre entre particuliers, est certainement répréhensible ; il est très douteux
cependant qu'une société puisse jamais l'éliminer complètement ; même l'armée en a fait une de ses lois. Vous

---

1 Montesquieu. — *Esprit des lois*, l. X, ch. ii.

voyez par là que, pour les particuliers comme pour les nations, certaines circonstances se présentent dans lesquelles l'autorité du droit doit céder à l'action de la force : il est curieux de constater que, chez les uns comme chez les autres, les mêmes circonstances autorisent cette substitution.

Quoi qu'on dise et qu'on fasse, attachons-nous donc à la réalité des faits et tenons la guerre pour un mal nécessaire à notre époque. Est-ce à dire, Messieurs, que nous devions abandonner ce domaine à la pure violence en définissant la guerre : une période pendant laquelle l'autorité du droit est impuissante. On peut craindre d'y être forcé. La guerre n'est-elle pas le recours à la force brutale, et la force brutale connaît-elle d'autre loi que la sienne ? Pendant longtemps le mot même de droit de la guerre n'était jamais employé. Il semblait qu'il y eût entre ces deux termes une sorte de contrariété naturelle qui devait empêcher de les rapprocher l'un de l'autre. C'est un publiciste hollandais, Hugues de Groot, plus connu sous son nom scientifique de Grotius qui a, par son célèbre ouvrage : *De jure belli et pacis* popularisé l'idée de l'existence d'un droit de la guerre [1]. Cependant,

---

1 Grotius eut un certain nombre de prédécesseurs dont plusieurs méritent au moins d'être nommés, Dominique Soto qui, au XVIᵉ siècle condamnait déjà la traite des nègres, le jésuite Suarez auteur du traité *De legibus et Deo legislatore*, et Franciscus de Victoriâ qui paraît

aussi loin que nous remontions dans l'histoire des luttes des peuples anciens, nous trouvons certains usages régulièrement observés et qui, mettant un frein à l'arbitraire des belligérants, constituent le germe d'un véritable droit de la guerre. L'ancienne Grèce possédait déjà une certaine organisation à ce point de vue, elle avait même un rouage dont le défaut est aujourd'hui l'un des principaux obstacles au développement de notre science, un tribunal international, c'était le tribunal des amphyctions établi à Delphes et chargé de prononcer sur les affaires intéressant les nations membres des ligues amphyctioniques. Bien que le caractère de celles-ci paraisse avoir été principalement religieux, il est certain cependant que la juridiction des ampyhctions chercha à établir et à faire prévaloir certains principes de droit des gens et spécialement à introduire quelques notions d'humanité dans les pratiques de la guerre. Ainsi, les amphyctions proclamaient qu'il n'était pas permis à un peuple de saccager et de brûler la ville d'un peuple ennemi, et que dans un siège l'assiégeant ne devait pas, pour réduire plus tôt la place, détruire les canaux qui lui fournissaient l'eau potable nécessaire à sa consomma-

---

avoir eu touchant la guerre des idées bien supérieures à celles de son époque (Wheaton. Histoire des progrès du droit des gens. Intr. pp. 32 et s.) Citons encore Gentilis et Balthazar de Ayala.

tion [1]. Au reste, il faut observer que le droit établi par les amphyctions était un droit intermunicipal grec, plutôt qu'un droit international général. Leur juridiction visait les seuls rapports des cités grecques entre elles ; quant aux rapports de celles-ci avec l'étranger, le barbare, aucune règle juridique ne leur était applicable. Comme toutes les civilisations antiques, la civilisation grecque n'a jamais pensé qu'il pût exister une communauté de droit quelconque entre le citoyen et le barbare. De plus, l'histoire nous apprend que l'existence des ligues amphyctioniques n'a pas réussi à épargner aux républiques grecques les dissensions qui devaient les affaiblir et les conduire à leur perte.

La puissance militaire romaine est certainement la plus formidable qui ait jamais existé : aussi est-il d'un intérêt tout particulier de se demander si, dans l'exercice de ce pouvoir, les hommes d'Etat et les généraux romains reconnaissaient l'existence et l'autorité d'un droit international ? Il semble que la question ne puisse même pas se poser. L'expression de droit des gens (*jus gentium*) est des plus répandues dans la langue juridique romaine, et les textes nous ont transmis le nom de certains magistrats, les récupérateurs, qui, suivant toute apparence, avaient pour mission de décider sur les con-

---

1 Wheaton, Histoire, t. I. Intr. p. 12.

flits internationaux. Nous savons, en outre, que les déclarations de guerre faisaient l'objet d'un cérémonial
tout particulier. Un collège de prêtres, les féciaux, avait
été institué pour en accomplir les rites : c'étaient eux qui,
solennellement, allaient aux frontières porter au peuple étranger les revendications du peuple romain, revenaient à Rome rendre compte au Sénat du résultat de
leur ambassade, et, si satisfaction n'avait pas été accordée, retournaient aux frontières et lançaient contre l'ennemi le javelot, signe de la déclaration de guerre. Nous
savons encore que les généraux romains étaient de stricts
observateurs de la parole jurée [1], qu'en maintes occasions ils montrèrent le respect le plus humain pour la
personne et pour les biens du vaincu, qu'ils considéraient
comme sacrée la personne de l'ambassadeur et n'hésitaient pas à livrer à l'ennemi le citoyen coupable de
quelque offense envers le délégué d'un peuple étranger.
N'est-il pas naturel de voir dans tous ces faits autant de
preuves de l'existence et de l'observation d'un droit de la
guerre ? Pendant longtemps cette opinion a régné sans
partage. Montesquieu [2], le premier, l'a révoquée en doute,
et, après lui, la critique moderne poursuivant son œuvre l'a
complètement renversée. Elle a fait voir que le *jus gen-*

[1] Cic. *de Officiis* I, 13, III, 22-32.
[2] *Grandeur et décadence des Romains*, ch, VI.

tium et les récupérateurs sont de pures institutions nationales et de droit privé ; que le ministère des féciaux,
avec toute sa solennité, n'était qu'une vaine formalité,
et que les Romains considéraient comme juste toute
guerre déclarée avec les formalités voulues, quelque injuste que fût, du reste, le motif des hostilités ; enfin,
qu'en toute occasion la conduite des Romains leur avait
été dictée par les circonstances. Modérés, humains, généreux envers un ennemi redoutable, ils se sont mon-
trés, au contraire, impitoyables pour un ennemi désarmé. Alors, rien ne leur semblait respectable, ni la vie,
ni l'honneur, ni les biens du vaincu : ses temples mêmes
et ses dieux n'échappaient pas à leurs outrages et à leur
génie de destruction. L'humanité intermittente des Romains ne fut jamais que de la politique ; quant à leur
nature elle était aussi barbare que celles des pires barbares qu'ils eurent à combattre. Ils avaient, il est vrai,
la religion du serment, mais cette religion même ils
l'avaient à leur manière. Deux exemples vont nous le
prouver. Le général romain observait la foi jurée même
envers l'ennemi qui, moins scrupuleux, la violait ; il
l'observait donc, non pas en considération de l'ennemi,
mais parce qu'il s'était engagé envers ses dieux nationaux dont il redoutait le ressentiment. D'autre part,
l'observation de la lettre même d'une promesse satisfai-
sait le Romain, et il lui importait peu d'en violer l'esprit.

Un général romain, du nom de Labéon , avait promis
aux Carthaginois de leur rendre la moitié de leurs vaisseaux. Que fit-il pour éluder sa promesse ? Il fit scier les
vaisseaux en deux et les offrit ainsi à l'ennemi. Ces ruses misérables excitaient l'indignation des philosophes,
mais Rome ne désavoua jamais leurs auteurs. Qu'y a-
a-t-il de commun entre de semblables pratiques et la bonne
foi ?

Résumons-nous. Les Romains n'ont pas connu de véritable droit de la guerre, parce qu'ils n'ont jamais reconnu au peuple ennemi qu'ils combattaient le droit à
l'existence, source unique et indispensable du droit au
respect.[1]

Aux splendeurs de la civilisation romaine succédèrent
les invasions, puis vinrent les ténèbres du Moyen âge.
Que devint, pendant cette période, le droit de la guerre ?
A l'époque de la monarchie gallo-franque, la guerre
servit de principe et d'assise première au droit ; mais le
droit ne paraît pas avoir réagi sur les pratiques de la
guerre, ou du moins, s'il exista des lois sur la guerre,
nous ne les connaissons pas. Le système politique de la
féodalité reposait sur une échelle ininterrompue d'obligations militaires. C'est l'époque des guerres privées, c'est

1 M. Revon. *Le droit de la guerre sous la république romaine.*
Paris, 1891, p. 124.

aussi l'époque des croisades, expéditions plus générales
que toutes celles qui ont jamais été faites. Au cours de
cette période, deux puissances se trouvèrent en situation
de pouvoir exercer une certaine influence sur le droit de la
guerre, la papauté et l'empire. L'empereur, il est vrai,
n'eut jamais, en fait, l'autorité universelle à laquelle il
prétendait, et le soin de ses propres intérêts l'empêcha
de songer aux intérêts du monde. L'influence de la papauté a été moins discutée et, partant, plus considérable. Souvent les papes ont décidé, comme arbitres, des
querelles entre souverains. Partout où se rencontrait
dans une question quelque intérêt religieux, leur compétence était fondée, et comme Bluntschli [1] le fait justement observer, quelle était à cette époque la question à
laquelle il ne fût pas possible de découvrir un intérêt
religieux? Mais ce rôle assumé par la papauté était destiné à se heurter bien souvent aux résistances des souverainetés séculières, et l'autorité du pape basée sur la
foi et exercée en vue de la foi ne fut effective qu'aussi
longtemps que les armes spirituelles qui la sanction-
naient furent redoutées. Cependant la religion chrétienne
ne laissa pas que d'exercer une influence réelle sur les
pratiques de la guerre. Les idées d'humanité, de charité,
sont éminemment conformes à son esprit, et ces idées

---

[1] Bluntschli. — *Das moderne Volkerrecht.* Einl. p. 14.

trouvent leur application, même sur les champs de bataille. L'institution de la chevalerie, corporation militaire et religieuse, la création des ordres religieux des Templiers, des chevaliers de Saint-Jean de Jérusalem ; l'acceptation de la paix de Dieu et de la trève de Dieu, destinées à suspendre la continuité des hostilités, furent autant de conquêtes du droit sur le domaine de la pure force, et démontrent l'action bienfaisante du christianisme [1].

Deux ouvrages, dont l'un remonte à la fin du xive siècle et l'autre aux premières années du xve, *l'Arbre des Batailles*, d'Honoré Bonet et le *Livre des Faits d'armes et de chevalerie*, dû à la plume d'une femme, Christine de Pisan, sont féconds en renseignements précieux sur le droit de la guerre de cette époque. Ces livres, que nous devons aux soins de M. Nys [2] de connaître, nous montrent que les idées de loyauté et d'humanité avaient fait durant le Moyen âge de très sensibles progrès. Nos deux auteurs enseignent que l'on doit, en temps de guerre, respecter les personnes et les biens de

1 Sumner Maine, p. 20. — *James Anson Farrer Military Manners and customs*, pp. 204 et s.

2 Nys. — *Honoré Bonet et Christine de Pisan*. R. D. I. 1882, pp. 451 et ss. M. Nys fait d'Honoré Bonet le prieur du monastère de Salons. (Vaucluse). Il y a là une inexactitude. Le couvent dont Bonet était prieur, était celui de Sélonnet (Basses-Alpes), prieuré bénédictin dépendant du monastère de l'Isle Barbe (Bibl. de l'Ecole des Chartes, t. III, p. 265 et ss.).

tous sujets ennemis qui ne sont pas belligérants. Ils recommandent la plus grande loyauté, l'observation de la foi donnée à l'ennemi, le respect des ambassadeurs ; ils disent qu'il faut accorder merci à l'ennemi qui se rend et le traiter avec miséricorde. Ils vont même jusqu'à blâmer l'usage des rançons. Ce sont là des idées modérées, humaines, sages, et qui démontrent que l'idée de droit, quoique non encore bien définie, n'était pas absente cependant de la façon usitée à cette époque de concevoir et de pratiquer la guerre.

En dépit de ce mouvement et des efforts des illustres prédécesseurs de Grotius, bien des atrocités furent encore commises. Les guerres de religion et la guerre de Trente ans ont gardé à cet égard un triste renom.

Grotius fut témoin des horreurs de la guerre de Trente ans. Cet auteur, qui fut aussi un homme d'Etat, publia son livre, *De jure belli ætpacis*, en 1625. Son ouvrage eut un retentissement inouï : on en fit un nombre d'éditions considérable, il servit de base à plusieurs commentaires. On fonda même à l'université de Heidelberg une chaire spécialement destinée à l'expliquer.

Avec Grotius, nous entrons dans le droit de la guerre contemporain, celui-là même qui doit faire l'objet de notre enseignement. Il serait trop long de vous citer la série des travaux généraux ou particuliers qui ont été, depuis Grotius, publiés sur le droit de la guerre. Aucun auteur, on peut le dire parmi, ceux qui se sont adonnés à l'étude du droit des gens, n'a exclu la guerre de ses préoccupations. Aussi les traités publiés sont-ils en grand nombre. Je ne vous en citerai qu'un, *le Précis des Lois de la Guerre*, du capitaine Guelle, en deux volumes, publié, en 1884, et qui, par la sûreté de la doctrine comme par la richesse des développements, me semble l'emporter sur tous les ouvrages récents publiés en langue française.

Même de nos jours on a essayé de codifier le droit de la guerre. La première tentative de ce genre remonte à l'époque de la guerre de sécession : un Américain, le professeur Lieber, fit paraître un recueil d'*Instructions pour les armées en campagne,* recueil qui fut soumis à une commission d'officiers d'état-major et approuvé par le président Lincoln. Plus tard, en 1874, une conférence, réunie à Bruxelles à l'instigation de l'empereur de Russie, et comprenant des délégués de tous les grands Etats militaires, adopta un projet de déclaration qui ne fut jamais converti en traité, mais servit cependant puissamment la cause du droit international [1]. Cette

---

[1] En outre plusieurs jurisconsultes du plus grand mérite ont publié des codifications purement doctrinales du droit international et par suite du droit de la guerre. Les principales sont : *Das moderne Volkerrecht der civilisirten Staaten de Bluntschli* (trad. Lardy). *Le Projet d'un Code international de Dudley Field* (trad. Rolin) — *le Droit international,* codifié de Pasquale. Fiore (trad. Chrétien).

déclaration a elle-même servi de base au *Manuel des Lois de la Guerre sur terre et sur mer*, publié par l'Institut de droit international, en 1880. Depuis ont paru dans divers pays, en France, en Allemagne (Dahn,) en Italie (Berti), en Hollande (van der Beer Portugael), de petits manuels à l'usage des militaires.

Ces événements ne sont point sans signification. Ils prouvent que si le droit de la guerre n'est pas encore entré dans nos lois, il est entré, du moins, dans nos idées et dans nos mœurs.

— Quelle est, Messieurs, la raison d'être de cette introduction du droit dans la guerre, et peut-on espérer de voir le droit de la guerre fidèlement observé ?

Dans le monde actuel, la nécessité d'un droit de la guerre me parait reposer sur les deux raisons suivantes :

1° Le progrès des idées d'humanité ne permet plus de laisser les guerres dégénérer en violences indéfinies et illimitées. Tout ce qui, à la guerre, dépasse le strict nécessaire, est mauvais et doit être condamné ;

2° Les guerres ne tendent plus à la ruine des Etats et à l'extermination de leur population. Elles se passent entre Etats qui ne songent point à s'éliminer réciproquement, mais seulement à triompher l'un de l'autre sur un point particulier. Chaque belligérant devra donc, même au cours des hostilités, reconnaître la légitimité de la souveraineté de l'autre, et éviter toute mesure extrême qui rendrait impossible le retour sincère à l'état de paix [1].

Telles sont les bases qu'il faut, au nom du droit, imposer à l'état de guerre. Ces limites ont-elles quelques chances d'être respectées ? Beaucoup en doutent. Il faut, sur ce point, laisser la parole aux militaires, et je me contenterai de vous citer ce passage d'une lettre adressée à M. de Martens : « Je dis et je répète, d'après mon « intime conviction, que dans les armées modernes, où « la discipline parvient, en temps de paix, à empêcher « les débordements des éléments brutaux qui entrent « toujours dans leur contingent, il dépend entièrement « des chefs de contenir par de sages mesures ces pas- « sions également en temps de guerre. Il dépend entiè- « rement des chefs de maintenir en toutes circonstances

1 On a coutume de citer à ce sujet la formule célèbre de Rousseau : la guerre n'est pas une relation d'hommes, mais une relation d'Etats (Contrat social ch. iv) popularisée par l'usage qu'en a fait Portalis dans son discours d'inauguration du conseil des prises, mais cette formule est plus brillante que profonde. Par la force des choses, tous les habitants des pays en état d'hostilités souffrent des maux de la guerre et s'il est vrai que théoriquement ce sont les Etats qui font la guerre, pratiquement ce sont les hommes qui en supportent les conséquences. Même l'organisation militaire actuelle tend à augmenter sans cesse le nombre de ceux qui se trouvent exposés aux effets les plus directs et les plus cruels des hostilités. Aussi n'est-ce pas dans cette considération qu'il faut aller chercher la raison d'être du droit de la guerre. Cf. Travers Twiss. *Le Droit des gens*, IIe partie, ch. iii, t. II, p. 74 et ss.

« les principes du droit des gens. Il n'y a que bien peu
« de cas où les écarts des principes du bon et du juste
« puissent être excusés [1]. »

Cette lettre est signée du duc Nicolas de Leuchten-
berg, commandant la cavalerie du général Gourko pendant la dernière guerre russo-turque.

Vous le voyez, Messieurs, c'est de vous-mêmes, de
votre raison, de votre humanité, de votre patriotisme,
que dépend l'influence pratique du droit international,
et vous ne voudrez certainement pas qu'aucune armée
au monde se montre supérieure sur ce point à l'armée
française. Un auteur anglais [2] a écrit que les Français
sont également renommés pour leur esprit chevaleresque et pour leur vaillance : l'un et l'autre ne peuvent
aller sans une observation stricte des lois de la guerre.

[1] R. D. I. 1881, p. 308.
[2] Farrer.

DEUXIÈME CONFÉRENCE

Des causes légitimes de la guerre. — Importance pratique de leur détermination. — Relativité du sujet. — Trois conditions nécessaires
pour justifier une guerre, 1o une injustice commise, 2° emploi infructueux des moyens amiables propres à prévenir les hostilités,
3° Tort considérable. — Développement de ces trois conditions. —
Exemples de moyens de trancher les difficultés internationales sans
recourir à la guerre. — Moyens pacifiques : transaction, arbitrage. —
Moyens violents : rétorsion, représailles embargo, blocus pacifique. —
Diverses espèces de guerre. — Guerre civile. — Guerre coloniale.

La guerre, a dit Grotius, ne doit être engagée qu'en
vue d'obtenir justice, et lorsqu'elle est engagée elle ne
doit être conduite que dans les termes du droit et de la
bonne foi [1]. Bien que le but principal de cet enseignement soit d'exposer comment une guerre doit
être conduite pour satisfaire constamment aux exigences de la raison et aux droits de l'humanité, nous ne
pouvons cependant passer sous silence la grave et intéressante question que soulèvent les causes possibles
d'hostilité. Pour quelles raisons la guerre peut-elle être
légitimement déclarée ? Dans quels cas une guerre est-

1 T. 1, p. 27.

elle juste, et dans quels cas est-elle injuste? Ce problème est évidemment un des premiers à solliciter
notre attention. Il avait déjà, et au plus haut degré, excité la curiosité de nos anciens auteurs, plus épris que
nous ne le sommes de spéculations philosophiques : de
nos jours, il est relativement délaissé, et bien des publicistes ne l'abordent même pas, jugeant sans doute,
comme mon savant collègue, M. Renault [1], que c'est là
un problème infini, dont on ne peut espérer la solution.

Nous comptons vous montrer tout à l'heure qu'il n'est
nullement impossible de porter la lumière dans ce domaine de la science ; mais il importe auparavant de dé-
gager l'intérêt de la question afin que vous sachiez que
ce problème a son importance, non seulement au point
de vue de la conscience des nations et de leur honneur,
mais aussi au point de vue moins élevé et plus pratique de succès de leur politique, tant à l'extérieur qu'à
l'intérieur.

Un souverain (qu'il s'appelle empereur, roi, assemblée,
il n'importe) ne doit déclarer la guerre qu'autant qu'il
sait avoir un juste et puissant motif d'agir ainsi. Ce premier point mérite de constituer pour lui une règle
de conduite absolue. D'abord, un souverain digne de
la situation suprême qu'il occupe aura à cœur de ne dé-

[1] Renault. — *Conférences à l'Ecole supérieure de guerre*, p. 33.

chaîner sur son pays les malheurs de la guerre qu'autant
qu'une nécessité pressante l'obligera à le faire. Il y va de
son honneur, il y va aussi de son intérêt. Sur ce terrain,
plus digne de considération (car les nations, dans leurs
rapports réciproques, suivent plus volontiers la politique qui leur est dictée par leurs intérêts que celle qu'ins-
pirerait le sentiment naturel de la justice et de l'honneur), il importe de mettre en pleine lumière les conséquences qui peuvent résulter d'une guerre injuste entreprise pour des motifs futiles, ou contraires au droit évident des nations.

L'illégitimité de la cause d'une guerre peut être la
source d'une grave responsabilité pour l'Etat qui l'entreprend. L'opinion publique n'est pas en général favorable à la guerre. Cependant, lorsque les armes ont été
prises pour une cause juste, le patriotisme fait taire l'é-
goïsme des intérêts et on approuve le souverain qui
n'a pas hésité à agir. Quant à celui qui, sans motifs, a
lancé son pays dans les aventures d'une guerre, malheur
à lui. Si la fortune lui est contraire, il ne tardera pas à
porter la peine de sa faute : si même elle lui est favorable, sa conduite passée ne restera pas moins une
menace pour son peuple, et, pour son gouvernement,
une source d'opposition et de discrédit.

Mais il y a plus, et il n'est pas rare que la faiblesse de
la cause d'une guerre influe sur le succès final des opé-

rations militaires. Il en peut être ainsi, notamment lorsque celui qui l'entreprend compte, pour la mener à bonne fin, sur le concours que ses alliés lui ont promis. Un allié assiste volontiers son allié lorsque la cause de la querelle de ce dernier est évidemment juste. Il hésite d'autant moins à lui prêter le secours de ses armes qu'il sait qu'il est lui-même exposé à entrer en campagne pour une cause semblable, et que l'appui qu'on lui demande est la condition du concours sur lequel il pourra, de son côté, éventuellement compter. Si, au contraire, l'auxiliaire se trouve invité à participer à une expédition que sa conscience condamne, il hésitera peut-être à tenir ses engagements, et, s'il n'ose pas immédiatement déchirer le pacte qu'il a souscrit, il profitera, pour le faire, de la première circonstance favorable qui s'offrira à lui.

C'est surtout en cas d'insuccès que l'illégitimité d'une guerre empire cruellement la situation de l'imprudent qui l'a entreprise, en faisant un désastre irrémédiable d'un échec qui, sans cela, eût été facile à réparer. Et qui peut jamais répondre au début d'une campagne que ses armes seront heureuses? Mieux qu'un raisonnement, un exemple nous le montrera, et cet exemple, c'est aux jours les plus glorieux de notre histoire que je veux l'emprunter,

Lorsque, le 25 juin 1812, Napoléon Ier passa le Niémen,

4

il avait certainement autour de lui tout ce qui peut humainement promettre le succès, une armée telle que, depuis les invasions barbares, ce fleuve n'en avait pas vue
de semblable, des soldats aguerris par dix campagnes,
des généraux hors ligne, un matériel immense, un pres-
tige sans précédent, des alliés retenus par le plus fort
des liens, une crainte sans limites. Que pouvait-il lui
manquer ? Une seule chose bien minime et qui, à coup
sûr, devait occuper peu de place dans son esprit :
une cause légitime d'hostilités. Sans doute, certaines difficultés s'étaient élevées entre Alexandre et Napoléon,
soit au sujet du duché d'Oldenbourg, soit à raison de
l'inobservation du blocus continental ; mais ces difficultés
n'étaient pas des causes sérieuses d'hostilité, et surtout
ne justifiaient pas une entrée en campagne immédiate,
sans négociations, et même sans déclaration de guerre
préalable. L'ambition seule guidait Napoléon dans cette
expédition, et elle le guidait vers sa perte. Certainement,
le souvenir de sa conduite dans cette circonstance fut
pour beaucoup dans la formation de la sixième coalition.
On y vit figurer jusqu'à l'empereur François d'Autriche,
qui, deux années auparavant, avait consenti à accorder la
main de sa fille à son vainqueur. Ce qu'il advint ensuite,
nous le savons : c'est à la faute qu'il avait commise en organisant une guerre sans justes motifs, que Napoléon dut
d'avoir à combattre Schwartzemberg, et nos souvenirs

nous disent assez ce que fussent devenus Blücher et
Alexandre lui-même sans la présence et l'inflexible cons-
tance du généralissime autrichien.

L'histoire nous apprend donc ce que l'on risque à tenter des guerres injustes, et l'utilité pratique de l'étude
que nous allons entreprendre ne peut manquer de nous
apparaître.

On usait autrefois, parmi les savants, d'une singulière
méthode pour mesurer la justice ou l'injustice d'une
guerre. Chaque auteur rassemblait le plus grand nombre
de cas douteux qu'il lui fût possible de découvrir ; puis
il les traitait séparément, successivement, cherchant
leur solution, le plus souvent dans les textes des écritures
sacrées ou dans les écrits que nous ont laissés les historiens et les philosophes de l'antiquité. C'est ainsi que
procède Grotius, [1] et Vattel, [2] quoique moins prolixe, ne
laisse pas que de suivre les errements de son maître.
Cette méthode de casuistes ne peut pas être la nôtre, ne
serait-ce que par cette raison qu'elle méconnaît une des
plus grandes lois sociales de l'humanité. Cette loi est
celle de la relativité des choses humaines. En empruntant
à un siècle les raisons de décider quelque question née
dans un autre siècle, ils commettaient un anachronisme

[1] Grotius, l. II, ch. i et xx à xxvi.
[2] Vattel, l. III, ch. iii.

qui ôtait toute valeur à leur argumentation. Il est certain, en effet, que ce qui, dans un temps, peut fournir une cause légitime de guerre, peut, dans un autre temps, être réputé un différend sans importance. Il est certain aussi que les causes de guerre entre pays, également civilisés, ne sont pas identiques aux causes de guerre entre civilisés et barbares. Deux exemples éclaireront sur ce point ma pensée.

Vous savez tous que, pendant la période dite de la *Renaissance* et jusqu'au XVIIe siècle, les armées se composaient ou de volontaires, ou de bandes de mercenaires qui se louaient pour ce service et en raison des avantages matériels qu'ils pensaient en retirer. Ce procédé de formation des troupes était juste l'opposé du système actuel : être soldat était alors un métier ; c'est, maintenant, à la fois une obligation civique et un honneur. Par là même, on comprend très bien que, toute question d'adoucissement des mœurs mise à part, on hésitât beaucoup moins alors que maintenant à engager les hostilités. Les armées étaient infiniment moins nombreuses, le dommage partant moins considérable, et puis les belligérants étant tels par état, il pouvait sembler tout naturel de leur commander de se battre. D'autre part, les déprédations commises par les armées en campagne, le butin, le pillage, ne pouvaient être évités : c'était une part du salaire du soldat, et le souverain qui aurait coupé court à ces abus aurait, en même temps, coupé court au recrutement de ses troupes [1].

Nous n'en sommes plus là, mais, à notre époque même, pour juger sainement de la légitimité d'une guerre, ne faut-il pas tenir compte des circonstances dans lesquelles elle se produit. Quel souverain, par exemple, aurait l'idée de faire la guerre pour permettre à l'excédent de sa population de s'installer sur les terres d'un autre peuple civilisé, et cependant, dans nos rapports avec les non civilisés, les guerres de cette sorte ne sont-elles pas de droit commun ?

Occupons-nous donc des causes légitimes de guerre à notre époque et entre peuples également civilisés.

Trois conditions me paraissent nécessaires pour qu'il y ait pour un peuple un motif légitime de déclarer la guerre à un autre peuple. Il faut :

1° Qu'une injustice ait été commise [2].

[1] V. dans l'ouvrage fort intéressant mais un peu paradoxal de Farrer le ch. III, (*Warfare in chivalrous times*) et en particulier le passage intitulé « *The place of money in the history of chivalry* » (p. 61) où il est expliqué que les Anglais au Moyen âge aimaient bien mieux se battre en France qu'en Espagne, parce que d'Espagne ils revenaient les mains vides, tandis qu'ils trouvaient en France tout ce qui pouvait tenter leur cupidité.

[2] Grotius, l. II, ch. XXII, § 16. Vattel, l. III, ch. III, § 26. Klüber, § 237. — Heffter, § 113 ; Calvo, § 1884 et s. Fiore Code, art. 929. Phillimore, III, p. 77. — Morin, t. II, p. 35. — Travers Twiss II. Introd. p. XXVI.

2° Que tous les moyens amiables de rétablir l'harmonie troublée aient été épuisés [1].

3° Que le tort causé soit assez considérable pour justifier un recours aux moyens extrêmes [2].

1° Une guerre n'est juste qu'autant qu'elle intervient pour assurer la réparation d'une injustice. Cela suppose donc que le droit d'une nation a été violé par une autre nation. Mais, qu'est-ce que l'on peut appeler le droit d'une nation ? La question semble au premier abord assez difficile à résoudre. Un individu, un simple particulier connaît ses droits ; s'il les ignore, il les trouve inscrits dans la constitution et dans les codes. Une nation, elle, ne possède pas cette ressource : ses droits ne sont écrits nulle part, ils ne peuvent pas l'être, et demeurent toujours à raison de cette circonstance affectés d'une certaine indétermination. Cependant, il n'est pas impossible pour un peuple de se rendre compte des droits essentiels qu'il lui est permis de revendiquer. A défaut de titres, il consultera l'histoire, interrogera sa raison, recherchera quelles conditions lui sont nécessaires pour continuer d'exister, pour remplir le devoir social qui lui incombe, pour se développer et suivre le

[1] Grotius, 1. II, ch, xxiii, § 6 et s. Vattel, 1. II, ch. xviii, § 154 ; Guelle, t. I, p. 23. Fiore, Code, art. 930. Neumann, p. 143. Phillimore, III, 2. Travers Twiss, II, 5.

[2] Grotius, 1. II, ch. xxiv, § 1. Vattel, 1. III, ch. III, § 24 Bluntschli, § 520.

courant général de la civilisation. Si, dans cette analyse, il n'arrive bien souvent qu'à des lumières incertaines, sur quelques points au moins il obtiendra une véritable certitude et acquerra une pleine conscience de son droit. Ainsi, il est certain qu'une nation attaquée a le droit de se défendre, qu'elle a le droit de conserver par la force des armes l'intégrité de son territoire, et d'en revendiquer toute partie qui lui aurait été enlevée par force ou par ruse. Le maintien de son existence est à ce prix. Il est certain aussi qu'une nation a le droit de repousser l'ingérence prétendue par une nation étrangère dans ses affaires politiques intérieures : s'organiser librement et au mieux des intérêts de ses membres est son premier devoir ; elle a le droit, comme elle a l'obligation de l'exécuter ; il est certain enfin qu'une nation que l'on entourerait de toutes parts d'un cercle de fer, pour la faire dépérir dans l'isolement et le besoin, aurait le droit ,de chercher à briser par la force cette étreinte, obstacle infranchissable mis à son développement.

Bornons-nous pour le moment à ces quelques idées générales, car il ne nous appartient pas de refaire ici, à l'exemple de Grotius, la théorie des droits des Etats. Qu'il vous reste seulement cette idée que les nations ont droit à l'existence, et qu'elles peuvent prétendre, suivant la belle formule de Kant, à tous les développements de leur liberté, qui ne blessent pas la liberté d'autrui.

Par là même nous condamnons toutes les guerres qui
n'ont qu'un but d'amour-propre ou d'utilité. Sont injustes les guerres de conquête, sous quelque prétexte que
se cache l'ambition des conquérants [1] les guerres d'intervention dans la conduite des affaires tant intérieures
qu'extérieures d'un pays, les guerres de pure politique,
qui tendent à imposer aux pays voisins l'adoption ou

---

[1] Les publicistes allemands contemporains affectent de laisser planer
une indétermination calculée sur la matière des causes légitimes de la
guerre. Ainsi Bluntschli après avoir cité (§ 516) comme cause de
guerre la violation d'un droit, émet (§ 517) une formule vague et
pleine de menaces. Cf. § 519, n. 2. Lueder (l. c. § 57) beaucoup plus
net affirme l'impossibilité de résoudre la question en raison de la
variété d'aspects qu'elle peut présenter et de l'absence d'un juge qui
puisse la trancher. Il remarque avec raison que justes ou injustes, les
guerres sont toutes soumises à l'application du même droit. Mais tout
cela n'empêche nullement que les Etats n'aient sous ce rapport certaines obligations réciproques, et ne soient tenus de limiter l'emploi
de la force aux seuls cas où cet emploi se recommande de raisons assez plausibles pour le faire apparaître comme une nécessité. Or, cela
n'est vrai que lorsque la guerre s'impose pour la défense d'un intérêt
reconnu de tous, c'est à-dire d'un droit. Que les guerres soient possibles et même fréquentes en dehors de cette limite, c'est certain, mais
la voie suivie par la majorité des jurisconsultes n'en est pas moins la
seule qui puisse aboutir à un exercice du droit de guerre modéré,
régulier, exempt de toute menace pour les justes intérêts des puissances tierces. On conviendra que dans cette mesure, l'usage des armes sera toujours plus conforme au bien général du monde et à la
dignité morale des nations. Combien les formules de Klüber et d'Heffter paraissent plus franches, plus nobles et plus utiles que ces développements embarrassés que l'on semble ne donner que pour se réserver de pouvoir approuver à l'occasion toutes les guerres possibles.
(Klüber, § 232 ; Heffter, § 113).

l'exclusion d'un régime déterminé, les guerres religieuses enfin. Mais, sous ce dernier rapport, nous devons à la guerre de trente ans et à la paix de Westphalie ce principe que la différence des croyances ne peut pas être entre deux peuples un légitime sujet de guerre.

A la vérité, l'expérience nous montre, même dans les temps modernes, bien plus de guerres politiques que de guerres à caractère juridique [1]. Cependant, les auteurs sont presque unanimes à décider qu'il n'y a de guerre juste que celle qui a, comme point de départ, une injustice à réparer. Dira-t-on que c'est de la théorie, et qu'en cette matière c'est la pratique qu'il faut seule considérer? Cela, Messieurs, nous ne le dirons pas, car nous savons bien qu'il n'est pas de domaine où l'opinion publique, soit plus forte que dans le nôtre. L'opinion publique, qui a condamné à jamais l'esclavage, la piraterie, les guerres de religion, la politique d'intervention, parviendra sans doute à faire passer dans la pratique du droit des gens la sentence qu'elle a portée contre les guerres de pure politique.

Comment n'y parviendrait-elle pas ! La théorie de la légitimité des guerres entreprises pour des motifs de

[1] Cela est si vrai que c'est à un point de vue purement politique qu'un auteur contemporain s'est placé pour apprécier les chances actuelles de guerre qui menacent le monde civilisé (C.te Kamarowski. R. D. I. 1888, p. 155).

pure politique n'est autre chose que la mise en pratique
de l'adage : la force prime le droit. Nous n'avons jamais,
en France, rabaissé le droit au niveau de la pure force ou
de la seule utilité matérielle. Ces idées ne sont pas françaises et n'ont aucun titre à le devenir. Et puis nous
voyons trop où conduit la pratique des guerres de conquête : à placer les nations dans un perpétuel état de
suspicion les unes en faces des autres, à faire du moindre incident une menace grave pour la paix publique, à
éterniser les haines, à solliciter les ambitions les moins
avouables. Si ces résultats, qui éclatent à tous les yeux,
sont bons, approuvons les guerres purement politiques,
mais, s'ils sont malheureux, et personne ne le niera,
force nous est bien de les condamner. Cela, au reste, est
si vrai, que, dans les guerres les plus manifestement futiles et injustes, l'offenseur prend toujours bien soin de
cacher ses véritables intentions et de colorer sa conduite
à l'aide de quelque prétexte de droit. On a dit que l'hypo-
crisie est un hommage rendu à la vertu : ne peut-on pas
dire aussi que cette façon de procéder est un hommage
rendu à la vérité des doctrines que nous soutenons ?

La guerre est un mal inévitable sans doute, mais encore doit-on la restreindre au cas où l'on prend les armes
pour la cause de la justice.

Deux mots encore sur ce point. Une injustice commise
donne certainement le droit de guerre à la nation qui

l'a subie, mais le donne-t-elle également aux autres nations ? Dans un cas, au moins, le doute n'existe pas : celui ou deux nations ont conclu ensemble une alliance
générale. Si l'une d'elles prend les armes pour obtenir
réparation d'une injustice, l'autre a incontestablement le
droit de prendre son fait et cause, et d'assumer la qualité
de belligérante. Si l'on observe bien ce premier cas, il
nous donne la solution de la question de savoir si, en
dehors de tout traité d'alliance, une nation peut légitimement employer ses forces à rétablir et à faire respecter le droit violé d'une autre nation. Nous n'hésiterons
pas à répondre affirmativement à cette question. Voici
pourquoi : si, en cas d'alliance, les nations tierces admettent qu'un allié peut légitimement prendre le fait et
cause de l'un des belligérants, ce n'est pas à cause du
traité d'alliance, car ce traité, comme toute convention,
ne peut produire d'effets qu'entre les Etats qui y ont
figuré : c'est donc que l'on reconnaît à tout Etat le droit
de soutenir une cause juste, alors même qu'elle ne l'in-
téresserait pas directement. Et cette solution, que donnait déjà Grotius   mérite d'être approuvée. Le droit international est en quelque sorte le patrimoine commun
des nations. Chacune d'elles a un intérêt direct à ce que

---

[1] Grotius, l. II, ch. **xxv**, § 6 et s.— Geffcken sur Heffter, § 113, n. 4,
in-f.; Vattel, l. III, ch. **vi**, § 83 ; Klüber, § 233. Guelle, p. 23.

ses préceptes soient observés, non seulement pour ce qui la concerne personnellement, mais aussi bien dans les rapports des nations étrangères entre elles. Toute violation du droit international entraîne, au regard des tiers, un trouble pour le présent et une menace pour l'avenir. Ce serait aller contre les intérêts évidents de la société internationale que de n'admettre pas, au profit d'un tiers quelconque, le droit de redresser le tort qui a été causé.

2° Le caractère exceptionnel de la guerre, la considéra-tion des maux qu'elle entraîne pour les belligérants et du trouble général qu'elle fait naître dans les relations des peuples civilisés ont fait prévaloir, dans le droit des gens moderne, cette idée que le recours aux armes ne devient légitime qu'autant que tous les moyens amiables d'apla-nir les difficultés existantes ont été employés et employés sans succès. Ce procédé est un hommage trop naturel à la raison humaine pour qu'il soit nécessaire d'en donner une plus ample justification. Occupons-nous donc de suite de ces moyens et voyons comment on peut, sans sacrifice, sans violence aucune, sans recourir à ce que les Allemands qualifient par l'expression assez heureuse de « Selbsthülfe » on peut cependant vider les différends internationaux. On usera, dans ce but, soit des négocia-tions directes entre les parties contendantes, soit des bons offices d'une puissance amie, soit de la médiation.

Les négociations directes, conduites de part et d'autre par la diplomatie, sont le procédé le plus simple et peut-être le plus efficace, au moins entre parties animées d'une égale bonne foi. Des délégués dûment accrédités par les souverains intéressés se réuniront, exposeront réciproquement leurs griefs et chercheront un terrain d'entente. Si la querelle n'a pas, de part ou d'autre, excité les passions populaires, ils auront grande chance de réussir [1].

Même en dehors de toute négociation, une politique sage pourra souvent éviter les chances d'une lutte, et dans tous les cas où la simple action de la politique peut suffire, nous dirons qu'il n'existe pas de cause suffisante de guerre. C'est ainsi que l'on peut trancher une des questions qui embarrassaient le plus, autrefois, les jurisconsultes. On se demandait si l'accroissement des forces d'une puissance pouvait donner à une autre puissance un juste sujet de guerre, alors même que cet accroissement s'était effectué à l'aide de moyens légitimes. Il faut répondre non, parce que, une sage politique peut, sans rupture d'harmonie, compenser les inconvénients que présente, pour les puissances voisines, un semblable accroissement. Les Etats dont les intérêts se trouvent menacés

---

[1] Vattel, 1. III, ch. III, § 46. — Fiore, *Traité*, t. II, ch. VII, p. 235. Bulmerincq dans le Hand. de Holtz. t. IV, § 5 et 6. Heffter, § 107, de Martens, p. 132.

useront de l'action diplomatique, ils chercheront des alliances, organiseront des confédérations contre l'ennemi commun. Ce procédé sera à la fois plus légitime et plus efficace que ne le serait le recours à la fortune des armes [1].

Comme les particuliers, les nations ont leur amour-propre infiniment plus susceptible et plus irritable que ne l'est celui des individus. Aussi arrive-t-il trop souvent que cet amour-propre les empêche de négocier elles-mêmes l'arrangement qui concilierait leurs intérêts. C'est dans de semblables circonstances qu'interviennent utilement les bons offices d'une puissance amie.

Offrir ses bons offices c'est, de la part d'une puissance tierce, coopérer de la façon la plus légère et la plus discrète au rétablissement de la paix [2]. La puissance qui, mue par un sentiment de bienveillance ou obéissant tout simplement à son devoir international, offre ses bons offices aux parties litigantes, ne commande, n'impose rien ; elle propose modestement de recueillir et de rapprocher les prétentions des deux parties, et de les ame-

---

[1] Grotius, 1. II, ch. i, § 17 — Vattel, 1. III, ch. iii, § 41 et s. — Calvo, § 1896, t. IV, p. 37. Phillimore, § 48, t. III, p. 74.

[2] Vattel ne distinguait pas la prestation des bons offices de la médiation, (l. II, ch. xviii, § 328), Calvo, (t. III, p. 413, § 1682), ne les distingue pas davantage. La distinction se trouve au contraire dans Fiore Traité t. II, p. 208 ; F. de Martens, t. III, p. 133, Klüber, §§ 160 et 320, Heffter, § 107, Bulmerincq, l. cit. § 7. Neumann, § 370, p. 134, Bluntschli, §§ 483 et s.

ner à conclure elles-mêmes un arrangement auquel, sans cela, elles n'auraient probablement pas songé. Ce qu'il faut remarquer, c'est que cette puissance officieuse ne prend aucune part aux négociations, et ne fait elle-même aucune proposition. Dans le cas contraire, elle jouerait le rôle de médiatrice. Les bons offices peuvent paraître quelque chose de bien superficiel : souvent cependant ils produisent le résultat que l'on attend d'eux ; c'est pourquoi nous trouvons des traités où les Hautes Parties Contractantes se promettent réciproquement d'interposer leurs bons offices en cas de survenance ultérieure d'un conflit entre elles. Dans ce siècle-ci on peut citer le traité de Paris de 1856. Dans le vingt-troisième protocole dressé à cette occasion, les puissances prennent l'engagement de ne pas ouvrir les hostilités sans accepter les bons offices d'une puissance amie. Plus récemment l'Acte général du 26 février 1885, dressé à la suite de la Conférence de Berlin, contient plusieurs stipulations de recours aux bons offices (ch. 1, art. 1 et 8 ; ch. III, art. 11), soit dans le but de garantir la liberté commerciale dans le bassin du Congo, soit pour la neutralisation de ces territoires en cas de guerre européenne.

Les bons offices dégénèrent fréquemment en médiation . Lorsque la puissance tierce a vu son intervention

[1] Valtel, loc. cit. — Klüber, § 160. — Fiore. *Traité*, 2e partie,

favorablement reçue, il arrive ordinairement qu'elle accepte de conduire, en qualité de médiatrice, les négociations poursuivies en vue du rétablissement de la concorde. Quoique toute voisine des bons offices, la médiation, par sa nature, se sépare entièrement d'eux. D'abord elle exige une entente des parties intéressées : une médiation n'est possible qu'autant que les Etats en désaccord acceptent cette voie de procédure et s'entendent sur la personne du médiateur. Et puis le rôle de l'intermédiaire, d'assez effacé qu'il était, devient, dans la médiation, proéminent. Il prend part aux négociations, devient le canal obligé des communications que les adversaires ont à se faire, propose, discute, en un mot agit de son chef au mieux des intérêts en présence. Le médiateur arrive ainsi à soumettre aux intéressés un projet d'arrangement. Ce projet, remarquons-le bien, n'est pas une sentence, — c'est même ce qui distingue la médiation de l'arbitrage auquel nous arriverons tout à l'heure, — c'est une sorte de plan général de convention que le médiateur se borne à soumettre aux critiques et à l'assentiment des parties. Celles-ci ne sont donc pas, au point de vue du droit international, obligées de se conformer

ch. vii. — id. Code art. 808-811 ; Heffter, § 107. — Calvo, l. XIX, sect. ii. Neumann, l. c. ; Bluntschli, §§ 485-487 — Duldey-Field, *Code* art. 963 ; Bulmerincq, l. c. § 8 ; F. de Martens, pp. 134 et ss. Travers Twiss II, pp. 12 et ss.

aux conclusions du médiateur [1]. Ne nous hâtons pas d'en conclure que la médiation soit dépourvue d'efficacité, nous serions dans l'erreur. Sans doute, beaucoup de médiations ont manqué leur objet, mais il en est plus encore qui ont réussi. Une nation qui, après avoir accepté le principe d'une médiation, refuse sans bonnes raisons de sanctionner les conclusions de la puissance médiatrice, assume une lourde responsabilité. Elle met le droit contre elle au moment où elle prend les armes, et nous savons déjà que cette circonstance n'est point insignifiante. L'exemple le plus récent de médiation importante et heureuse est celui de la médiation de S. S. le pape Léon XIII, entre l'Espagne et l'Allemagne, au sujet de la question très vivement débattue, on s'en souvient, des Carolines.

Telle est la procédure qu'il faut savoir suivre lorsque

[1] Au cas où une contestation s'élève entre deux États, les puissances amies de l'un et de l'autre sont-elles obligées d'interposer leur médiation entre eux ? Ce point est discuté. Il nous semble que c'est aller trop loin que de prétendre leur imposer une semblable obligation. L'affaire ne les concernant pas directement, elles peuvent fort bien n'y prendre aucune part et feront sagement de prendre ce parti lorsque il leur apparaîtra que l'intervention d'un tiers dans le débat aurait chance de l'envenimer au lieu de l'apaiser. Toutefois dans la plupart des cas une offre de médiation sera avantageuse aux deux parties et l'initiative de la puissance qui l'aura émise profitera à tous. Il est donc souhaitable que la pratique de la médiation devienne très fréquente, mais elle restera toujours une question de bonne politique et de courtoisie, non une question de droit et d'obligation. (V. Calvo §, 1682, t. III, p. 414).

l'on est décidé à n'entreprendre la guerre que pour un
juste motif et, ajoutons-le, lorsqu'on le peut, car il est
bien évident qu'un peuple brusquement attaqué n'a
autre chose à faire qu'à courir aux armes et à se défendre.

3° Mais il ne suffit pas qu'une violation du droit soit
alléguée, ni que tous les moyens amiables d'entente aient
échoué ; la guerre, pour rester dans les bornes du juste,
ne doit être décidée qu'autant que le dissentiment est
grave et touche aux droits primordiaux et essentiels des
nations. Cela semble vrai, surtout à notre époque, où il
n'y a plus de petites guerres et où le souverain qui ou-
vrirait les hostilités sans raisons très sérieuses, serait à
bon droit accusé de se jouer de la vie et de la fortune de
ses sujets. Aussi faut-il que l'injustice commise frappe
directement l'Etat, (un préjudice causé à de simples
particuliers ne suffirait pas), et qu'elle le frappe dans
ses intérêts vitaux. On ne comprendrait pas une guerre
pour une question de limites, d'étiquette, de dommage
pécuniaire, ou plutôt on comprendrait trop bien qu'il n'y
a là qu'un prétexte, et qu'en réalité la guerre manque de
toute cause juridique.

Mais il faut préciser et indiquer quels sont ces droits
essentiels qui, méconnus, forment une juste cause d'hostilité. Rappelons à ce sujet les idées que nous avons
posées dès le début de ces études. Je disais que la guerre

était nécessaire dans les questions intéressant l'existence, l'indépendance et l'honneur des nations ; je dis maintenant que ce sont ces questions, et celles-là seules, qui peuvent fournir de justes sujets de guerre. Que l'on tente de rayer un pays de la carte du monde, de lui soustraire une de ses provinces, de fermer les mers à ses vaisseaux, il y a pour lui une question d'existence, et il aura raison de se battre. Que l'on entreprenne de le soumettre à la souveraineté d'étrangers, d'exercer de loin une direction sur sa politique, de ruiner sa liberté, et, cette fois encore, il aura raison de se battre. Enfin, une nation ne peut se passer d'une certaine dignité morale qui commande le respect aux autres nations. Si son drapeau est systématiquement insulté, ses représentants méprisés, ses réclamations méconnues, elle doit encore se battre ; elle le doit à son peuple, car l'honneur d'une nation est une partie de l'honneur des citoyens qui la composent.

En dehors de cette triple alternative, il n'y a pas de guerre juste parce qu'il n'y a pas de guerre nécessaire.

Mais, demandera-t-on, si la guerre n'est plus possible en dehors du cercle ainsi tracé, comment arrivera-t-on à faire réparer les injustices qui pourront se produire. Faudra-t-il donc se résigner à les subir ?

Le droit ne commande pas d'aller jusque-là, car, en

dehors de la guerre, il existe un grand nombre de moyens
de vider les conflits internationaux.

Ces moyens peuvent être répartis en deux catégories,
suivant qu'ils impliquent ou qu'ils n'impliquent pas
l'emploi de la force [1]. Commençons par ceux-ci :

En dehors de tout emploi de la force, il existe deux
moyens de trancher les litiges internationaux : la transaction et l'arbitrage. De la transaction, nous n'avons
rien à dire ici. Elle consiste, de la part de chacune des
parties, dans l'abandon d'une part de ses prétentions
afin d'arriver à une conformité de vues. sur le point en
litige. Sauf la qualité des parties contractantes et la
forme plus solennelle du contrat, c'est la transaction du
droit civil.

L'arbitrage est infiniment plus intéressant et nous re-
grettons fort de ne pouvoir lui faire qu'une toute petite
place dans ces développements [2]. L'arbitrage consiste essentiellement, de la part des nations litigantes, à remettre le jugement de leurs querelles aux lumières d'un tiers

[1] Bulmerincq Holz's Handb. de Völk., t. IV, p. 10.

[2] Grotius, 1. II, ch. xxiii, § 8 ; — Bynkershoek. *De foro legatorum*,
ch. xxiii, donne plusieurs exemples d'arbitrages anciens Vattel l. II,
ch. xviii, § 329 — Klüber § 318 — Phillimore, t. III, pp. 2 et ss. —
Bluntschli §§ 488-498. — Fiore. *Traité* t. II, pp. 209 et ss. — id. Code
art. 854-512 — Heffter, § 109. Dudley Field art. 535-536. — Rüstow, 3e
sect § 4, p. 45 et s. Travers Twiss, ii, pp. 7 et ss. — Rouard de Card.
L'arbitrage international. Il a été publié en outre un très grand nombre
d'articles dans les divers périodiques relativement à cette question.

désintéressé. L'arbitrage suppose donc de toute nécessité une convention préalable qui s'appelle le compromis. Dans le compromis se trouve la promesse réciproque d'exécuter le jugement à intervenir, la fixation des points discutés, la nomination des arbitres, quelquefois l'indication des points de détail, temps, lieu, etc., concernant leur mission, et le plus souvent une mention sommaire des principes du droit international auxquels ils devront se conformer. On choisit un ou plusieurs arbitres : ce sont des souverains ou des personnages considérables, quelquefois des assemblées, des tribunaux, des facultés de droit. Ainsi, la Cour de cassation française a statué comme arbitre dans un différend entre la France et le Nicaragua, en 1879, et l'Université de Bologne a souvent servi d'arbitre entre les divers Etats italiens. La seule chose à noter est que, lorsque des souverains sont choisis, ils ont naturellement le droit de se faire représenter par des personnes qu'ils désignent. Tantôt tous les arbitres sont nommés d'un commun accord dans le compromis, tantôt chaque nation se réserve d'en désigner un nombre égal, et le tiers chargé de les départager est alors choisi ou par les arbitres désignés, ou par le sort, ou par une tierce personne élue à cet effet. Cela importe peu.

Les arbitres se réunissent au lieu convenu et, après s'être éclairés par tous les moyens possibles, ils rendent

leur sentence. Ce jugement est obligatoire pour les intéressés puisqu'ils ont promis de l'exécuter, et s'ils re-
jusaient de le faire, ils donneraient un exemple de mauvaise foi de nature à leur ôter tout crédit. Aussi peut-
on dire que de nos jours l'exécution de la sentence est assurée pourvu qu'elle ne soit pas d'une iniquité flagrante.

L'arbitrage est certainement le meilleur des moyens
pacifiques de résoudre les conflits internationaux : aussi
sa propagation est-elle le souhait le plus ardent de tous
les amis de la paix [1]. On peut avoir des espérances,
mais il faut se garder de tomber dans des illusions. Si

---

[1] La décision des litiges internationaux à l'aide de l'arbitrage a
trouvé son application la plus facile et la plus régulière dans les
Etats composés, à l'égard des différends qui peuvent s'élever entre les
souverainetés particulières compris dans ces unions. La ligue han-
séatique possédait déjà au Moyen âge un tribunal arbitral. La bulle
d'or, avait organisé pour l'ancien empire d'Allemagne, des juridictions de ce genre. De nos jours, la Suisse, l'Allemagne, les Etats-Unis,
la République argentine ont émis et appliquent le principe qu'entre
Etats compris dans l'Union toute guerre est interdite, leurs différends
devant se terminer par la sentence des juridictions arbitrales (Tribunal fédéral, Conseil fédéral, Cour suprême) que leurs constitutions
respectives ont instituées. Mentionnons encore le projet de traité en
tre les Etats-Unis et la Suisse (24 juillet 1883) et le traité de Véné-
zuela et la république de Salvador (27 août 1883) adoptant l'arbitrage en
vue de trancher les difficultés que les H. P. C. pourraient avoir entre
elles. Quant aux vœux contenus dans le traité de Paris de 1856, et dans
l'acte final du congrès de Berlin de 1885, ils ne paraissent pas avoir
jusqu'ici de résultat sérieux. En résumé, l'expérience montre que
c'est seulement dans les rapports d'Etats confédérés que l'on peut
compter sur le fonctionnement régulier de l'arbitrage comme mode
de décision des constestations entre peuples.

nombreux qu'aient été les cas d'arbitrage, il est à remarquer qu'ils ne sont jamais intervenus qu'à l'occasion
de différends d'ordre secondaire, questions de limites,
d'indemnités à des nationaux, d'interprétation de conventions, de violations de la neutralité, etc. L'arbitrage
peut bien réduire la fréquence de la guerre, mais il ne
pourra pas la faire disparaître.

L'exemple le plus célèbre d'arbitrage dans les temps
modernes est celui que nous offre l'affaire dite de l'Ala-
bama. La commission arbitrale, réunie à Genève, a
condamné l'Angleterre à une indemnité de 15 millions
et demi de dollars envers les Etats-Unis, pour violation
de la neutralité. Nous aurons plus tard l'occasion de
donner quelques détails sur cette célèbre affaire.

A côté des moyens purement pacifiques dont nous
avons parlé, se trouvent certains moyens exigeant l'emploi de la force et qui ne se confondent cependant pas
avec la guerre. On en compte trois principaux : la rétorsion, les représailles, le blocus pacifique [1].

1 Grotius, l. III, ch. II, §§ 5 à 7. — Vattel, l. II, ch. XVIII, §§ 340 à
354. — Fiore. *Traité* l. II, ch. VIII et IX. — Code art. 913-928. — F. de
Martens, t. III, pp. 155 à 176. — Calvo, l. XIX, sect. V, t. III, §§ 1807
et ss. — Dudley Field. Code. Art. 711, 714 ; 835. — Phillimore, t. III,
ch. II et III, pp. 18 à 76. — Bluntschli §§ 499 à 509. — Heffter, §§ 110-
112, pp. 241-249. — Neumann, § 38, pp. 136 et s. — Klüber, § 234. —
Wheaton, 4e partie, ch. I, §§ 1-4. — Bulmerincq *Holtz' s Handb.*, t.
IV, pp. 59 et s. §§ 17-37. Funck Brentano et Sorel. l. c. p. 229 ; Travers
Twiss, II, pp. 17 et ss.

Répondre à un mauvais procédé par un autre mauvais procédé, voilà la rétorsion. Elle peut donc intervenir utilement toutes les fois où une nation a quelque sujet de se plaindre de la conduite d'une autre. Un Etat expulse ou grève d'impôts les sujets d'un autre Etat résidant sur son territoire, exclut ses produits de ses marchés : ce dernier s'empressera de prendre des mesures analogues contre les citoyens du premier.

Mais la rétorsion suppose que de part et d'autre on n'a pas dépassé la limite de ce qui est licite. La rétorsion n'est donc pas la sanction d'un droit violé, mais bien un moyen que l'on emploie entre Etats pour s'obliger réciproquement à ne rien faire de contraire à l'équité et à la courtoisie.

La rétorsion nous intéresse donc bien moins que les représailles, lesquelles supposent un droit violé, et cette infraction punie par une violation semblable de la part de l'Etat lésé. Les représailles sont la loi du talion appliquée aux rapports internationaux. Elles ont été pratiquées de tout temps, mais elles n'avaient pas, autrefois, le caractère qu'elles ont revêtu dans les temps modernes. Anciennement les représailles étaient surtout privées. Elles intervenaient à l'occasion des dommages injustes que les individus, appartenant à un Etat, avaient subis par le fait d'un autre Etat ou de ses sujets, et consistaient elles-mêmes dans l'action des particuliers qui, avec l'autorisation du souverain et sous sa direction, couraient sus à la personne et aux biens de l'ennemi. C'était la vengeance privée d'une injure privée. Aujourd'hui les représailles sont devenues affaires d'Etat. C'est à l'occasion des dommages causés à la nation que celle-ci pratique des représailles, et elle les exerce elle-même par le moyen de ses forces militaires régulièrement organisées. De plus, la pratique des représailles s'est singulièrement adoucie. On n'hésitait pas, autrefois, à attenter, sous prétexte de représailles, à la fortune, à la liberté, à la vie même des simples citoyens de la nation adverse. Ces méfaits ne sont plus de notre époque. Quoique la doctrine et la coutume actuelle ne soient pas bien fixées sur ces divers points, cependant l'opinion des auteurs les plus récents tend à limiter les représailles aux actes qui atteignent directement l'Etat sans léser les particuliers dans leurs intérêts. On dit avec raison, en effet, que les simples particuliers ne doivent pas souffrir de l'exercice des représailles ce qu'ils ne souffriraient pas d'une guerre déclarée. Aussi c'est par la rupture des relations diplomatiques, le renvoi en masse des étrangers, l'interruption des relations commerciales, postales, télégraphiques, la saisie des biens appartenant à l'Etat ennemi, et notamment celle des navires ennemis qui a reçu le nom d'embargo, le refus de remplir les obligations que l'on a contractées envers lui, que l'on procédera plus vo-

lontiers. Encore faut-il que les représailles ne violent
pas un principe fondamental du droit. Telles seraient par
exemple la confiscation de sommes reçues en dépôt ou
l'arrestation d'ambassadeurs ; il ne faut pas non plus
qu'elles soient trop générales parce qu'elles conduiraient
presque fatalement à l'état de guerre ouverte que leur
emploi judicieux a pour objet d'éviter.

Les représailles ne sont pas, à proprement parler, un
moyen de droit : c'est plutôt l'injustice mise au service
de la justice : il faut donc en user avec une extrême mo-
dération.

Parmi les représailles, il faut donner une place particulière à ce que l'on appelle le blocus pacifique. C'est un
moyen nouveau de représailles qui consiste à interdire
les communications d'un port ou d'une côte avec l'extérieur. On suspend par là même une partie de la vie sociale du pays bloqué, et par cet acte, on manifeste l'intention où l'on est de se faire rendre justice. Le blocus
pacifique est une invention de notre siècle. L'exemple le
plus célèbre est le blocus pratiqué par les forces combinées de l'Angleterre, de la France et de la Russie, sur
les côtes de la Grèce, en 1827, qui aboutit à la bataille de Navarin. On peut citer encore le blocus de
Formose par la marine française, en 1884. Un pareil
blocus est semblable à celui qui peut se produire en
cours d'hostilités, cependant ses conséquences sont

moins graves. Ainsi, on peut saisir, mais non pas confisquer les navires neutres qui cherchent à forcer un
pareil blocus.

La légitimité du blocus pacifique est très discutée par
les auteurs contemporains. Mais force nous est de passer
sur ces questions si intéressantes. Peut-être pourrons-
nous quelque jour en faire un examen plus approfondi.

Je vous avais promis, Messieurs, de vous indiquer les
divisions que l'on a coutume de faire des diverses sortes
de guerre, mais l'importance du sujet que je viens de
traiter m'oblige à me borner à quelques mots sur ce
second point. Aussi bien ces divisions ne présentent
qu'un intérêt de curiosité et n'exercent aucune influence
sur l'application du droit de la guerre. Il y en a beaucoup, et celui qui aurait la curiosité de les connaître les
trouverait facilement dans les auteurs anciens [1]. Les
deux plus célèbres sont la division des guerres en publi-
bliques et privées, en offensives et défensives. Mais la
première n'a plus de signification pour nous, car le temps
des guerres privées a passé à jamais. Quant à la seconde,
elle ne mérite qu'une remarque. La signification des mots
guerre offensive, guerre défensive, n'est pas la même au
point de vue militaire et au point de vue juridique inter-

---

1 V. dans Calvo (§ 1866 et s. t. IV. p. 17) un tableau de ces distinctions. — V. aussi *Rüstow, Kriegs-politik*, pp. 67 et s.

national. L'offenseur, au point de vue militaire, est celui qui déclare la guerre ou fait le premier acte d'hostilité. Au regard du droit, celui-là doit être considéré comme offenseur qui a commis la violation du droit qui donne lieu à la guerre ; c'est celui-là qui porte la responsabilité de la rupture, et il importe peu que dans l'action il ait prévenu son adversaire ou qu'il se soit laissé prévenir par lui.

Deux mots, enfin, sur la guerre civile et sur la guerre coloniale :

Il y a guerre civile toutes les fois où une part considérable de la population d'un pays prend les armes contre le gouvernement du pays pour obtenir de lui par la force, un changement politique qu'il refuse d'accomplir de son plein gré. Quoique au fond de toute guerre civile il n'y ait qu'une rébellion, il faut dire que la guerre civile est une véritable guerre et qu'elle doit donner lieu à l'application des lois de la guerre. Cependant, il n'y aura jamais une analogie complète entre la guerre civile et la guerre étrangère ; entre les deux hypothèses subsisteront toujours les deux différences essentielles que voici : 1° dans la guerre étrangère, un État attaque un autre État dont il reconnait et dont il doit respecter, sauf les nécessités de la guerre, l'existence et l'action ; dans la guerre civile, rien de semblable. Pour le souverain légitime il n'y a rien devant lui qu'une nombreuse troupe d'insurgés en

armes : pas de pouvoir donc qu'il soit obligé de reconnaître, dont, le cas échéant, il doive accepter la parole
et respecter en principe les institutions. Il doit suivre
les prescriptions de l'humanité, mais il n'est pas tenu
aux règles purement internationales parce qu'il ne combat pas contre une nation [1] ; 2° un soldat, lorsqu'il a
cessé de participer aux hostilités pour une raison quelconque, redevient un individu digne de tout respect et
même inviolable. Un insurgé, quand il a cessé d'être un
soldat, continue à être un criminel et tombe sous le coup
de la loi pénale. Une bonne politique conseillera bien
souvent le pardon, mais le droit justifie incontestablement la répression.

Les guerres coloniales mériteraient, à raison de leur
actualité, d'être l'objet d'une étude approfondie. Cette
étude, nous ne sommes pas encore prêts à l'entreprendre, et je me bornerai à énoncer une ou deux idées générales dont je vous signalerai les applications au fur et
à mesure qu'elles se présenteront à nous. Les Etats que

---

[1] Le commandant des forces régulières d'un pays en proie à l'insurrection n'est nullement tenu d'agréer ni même de recevoir les propositions d'arrangement qui lui sont faites par le chef des troupes insur-
rectionnelles. On ne traite pas avec un pouvoir qui n'a pas d'existence
légale. Mais il faut observer, d'autre part, que les conventions purement militaires (trèves, échanges de prisonniers) qui pourraient être
consenties entre les deux camps doivent être aussi scrupuleusement
observées envers des insurgés qu'elles le seraient en face d'une armée
étrangère.

l'on combat dans les guerres de cette sorte sont des
Etats imparfaits, peu civilisés, et la conduite que l'on
tiendra à leur égard s'inspirera de ce que leur existence
ne mérite pas le même respect et leurs usages la même
confiance que ceux du peuple civilisé.

D'une part, les causes de guerre sont un peu différentes : un peuple peut demander à la force des armes
la liberté de son expansion dans des contrées mal organisées et mal exploitées, à condition toutefois de respecter l'indépendance et les moyens d'existence de la population. D'autre part, au cours des hostilités, il ne doit
respecter les institutions locales qu'autant qu'elles ne
blessent pas le sentiment de l'humanité.

Enfin dans la conduite de la guerre il faut user parfois
des rigueurs extrêmes dans le but de réprimer les usages barbares de l'ennemi. Une action malhonnête n'est
jamais permise, mais une mesure très rigoureuse peut-
être licite, même nécessaire. Les auteurs allemands
reprochent à nos plus fameux généraux certains actes
de guerre en Algérie. Ils affectent d'oublier à quelle
sorte d'ennemis les troupes françaises avaient à faire[1].

---

1 Dans les pays non civilisés il arrive le plus souvent que la population tout entière prend part aux hostilités et c'est ce qui fait trop souvent que l'armée régulière se voit obligée d'user de violence envers
tous les naturels des pays sans distinction. Des actes sont alors commis
qui sur un autre théâtre passeraient justement pour des cruautés, mais

Ainsi se trouvent épuisées les questions qui sont le préliminaire obligé de l'étude de la guerre elle-même. Cette étude, nous l'aborderons dans notre prochaine leçon, en traitant d'abord de la déclaration de guerre et de ses suites immédiates.

qui, dans de pareilles circonstances, constituent par la force des choses le droit commun de la guerre.

TROISIÈME CONFÉRENCE

De la déclaration de guerre. — Usages anciens. — Incertitude de la pratique moderne. — Controverse en doctrine. — Pourquoi il faut considérer une déclaration de guerre comme nécessaire. — Formes de cette déclaration. Qui peut la faire. — Quelles en sont les suites immédiates. — Rappel des ambassadeurs. — Expulsion des étrangers ennemis. — Effets de la déclaration, 1o sur les relations existant entre Etats belligérants, 2o sur les rapports entre particuliers appartenant aux nations ennemies.

Le passage de l'état de paix à l'état de guerre emporte avec lui la transformation la plus subite et la plus considérable qui soit susceptible de se produire dans les relations internationales. Deux peuples, d'amis qu'ils étaient, deviennent ennemis ; aux industries productives de la paix succèdent les désordres et les maux de la guerres ; les tiers eux-mêmes, que l'on appelle des neutres, se trouvent, dans leurs rapports avec les belligérants, investis de toute catégorie de droits et de devoirs nouveaux. C'est donc un moment solennel et critique que celui qui sépare la guerre de la paix, et il est d'une haute importance de bien déterminer quand ce phénomène se produit. Demandons-nous donc comment s'effectue cette transition de l'état de paix à l'état

de guerre. La question pour être précisée, consiste à rechercher si le droit mutuel des nations exige que la
guerre soit précédée d'une déclaration formelle, ou si
le simple fait des hostilités entamées suffit à satisfaire à
ses exigences?

Cette grave question veut être étudiée successivement au point de vue des faits et au point de vue de la
raison.

Le droit public des civilisations anciennes n'admettait
pas qu'une guerre fût régulière si elle n'avait été solennellement déclarée. Il en était ainsi en Grèce, il en était
ainsi à Rome surtout, et les écrits des jurisconsultes ne
laissent pas le plus petit doute sur ce point. Nous savons déjà que, lorsque le Sénat avait résolu la guerre,
ces prêtres que l'on appelait les féciaux, se rendaient à
la frontière et que là, leur chef, le père patré *(pater pa-
trus)*, lançait en signe d'hostilité un javelot sur le territoire ennemi. L'accomplissement de ces rites était
accompagné de la prononciation de paroles solennelles,
que Tite-Live nous a rapportées [1] : « Entends, Jupiter,
« et toi, Junon, et vous aussi dieux du ciel, de la terre
« et de l'enfer, j'atteste devant vous que ce peuple est
« injuste et qu'il refuse de remplir ses obligations. »

A ces conditions une guerre était juste ; en leur ab-

[1] Tit-Liv. l I c. 32. — Cic. de Off. l. I ch. xi.

sence elle était injuste, et les jurisconsultes romains,
hommes très pratiques, en concluaient que les effets juridiques attachés à la guerre ne se produisaient qu'autant
qu'elle avait été solennellement déclarée. Ces effets
étaient considérables. C'étaient notamment l'acquisition
du butin, la réduction en esclavage des prisonniers de
guerre, et l'application du droit de postliminie, dont nous
dirons ultérieurement quelques mots. Dans une guerre
de brigands, dans une guerre civile, et en général dans
toute guerre qui n'avait pas été solennellement déclarée, on n'admettait pas que ces effets pussent se produire. Nous avons sur ce point l'opinion des deux plus
grands jurisconsultes romains, Paul et Ulpien [1].

Pendant le Moyen âge, des pratiques semblables sont
observées tout aussi rigoureusement, quoique pour des
motifs différents. Ce n'est plus le respect d'un formalisme
de nature et d'origine religieuse qui porte les souverains
à se déclarer solennellement la guerre, mais bien ce sentiment de courtoisie chevaleresque qui défend que l'on
profite de l'imprévu d'une surprise pour réduire un adversaire à sa discrétion [2]. Comme pour les tournois on
s'envoyait un cartel, de même avant de faire une guerre
on commettait à un héraut des lettres de « deffyance »,

---

[1] LL. 14, § 2 et 24 au Digeste De capt. et postlim. l. XLIX, tit. xv.
[2] V. cep. Travers Twiss. ii, p. 55.

qu'il était chargé de remettre solennellement au souverain que l'on se proposait de combattre. Une constitution de l'empereur Barberousse, donnée en 1187 (Landfriede) règlementait cette procédure et exigeait que l'on prévînt son adversaire trois jours au moins avant l'ouverture des hostilités. Cette prescription fut renouvelée en 1356, par l'empereur Charles IV, dans un document qui a conservé le nom de Bulle-d'or, et qui était une sorte de constitution pour l'empire d'Allemagne. On cite de très nombreux exemples de guerres déclarées de cette façon. Le dernier remonte à l'année 1657 ; il se produisit à l'occasion d'une guerre déclarée par le roi de Suède au roi de Danemark. A ce procédé héroïque et chevaleresque se substitua l'usage des déclarations ou manifestes remis à la partie adverse et entourés d'une grande publicité. Cet usage, du reste, ne régna pas longtemps, sans partage au moins, car, au dix-septième siècle, les exemples de guerres engagées sans déclaration d'aucune sorte se font de plus en plus fréquents, et, au dix-huitième siècle, on peut dire que la coutume s'est transformée et que la règle générale est de commencer les hostilités sans accomplir aucune formalité préalable. Les Anglais, les premiers, et cela de fort bonne heure, se montrèrent coutumiers de ce procédé. Déjà sous Elisabeth, en 1588, la guerre entre l'Angleterre et l'Espagne ne fut précédée d'aucune déclaration. Gustave Adolphe

usa du même sans-gêne vis-à-vis de l'empereur Ferdi-
nand II, et sur les observations qui lui furent faites,
répondit que cet empereur n'avait pas agi autrement à
l'égard de la Prusse [1]. La guerre dirigée par Cromwel
contre la Hollande, au milieu du dix-septième siècle,
donna lieu, à la vérité, à des manifestes, mais ils n'inter-
vinrent que postérieurement à l'ouverture des hostilités.
La France elle-même, qui demeura plus que les autres
nations fidèle aux coutumes anciennes, ne laissa pas que d'y
déroger à l'époque de la guerre de dévolution. En 1667,
les troupes de Louis XIV envahirent les Pays-Bas espagnols sans notification aucune. Dans le courant du dix-
huitième siècle, nous savons déjà que la coutume des déclarations de guerre faillit se perdre, et que la plupart des
guerres commencèrent par l'ouverture pure et simple des
hostilités. Pour ne citer qu'un exemple, c'est ainsi que
procéda le grand Frédéric, lorsque, en 1740, il envahit
brusquement la Silésie, et prévint ainsi, par un coup
de force, l'effet des intrigues qui étaient ourdies contre
lui.

De nos jours, on peut dire que nulle pratique constante
n'existe sur ce point. Parmi les guerres qui ont ensan-
glanté le dix-neuvième siècle, il en est qui ont été précé-
dées d'une déclaration, tandis que d'autres ont été enga-

---

[1] Féraud, Giraud. — *Des hostilités sans déclaration de guerre.* R'
D. I. 1870, pp. 19 et ss.

gées sans préliminaire d'aucun genre. La Grande-Bretagne notamment, a pratiqué ce dernier système, soit dans sa guerre contre les Etats-Unis en 1812, soit vis-à-vis de l'Espagne, en 1804, et du Danemark, en 1807. Il est à remarquer, cependant, que toutes les guerres vraiment considérables dont notre siècle a été le témoin ont donné lieu à une déclaration. Ainsi, en 1870, l'ouverture de l'état de guerre a été marquée par la remise d'une note par le chargé d'affaires français entre les mains du ministre des affaires étrangères du royaume de Prusse, et, plus récemment, la guerre russo-turque a été également précédée d'une notification de la Russie à l'ambassadeur du sultan à Saint-Pétersbourg, et de la remise d'une note par l'ambassadeur russe au sultan. A ces pratiques on oppose il est vrai la conduite du Gouvernement français par rapport à la Chine, en 1884, mais il n'est pas établi que les hostilités qui eurent lieu à cette époque, et qui furent, comme on le sait, essentiellement limitées, aient jamais revêtu le caractère d'une guerre véritable. La conduite de la France, dans cette circonstance, ne prouve donc rien contre elle, et ne dément pas la bonne réputation que nous nous sommes faite auprès de tous les étrangers impartiaux de ne jamais attaquer un ennemi sans lui avoir préalablement dénoncé nos intentions.

Comme on le voit par les exemples que nous venons de citer, la pratique est assez incertaine sur ce point. Si

elle nous montre que le plus souvent on s'est fait scru-
pule de pratiquer la guerre sans la déclarer, d'autre
part, les nombreuses variations qu'elle présente ne permettent pas d'affirmer que l'usage de la déclaration de
guerre soit une véritable loi du droit des gens.

Ajoutons que la doctrine n'est pas moins divisée à cet
égard que la pratique. Les jurisconsultes anciens étaient,
suivant les idées de leur temps, en général partisans de la
nécessité d'une déclaration. Ainsi en est-il de Grotius ,
au moins pour la guerre offensive, de Vattel [2], et de la
plupart des jurisconsultes de la même époque. Gentilis, qui écrivait avant eux, exigeait même, sans
doute par une réminiscence du droit des féciaux, que
la déclaration intervînt trente-trois jours avant l'ouverture des hostilités. Cependant, même parmi les
auteurs anciens, on en rencontre quelques-uns qui
contestaient déjà la nécessité de la déclaration préalable. Le hollandais Bynkershoek [3] résumait ainsi la

[1] Grotius, l. III, ch. iii, § 5.

[2] Vattel (l. III, ch. iv, est formel sur la nécessité d'une déclaration
de guerre, disant avec raison « qu'il est possible que la crainte pré-
« sente de nos armes fasse impression sur l'esprit de notre adversaire
« et l'oblige à nous rendre justice » etc. Il n'exempte de cette formalité que les guerres défensives et les guerres entreprises contre les
Nations qui refusent de recevoir les ministres ou hérauts, ou ne les
recevraient que pour les soumettre à de mauvais traitements, comme
c'était dans l'habitude des Turcs à son époque.

[3] Bynkershoek. — *Quæst. jur. publ.*, l. I, ch. ii : *Ut bellum sit le-
gitimum, indictionem belli non videri necessariam.*

question : « Il faut distinguer entre la grandeur d'âme
« et la justice. La justice permet d'employer la force
« sans déclaration. La grandeur d'âme apprécie les cho-
« ses plus généreusement ; elle ne regarde pas comme
« assez glorieux de combattre un ennemi désarmé, et
« tient pour indigne d'assaillir et de dépouiller à l'im-
« proviste ceux qui sont venus à nous sur la foi d'une
« paix publique, et qui n'ont du reste commis qu'une
« offense ».

C'est parmi les auteurs modernes que la séparation est
plus profonde à cet égard. L'anglais Phillimore est à
la tête de ceux qui pensent qu'une déclaration n'est pas
nécessaire. [1] On peut dire en ce sens que l'état de guerre
consiste essentiellement dans l'emploi de la force contre
une nation ennemie, emploi contrôlé et dirigé par
ceux auxquels ce pouvoir a été confié, et que c'est aller
trop loin que de vouloir imposer aux peuples l'obligation
assez rigoureuse d'une déclaration solennelle, déclaration
qui présentera du reste l'inconvenient de permettre à

---

[1] Int. law t. III, ch. v, intitulé : War. — *Déclaration unnecessary.*
On cite dans ce camp Klüber, § 238 ; de Martens, III, p. 204. — Lueder,
l. cit. § 84, Travers Twiss II pp. 62 et ss. mais il est bon d'observer que
les deux premiers des auteurs cités ne sont pas aussi absolus que l'on
a coutume de le dire. Le § 239 de Klüber tempère singulièrement l'alinéa précédent et de Martens s'il ne juge pas la déclaration nécessaire,
exige au moins que l'on ait dénoncé son intention à l'adversaire, *(p. 205).*

l'ennemi de défendre mieux la position injuste qu'il a prise [1].

On ajoute quelquefois qu'une déclaration de guerre n'est pas d'une utilité évidente. Actuellement, les négociations diplomatiques se déroulent généralement au grand jour. Le peuple, par le contrôle qu'il est appelé à exercer sur les affaires politiques qui le concernent, prend intérêt à leur conduite et suit constamment par le moyen de la presse, l'état de ses relations présentes avec les nations étrangères. Une guerre ne peut aujourd'hui surprendre personne, et il n'y a nul besoin d'une déclaration dans les formes pour révéler un état d'hostilité dont la présence frappe tous les yeux.

Cette argumentation ne manque certainement pas de valeur, et elle pourrait passer pour concluante si elle ne présentait pas l'inconvénient de laisser passer inaperçu le moment précis qui sépare l'état de paix de l'état de guerre. Les faits d'hostilité montreront bien, par leur répétition, par leur continuité, que l'on est en état de guerre avec un pays, mais ils ne le montreront qu'au bout d'un certain temps, pendant lequel le doute ne cessera de planer sur ce point qui, cependant, est capital. De part et d'autre, les souverains comme les simples particuliers ont intérêt à savoir si oui ou non ils sont en

---

[1] Phillimore, III, § 65.

état de guerre ouverte, les premiers pour concentrer immédiatement les forces vives de leur peuple, les seconds pour conformer la conduite de leurs affaires particulières aux devoirs que l'état de guerre fait naître pour les belligérants. Les étrangers, les simples neutres, sont fort intéressés aussi à connaître, aussitôt qu'il se produit, le fait de l'état de guerre, parce que la guerre, a, par rapport à eux, cet effet de rendre illicites quantité d'actes qui, jusque-là, étaient licites, et les expose à subir, sans la moindre faute de leur part, des dommages considérables. Enfin il importe aux militaires plus qu'à personne de saisir exactement le passage de l'état de paix à l'état de guerre. Que l'on suppose un officier placé à la tête d'un détachement, à la frontière, à un moment où des hostilités se sont déjà produites, sans que la guerre ait été officiellement déclarée. Une occasion se présente à lui de tenter un coup de main de quelque importance. C'est un parti que l'on pourrait surprendre, un convoi qu'il serait facile d'enlever. Que fera-t-il ? Restera-t-il dans l'inaction ? Mais si l'on estime que la guerre existe en fait, son inaction donnera prise à un juste reproche. Agira-t-il ? Mais si les hostilités antérieures sont jugées sans conséquence, il sera réputé avoir commis un grave manquement à ses devoirs, et le seul acte par lui accompli pourra être pour son pays le principe de complications sérieuses.

Voilà pourquoi il est essentiel que dès avant le début des hostilités, la situation des nations adverses soit nettement déterminée. Voilà pourquoi la déclaration de guerre n'a pas, quoi qu'on en dise, perdu son utilité.

Mais, objectera-t-on, il n'y a pas dans ces considérations, du reste sérieuses, le principe d'un véritable devoir pour les Etats, il y a tout au plus une question de loyauté. Il est vrai que cette question concerne, au fond la loyauté, mais la loyauté entre Etats n'est-elle pas un principe suffisant de droits et de devoirs ? Les relations internationales seraient-elles possibles sans loyauté ? La civilisation même existerait-elle si une loi générale d'honnêteté ne dominait pas les actions humaines ? Pourquoi la guerre échapperait-elle à cette loi générale ? Nous verrons plus tard que certaines ruses sont condamnées par le droit de la guerre comme n'étant pas loyales. Pour la même raison il faut condamner aussi les guerres commencées à l'improviste et dans le but de ruiner les forces de l'ennemi avant qu'il ait eu le moyen d'organiser sa défense.

Une dernière idée doit être proposée. Le souverain qui ouvre brusquement les hostilités rend par là même impossible toute solution amiable du différend qui le concerne. Il montre donc que, s'il désire la guerre, c'est en vue des avantages qu'il pense en retirer, et non pas pour la garantie de ses droits, car cette garantie aurait eu tout à gagner peut-être à être demandée d'abord par des moyens purement pacifiques [1].

Vous ne vous étonnerez pas dès lors, Messieurs, si la majorité des auteurs contemporains considère la déclaration de guerre comme une formalité nécessaire, ou, au moins, comme une formalité dont l'accomplissement est éminemment désirable au point de vue de la correction des relations internationales et de l'observation des devoirs particuliers que la guerre impose à tous les intéressés. Heffter, Wheaton, Rüstow, Fiore, Dudley Field qui voudrait même que la déclaration précédât de soixante jours les hostilités, Bluntschli, Féraud-Giraud, Bulmerincq, Calvo, et bien d'autres sont de cet avis, et ils ont raison [2]. Je terminerai sur ce point par une anec-

---

[1] C'est pour la même raison que Rüstow fait un devoir pour les belligérants d'accepter l'intervention d'une puissance neutre qui propose ses bons offices (Kriegspolitik, p. 99).

[2] Heffter, § 120, p. 163 ; Fiore, *Traité*, II, p. 256 et *Code*, art. 936 et s. — Dudley Field. *Code*, art. 702, — Bluntschli, §§ 521 et s. — Wheaton, t. I, p. 279. — Rüstow, p. 109. — Bulmerincq, dans le Handbuch de Marquardsen t. I, p. 360. — Féraud, Giraud, l. c. pp. 37 et s. Calvo, t. IV, § 1907, p. 47. Funck Brentano et Sorel p. 242. Phillimore lui-même, ne se fait pas faute, en dépit des principes qu'il proclame et qu'il base sur les décisions des juges de l'amirauté anglaise (notamment de lord Stowel), de critiquer vivement la conduite tenue en 1740 par Frédéric II, à l'égard de la Saxe « His conduct with respect to the King of Saxony is so mixed up with flagrant and indefensible perfidy, that it affords little instructions upon the legal question as to the practice of nations in beginning a War withont any previous déclaration » (t. III, p. 98).

dote que j'emprunte à l'intéressant article de M. Féraud-Giraud. La marine anglaise captura, en 1756, alors que l'Angleterre se livrait contre la France à des actes hostiles sans lui avoir déclaré la guerre, trois navires de guerre français. Le commandant de l'*Espérance*, un de ces navires, reçut des autorités anglaises l'offre de sa liberté sur parole. Il répondit très fièrement qu'il ne voulait de la liberté qu'en payant une rançon, parce que c'est l'usage des pirates de ne délivrer leurs prisonniers que contre argent comptant.

Une déclaration est donc nécessaire. Comment se fera-t-elle ? Il n'est plus question chez nous de féciaux ni de hérauts d'armes, et il convient de se montrer ici d'une très grande facilité. L'essentiel est que le souverain ennemi soit prévenu de la guerre qui va éclater, mais le choix des moyens à employer importe peu. Le plus direct et le plus parfaitement légal consiste à notifier, avec ses griefs, la résolution que l'on a prise de recourir aux armes et de laisser à l'ennemi, avant que d'y recourir en effet, le temps qui lui serait nécessaire pour accéder immédiatement aux exigences dirigées contre lui.

Le plus souvent, la guerre n'est déclarée qu'après des négociations diplomatiques longues et infructueuses. La notification prend alors, volontier la forme d'un ultimatum : c'est un acte où un Etat formule ses dernières prétentions et dénonce son intention d'ouvrir les hostilités, si ses conditions ne sont pas acceptées dans un délai, généralement court, qu'il détermine. L'ultimatum contient ainsi une déclaration de guerre conditionnelle.

La déclaration ou l'ultimatum sont remis à la partie adverse, soit par le représentant ordinaire du pays qui l'envoie, soit par un mandataire spécialement désigné à cet effet. Naturellement, il n'y a nul besoin de déclaration dans une guerre purement défensive. On ne la conçoit pas non plus dans une guerre civile, parce qu'alors c'est de la pratique des hostilités que dérive la qualité de belligérant.

Nous verrons bientôt que toute déclaration de guerre est accompagnée du rappel des ambassadeurs ; mais il faut observer, dès à présent, que le rappel des ambassadeurs n'équivaut pas, malgré sa gravité, à une déclaration de guerre, car il est fort possible que la paix subsiste pendant quelque temps entre les deux pays, encore que toute relation diplomatique soit interrompue entre eux [1].

On pourrait traiter ici la question importante de savoir à qui il appartient de déclarer la guerre, mais cette question est du domaine du droit public interne, bien plus

---

[1] Heffter, § 120, p. 164. Phillimore (III, 93) note que lorsque la bataille de Dettingen (1743) eut lieu entre les troupes anglaises et françaises aucune déclaration de guerre n'avait été envoyée, et même les ambassadeurs des deux pays se trouvaient encore à leurs postes respectifs. — V. ég. Calvo, § 1905. — Travers Twiss II pp. 60 et 72.

que de celui du droit international [1]. Qu'il nous suffise d'observer que c'est toujours aux autorités de l'ordre le plus élevé que ce droit a été réservé et que, suivant la participation plus ou moins grande du peuple au gouvernement du pays, tantôt il appartient au souverain seul et tantôt il requiert le concours des représentants de la nation [2]. C'est ainsi que les choses se passent en France, d'après l'article 9 de la loi constitutionnelle du 16 juillet 1875. On a vu, autrefois, des compagnies puissantes investies de ce droit. C'est ce qui a fait que Warren Hastings, simple commis aux écritures de la Compagnie anglaise des Indes, a pu parvenir à une des plus grandes fortunes militaires de son siècle.

Les formalités usitées ne se bornent pas à une simple déclaration de guerre. D'après l'usage actuel, immédiatement après la déclaration, chaque souverain adresse

---

[1] Calvo, § 1909. — F. de Martens, § 108.

[2] Qu'arriverait-il si la guerre était déclarée par le souverain seul alors que la constitution l'obligeait à se pourvoir du consentement des représentants du pays, ou par le chef d'un Etat compris dans une confédération, agissant seul et contrairement aux stipulations du pacte fédéral ? Lueder qui se pose la question (§ 60, t. IV, p. 238) enseigne que la puissance à qui la déclaration est envoyée n'a pas à tenir compte de ces détails de législation intérieure et que, vis-à-vis d'elle toute déclaration émanée du pouvoir de fait suffit à lui donner la qualité de belligérant régulier. Cependant, si la provocation a pour auteur un souverain dont les Etats font partie d'une confédération il paraît de toute justice, que son initiative n'expose que lui seul et non ses confédérés aux violences de l'adversaire qu'il a défié.

une proclamation à son peuple, dans laquelle il lui noti-
fie le grand changement apporté à ses destinées [1]. Quelquefois même le souverain ou le général en chef adresse
une proclamation à la population du pays ennemi. Ainsi
a procédé, en 1870, le roi de Prusse, en envahissant le
territoire français. Dans son manifeste du 11 août 1870
le roi Guillaume proclamait sa volonté de faire la guerre
aux soldats français et non aux citoyens de la France.
Le prince royal de son côté disait « l'Allemagne fait la
guerre à l'empereur des Français et non aux Français. »
(Proclamation du 18 août 1870) [2]. D'après ce qui s'est
passé, on peut juger de l'importance qu'il convient d'at-
tacher à de semblables documents.

Une formalité plus importante est la notification qui
est faite aux puissances neutres. Cette notification n'est
pas employée seulement pour les prévenir du jour où
commencent leurs droits et leurs obligations en qualité de
neutres. Les deux adversaires donnent à ces notes des proportions assez considérables, et s'efforcent d'exposer de
part et d'autre, les raisons qui leur paraissent propres à
justifier leur conduite, donnant ainsi à leur insu la

---

[1] On procédait déjà ainsi au moyen âge. Les hérauts d'armes chargés
de porter au souverain ennemi les lettres de défi, avaient également
mission de proclamer solennellement la déclaration de guerre dans la
ville capitale de leur propre souverain. — Travers Twiss, II, p. 58.

[2] Valfrey Histoire de la diplomatie du gouvernement de la Défense
Nationale, t. III, pp. 269, 270.

meilleure preuve que l'on puisse trouver de la nécessité d'une juste cause, et de la réprobation que l'absence de cet élément ne peut manquer d'exciter.

Enfin, chaque Etat publie la loi martiale, déclare, si cela est nécessaire, l'état de siège, toutes mesures rendues indispensables par les changements que l'état de guerre va faire subir à l'état ordinaire de son pays [1].

Telles sont, dans leur ensemble, les formalités qui accompagnent le fait de la déclaration de guerre.

Venons, maintenant, aux conséquences immédiates qu'entraîne cette déclaration.

La première est le rappel des ambassadeurs. Il est certain que le maintien d'une légation se concilie mal avec le fait de l'état de guerre existant entre deux pays. Les ambassadeurs doivent donc, de part et d'autre, demander leurs passeports et rentrer dans leur patrie, s'ils ne l'ont déjà fait avant le commencement des hostilités. On cite pourtant certains cas dans lesquels les relations diplomatiques ont persisté, malgré l'existence d'une guerre. Ainsi, nous lisons dans de Martens [2], que lorsque Napoléon eut, en 1812, obligé la Prusse à déclarer la guerre à la Russie, un agent secret fut chargé de maintenir les relations entre les deux cours. Mais le caractère secret de

---

[1] V. p. -ex le décret du 4 oct. 1891 sur le *Service des places de guerre*, art. 191. Cf. décret du 26 oct. 1883 sur le *Service des troupes en campagne*, art. 275.

[2] T. III, p. 204.

l'agent prouve assez que les puissances qui usaient de son intermédiaire ne se dissimulaient pas qu'elles commettaient une infraction aux règles du droit des gens. Si l'ambassadeur perd ses fonctions par le fait de la déclaration de guerre, il ne perd pas pour cela ses privilèges, et la fiction d'exterritorialité qui le garantit continue à le couvrir, tant qu'il n'a pas quitté le territoire de la nation auprès de laquelle il est accrédité. La pratique est constante sur ce point, et seule, en Europe, la Turquie s'est quelquefois permis de méconnaître ce droit.

En l'absence de toute représentation, la protection des sujets d'un belligérant qui continuent à résider en territoire ennemi est confiée à l'ambassadeur d'une puissance amie. C'est ainsi que le ministre des Etats-Unis, M. Washburne s'est chargé, en 1870, de la protection des sujets prussiens restés en France. Quant aux questions intéressant les puissances belligérantes, elles sont traitées soit par des plénipotentiaires spéciaux, soit par les généraux chefs de corps qui, ainsi que nous le verrons, ont le droit de convenir avec l'ennemi sur tous les points litigieux requérant une prompte solution.

La mesure la plus considérable parmi celles que l'événement d'une guerre peut rendre nécessaires est l'expulsion des sujets ennemis résidant sur le territoire de l'Etat. Autrefois la légitimité de cette mesure n'était contestée par personne, et on cite encore l'exemple des Anglais

7

qui, en 1755, furent expulsés de France au son de la trompette et du tambour. Aujourd'hui, son application est un peu tombée en désuétude, et il n'en reste qu'un exemple qui a donné et donne encore lieu aux plus vives récriminations. Cet exemple, c'est nous qui l'avons fourni en expulsant, en 1870, au cours de la guerre franco-allemande, les Allemands établis dans notre pays. Un grand nombre d'auteurs ont blâmé, parfois en termes très vifs, la conduite du gouvernement français dans cette circonstance. On compte naturellement parmi eux les écrivains allemands, de plus deux savants appartenant à des pays neutres, le Suisse Bluntschli et le Belge Rolin-Jacquemyns[1]. Il faut examiner de près cette question. On admet bien aujourd'hui encore que l'expulsion des sujets ennemis, lorsqu'elle est commandée par la raison supérieure des nécessités de la guerre, constitue une mesure parfaitement légitime, pourvu que dans cette expulsion, on procède avec toute l'humanité possible, et notamment que l'on donne aux personnes visées par la mesure un délai raisonnable pour quitter le territoire[2]. Ce que l'on nous reproche, c'est : 1° d'avoir procédé à l'exécution de cette mesure sans tenir le moindre compte des droits de l'hu-

---

[1] Geffeken, sur Heffter, p. 267, n. 4. — Lueder, 1. c. § 85 texte et note 27 —. Rolin Jacquemyns, R. D. I. 1870 pp. 676-674. — Neumann, p. 159. Cf. de Martens. t. III, p. 199. — Calvo, § 1958.

[2] Lueder, 1. c. p. 348.

manité, et surtout : 2° de l'avoir prise sans la moindre nécessité, uniquement en haine et par dépit des premiers succès des armées allemandes.

Il est malaisé d'éclaircir la première des deux accusations portées, en présence des déclarations contradictoires recueillies de part et d'autre. Cependant les débats du Corps législatif montrent que l'administration se préoccupait de protéger la sortie des allemands. La seconde accusation est moins vague et on peut y répondre. Il me semble que les auteurs qui l'ont portée ont perdu de vue, en établissant leurs règles, les différences qu'il peut être juste de faire entre les Etats, suivant leur situation respective. Qu'un Etat, qui ne compte dans son sein qu'un nombre insignifiant d'étrangers, s'abstienne de les molester par une expulsion que rien ne justifierait, il fera bien, et, ne courant aucun risque, ne devra même pas exalter trop sa générosité, comme il est arrivé aux Allemands de le faire pour eux. Mais, si l'on suppose un Etat donnant l'hospitalité à un nombre très considérable d'étrangers, une ville comme Paris, envahie par les éléments étrangers [1], l'autorité agira prudemment et cédera même à une véritable nécessité en expulsant ces étrangers en cas de guerre avec leur pa-

[1] D'après l'estimation de Michel Chevalier (*Rev. des deux mondes*, 15 juillet 1870) il y avait au moment de la guerre 40,000 Allemands établis à Paris.

trie. Leur présence constitue un grand danger par elle seule. Et les faits parlent sur ce point plus haut que la raison. On sait qu'en 1870 la rapidité et la continuité des succès des armées allemandes ont été dues pour une part notable à l'excellence de leurs informations ; on sait que les faits qui se passaient sur notre territoire parvenaient parfois plus vite à la connaissance des états-majors ennemis qu'à l'oreille de nos propres généraux. N'y avait-il pas là un grand mal et un grave danger, et le Gouvernement n'a-t-il pas eu raison de procéder à des mesures d'expulsion lorsqu'il a vu que l'envahissement du territoire devenait chose inévitable. Je crois que dans le même cas aucun autre souverain n'hésiterait à agir de même, et je pense que l'esprit le plus impartial ne pourrait pas ne pas l'approuver.

Un autre point délicat est voisin de celui-ci. Au début des hostilités, chaque souverain, par un acte que l'on appelle avocatoire, s'empresse de rappeler auprès de lui ceux de ses sujets résidant à l'étranger qui sont soumis à l'obligation du service militaire en temps de guerre. La puissance ennemie a-t-elle le droit d'empêcher les individus visés par les ordres en question de rentrer dans leur patrie et de rejoindre leur poste ? Tous les auteurs

1 V. cop. Accollas. *Droit de la guerre*, p. 41. Il ne faut pas confondre cette mesure de sûreté avec l'ordre qui pourrait être donné de retenir à titre de prisonniers tous les sujets ennemis résidant sur le territoire au moment de l'ouverture des hostilités, comme le fit le Pre-

s'accordent à approuver cette mesure. Les belligérants tendent à s'affaiblir reciproquement. Les obligera-t-on à se fournir mutuellement des armes, et n'est-ce pas en vérité se fournir des armes mutuellement, que de négliger les entraves que l'on peut mettre au recrutement respectif des deux armées. La pratique, il est vrai, s'est montrée plus libérale, et en 1870 notamment, les deux nations ennemies n'ont fait aucune difficulté de permettre aux militaires rappelés de répondre à ce rappel. On peut regretter cette tolérance, car augmentant le nombre des belligérants elle augmentera par là même les horreurs de la guerre [1].

Aux mesures prises contre les personnes des sujets ennemis se joignaient fréquemment autrefois des mesures prises contre leurs biens. On trouvait légitime de confisquer leurs propriétés. Grotius et Bynkershoek [2] sont

mier Consul a l'égard des Anglais en 1802. Cet acte ne peut se justifier que s'il est exercé à titre de représailles. V. Travers Twiss II, pp. 90 et ss.

[1] Calvo, § 1914. — Il faut considérer en outre qu'un Etat qui donne asile à un très grand nombre d'étrangers fournit à son adversaive un excellent corps de guides s'il permet aux sujets ennemis de rejoindre leur drapeau. Il peut y avoir là un inconvénient considérable pour l'un des belligérants et par suite un principe d'inégalité que celui-ci n'est point obligé de subir. En fait les troupes allemandes ont grandement profité en 1870 des connaissances topographiques qu'avaient acquises pendant leur séjour en France les hommes de la réserve établis sur notre sol. Les retenir chez nous pendant la durée des hostilités n'eût été qu'une précaution parfaitement légitime.

[2] Grotius, l. III, ch. VI. — Bynkershoek, *De reb. bell.* ch. IV. — V. Wheaton., I p. 279 et s. Travers Twiss II, pp. 94 et ss.

encore de cet avis [1]. Aujourd'hui, cet usage a complètement disparu. Même, quoique le respect de la propriété
privée ne soit pas aussi assuré dans la guerre maritime
que dans la guerre terrestre, on a renoncé au droit de
saisir les navires appartenant à l'état ennemi qui se
trouveraient dans les eaux territoriales de l'autre belligérant au moment de la déclaration [1]. Tout au plus les
mettra-t-on sous séquestre au moyen de l'embargo, ou
l'Etat usera-t-il du droit d'angarie qui lui permet de les
employer à ses propres usages, à condition de rémuné-
rer leurs services. Ces mesures ne sont guère plus employées.

Enfin, nous ne pouvons pas en finir avec cette matière des suites immédiates de la guerre, sans dire quelques mots de la manière dont la survenance de l'état de
guerre affecte les relations existant d'un pays à l'autre.
Les idées et la pratique ont beaucoup varié sur ce point.
Il fut un temps où l'on ne pensait pas que l'état de
guerre fût compatible avec un lien de droit quelconque
entre les Etats en conflit. On décidait alors que tous les
traités antérieurement conclus entre les nations, maintenant ennemies, perdaient, de plein droit leur efficacité, par le fait de la survenance de la rupture. L'en-

[1] C'est à l'occasion de la guerre de Crimée en 1854 que les Grandes
Puissances ont renoncé en fait à l'ancien droit de confiscation de la
propriété maritime ennemie trouvée au moment de la déclaration dans
les eaux territoriales des belligérants. — Travers Tviss II, p. 109,

nemi était hors la loi comme nation et hors la loi comme particulier. Les droits que l'on pouvait posséder envers les sujets de la nation ennemie, de même les obligations dont on était tenu à leur égard disparaissaient, et,
naturellement, tout lien de droit nouveau que l'on aurait
été tenté d'établir, nonobstant la présence de l'état de
guerre, était voué par avance à une complète inefficacité.

Les idées se sont singulièrement modifiées à ce
sujet, et, sans entrer ici dans une discussion abstraite
qui nous mènerait trop loin, on peut citer des faits qui
démontrent hautement que l'état de guerre n'équivaut
plus à un état d'absence complète de droit entre les peuples ennemis.

Si l'on considère, d'abord, les relations mutuelles des
belligérants et les traités qui attestent leurs droits et
leurs devoirs, on voit que l'effet de ces derniers n'est
plus considéré comme incompatible avec l'existence d'un
état d'hostilité. Cela est certain, d'abord, de tous les
traités qui, d'après leur nature et l'intention des Hautes
Parties Contractantes, ne sont destinés à produire leur
effet qu'en temps de guerre. Telles sont les conventions
relatives aux formes de la déclaration, au délai qui sera
laissé aux nationaux des deux pays ou aux vaisseaux
leur appartenant pour réintégrer leur patrie, aux secours
à donner aux blessés, au traitement des prisonniers, etc.
Il n'est pas douteux que de semblables conventions ne

soient pleinement valables, quoique naturellement destinées à n'être appliquées qu'en temps de guerre. Même
les traités qui ont été conclus en vue des relations pacifiques et normales des deux Etats ne sont pas indis-
tinctement annulés par le fait de la guerre. Sont annu-
lées les conventions de paix et d'amitié, elles n'auraient
plus de sens, les traités de commerce, parce que les relations commerciales sont généralement interrompues ;
enfin, les traités dont la matière a donné lieu au litige
présent. Mais, au contraire, tous les traités dont l'objet
est compatible avec les nécessités de la guerre doivent
être considérés comme subsistants. Ainsi, un traité qui
aurait stipulé l'adoption d'un régime monétaire commun
aux deux pays ne devrait subir aucune atteinte. Cette
théorie a cet avantage de laisser intacts les grands traités,
les unions, lorsque des hostilités viennent à se produire
entre deux Etats qui y ont adhéré.

La guerre a aussi ses effets sur les rapports des particuliers des deux nations.

Il est certain que les droits existant au début de la
guerre entre particuliers des deux nations, comme ceux
qui peuvent appartenir à un sujet de l'une d'elles sur un
objet situé sur le territoire ennemi, ne peuvent recevoir
aucune atteinte du fait de la guerre. La guerre n'est ni
un mode d'extinction des obligations, ni une cause de
perte de la propriété.

La question du commerce entre ennemis est plus délicate. Quelques-uns, comme Geffcken [1] le considèrent
comme incompatible avec l'état de guerre, et comme illicite, sans qu'il y ait besoin de le déclarer tel. D'autres,
à l'opinion desquels je me rallierai, repoussent cette
incompatibilité prétendue et déclarent le commerce interdit seulement lorsqu'il est intervenu sur ce point des
prohibitions spéciales et dans la mesure desdites prohibitions. Au reste, la question n'a pas grand intérêt, car
au moment de la déclaration, les belligérants, par des
actes appelés inhibitoires, s'empressent de prohiber soit
tout commerce de leurs sujets avec l'ennemi, soit seulement certaines branches de commerce. On sait qu'un
banquier de Berlin fut puni pour avoir fait souscrire à
l'emprunt Morgan. Il faut observer, en outre, que l'intérêt du commerce doit céder aux nécessités de la guerre,
et que le développement toujours plus grand pris par
celle-ci paraît devoir rendre impossible, en fait, les opérations commerciales entre belligérants.

---

[1] Geffcken sur Heffter p. n^te 5. Cf. Bynkershoek, l. cit. ch. III. —
Wheaton, pp. 295 et ss. — Phillimore, III, p. 116 et s. (il rapporte
l'opinion de lord Stowell dans le cas du Hoop-Travers Twiss II, p. 102)
— Guelle, pp. 46 et s. Contra Heffter, § 123. — Lueder, § 87. — Cf.
Klüber, § 240. — Calvo, §§ 1953 et s.

QUATRIÈME CONFÉRENCE

Des belligérants. — Les alliés d'un belligérant sont-ils obligés de prendre son fait et cause ? — Un belligérant peut-il immédiatement traiter en ennemis les alliés de l'autre belligérant ? — Des combattants et des non combattants. — Intérêt de leur séparation dans la pratique moderne de la guerre. — Difficultés particulières de la question.— Armées régulières.— Emploi de troupes peu civilisées.— Corps francs. — Levées en masse. — Analyse et critique des décisions de la conférence de Bruxelles. — Guerre maritime. — Abolition de la course.

Nous avons vu précedemment comment une guerre s'engage, nous allons maintenant étudier comment elle se poursuit, et, tout d'abord, nous nous demanderons qui l'on doit considérer comme ennemi. Cette question, est, en réalité double, car elle présente deux aspects bien différents. Il faut rechercher en premier lieu quelles sont les nations qui, dans une guerre donnée, doivent être réputées belligérantes, puis, ce premier point établi, nous aurons à nous demander quelles sont les personnes qui ont la qualité de combattants, et, à ce titre, ont un droit certain à bénéficier de l'application des lois de la guerre.

I. La détermination des nations belligérantes serait

très facile si les peuples vivaient, en temps de paix, dans un état réciproque d'isolement. Seraient belligérantes les seules nations entre lesquelles seraient intervenus soit une déclaration de guerre, soit des actes matériels d'hostilité. Mais telle n'est pas, on le sait bien, la situation ordinaire. Les nations profitent des loisirs que leur laissent les périodes de paix pour s'assurer contre les risques des guerres futures au moyen de traités d'alliance qui obligent les Hautes Parties Contractantes à faire cause commune dès que l'une d'elles se trouve exposée au danger en prévision duquel l'alliance a été conclue. L'existence d'alliances entre les belligérants et des nations tierces fait naître deux questions que l'esprit dégage immédiatement, et qui, en raison de leur importance, ne peuvent pas demeurer dans l'ombre : 1º Un belligérant peut-il forcer son allié à prendre son fait et cause et à partager avec lui les chances des combats ; 2º Un Etat a-t-il le droit de traiter en ennemis les alliés de son ennemi pour la seule raison du fait de leur alliance ?

1º Il me semble que la première de ces deux questions dépasse sensiblement le cadre de cette étude. Ce ne sont pas les principes du droit international, mais bien les termes même du traité qui indiqueront jusqu'à quel point un allié est tenu de supporter la cause de son allié. Si le traité est spécial, s'il vise un danger particu-

lier, les agressions à redouter de la part d'une puissance
déterminée, il est clair que tous les conflits autres
que celui qui a été prévu demeurent indifférents à la
puissance alliée, et que celle-ci peut, sans manquer au-
cunement à sa parole, conserver la neutralité. L'alliance
est-elle au contraire générale, il est alors du devoir des
souverains qui y sont entrés de prendre réciproquement
leur défense et d'appuyer, à l'aide de leurs forces, les
réclamations que l'un quelconque d'entre eux se croit
en droit de formuler [1]. Cependant à cette obligation
même, il y a une limite. Comme le disait au siècle dernier lord Liverpool : « Cette sorte de latitude laissée
« aux traités ne doit pas faire présumer que leurs auteurs
« aient entendu que chacune des parties contractantes
« serait dans l'obligation de soutenir tous les actes de
« violence ou d'injustice que son allié serait tenté de
« commettre, mais il est certain qu'ils ont cherché par
« là à aller au-devant des prétextes trop nombreux que
« l'on pourrait alléguer pour mettre obstacle au but
« principal de l'alliance, en prétendant que la nécessité
« de la garantie n'existe pas [2] ».

Au reste, ces traités d'alliance générale, ou offensive

---

[1] Vattel, l. III, ch. vi, Bynkershoek, l. I, chap. ix, § 94. — Klüber,
§§ 269 et s. — Heffter, § 115. — Wheaton, t. J, p. 259. — Calvo, §§ 2004
et s. — Lueder, l. c. §§ 63 et 64. Phillimore, iii, § 73, p. 126.

[2] Calvo, § 2022, t. IV, p. 113.

et défensive, laissent la porte ouverte aux difficultés, car il n'est pas toujours facile de décider si c'est par ambition ou par un juste souci de ses droits qu'une nation prend les armes, et bien souvent un doute sur ce point permettra à un allié, peu pressé de prendre les armes, d'éluder les obligations auxquelles il s'était soumis. Frédéric II disait des traités de garantie qu'ils lui rappelaient des ouvrages en filigrane qui, de loin sont quelque chose et de près ne sont plus rien [1]. La même appréciation est souvent vraie des alliances en général qui peuvent se dissoudre au moment précis où on voudrait les utiliser.

2° La seconde question nous intéresse davantage parce qu'elle est plus précise. Une nation a-t-elle le droit de considérer comme ennemis tous les alliés de son ennemi? On hésitait beaucoup autrefois sur cette question. Vattel [2] qui la traite longuement, enseigne que l'on est en droit de considérer comme ennemis ceux qui font cause commune avec l'ennemi, ou qui l'assistent sans y être obligés par des traités, ou qui marchent avec

---

[1] Geffcken sous Heffter, § 97 n. 1. Cf. Funck Brentano p. 250.

[2] Vattel, t. II, § 95 et s. p. 436. D'après l'exemple cité par Vattel, il semble que la tolérance qui régnait autrefois à cet égard avait son origine dans l'usage généralement suivi à cette époque de recruter des troupes mercenaires dans les pays amis. Il est certain que, sans cette tolérance, il ne serait pas passé de guerre en Europe dans laquelle la Suisse n'eut été impliquée en raison des levées qu'elle autorisait sur son territoire. V. cep. Klüber, § 272.

lui en vertu d'une alliance offensive, ou qui stipulent
au cours des hostilités une alliance défensive, ou, enfin,
qui, en vertu d'une alliance antérieure, l'assistent de
toutes leurs forces. Au contraire, il décide que l'on n'a
pas le droit de considérer comme ennemi celui qui se
borne à fournir à la partie adverse les secours qu'elle lui
avait promis avant la guerre sans esprit d'hostilité marquée contre une puissance déterminée. Cette tierce nation
ne fait que tenir sa promesse et on ne doit point, d'a-
près Vattel, la regarder comme coupable pour l'avoir
fait. Il cite quelques exemples qui semblent montrer que
ces distinctions avaient pénétré dans la pratique de son
temps [1]. Ces distinctions sont aujourd'hui tenues pour
surannées, et il est admis que toute nation qui fournit à
l'un des belligérants un secours quelconque fait acte
d'hostilité envers l'autre belligérant et s'expose aux conséquences de son juste ressentiment [2]. Cela est vrai
sans réserve. Que le secours soit fourni spontanément
ou pour remplir une obligation antérieurement contrac-
tée, il n'importe ; il n'importe pas davantage que le secours accordé soit plus ou moins considérable, qu'il con-

[1] Klüber, § 272 présente encore cette restriction comme admise par
la coutume, Helfter, § 117 la mentionne mais sans l'approuver ; Cf.
Wheaton, t. I, p. 259.

[2] Phillimore, l. c. Calvo, § 2013 et 2014, t. IV, p. 108 et 109. De Mar.
tens t. III, pp. 195 et s. — Bulmerincq. dans le Hand. de Marq. Völkerrecht, § 92. — Lueder, l. c. § 64.

siste en hommes ou en argent ou dans la concession
de quelque autre avantage, tel que la remise d'une place
forte ou la concession d'un passage pour les troupes ;
en tout cas il y a dans la prestation de ce secours une
cause légitime d'hostilités. A la vérité, il peut sembler
dur d'allumer une guerre nouvelle pour une simple
question de subsides fournis ou d'un passage accordé :
il semble que tout ce qu'il est juste d'exiger de la puissance qui a manqué aux lois de la neutralité, c'est qu'elle
rétablisse l'égalité qu'elle a compromise en faisant un
avantage égal à l'autre belligérant [1]. Cette solution serait de nature à concilier tous les intérêts en présence,
mais elle n'a pas encore été adoptée par la pratique des
nations, et jusqu'ici la guerre a été le seul moyen employé pour venger les torts de cette sorte.

2° Nous avons supposé jusqu'ici qu'un allié a fourni le
secours qu'il avait promis, et il est évident qu'alors il ne
peut prétendre à garder les avantages de la neutralité :
mais examinons maintenant quelle est la situation
d'un belligérant vis-à-vis des alliés de son adversaire,
tant que ceux-ci s'abstiennent de participer aux opéra-

---

[1] Au moins devrait-on admettre que la puissance qui a fourni le secours peut se soustraire aux justes menaces qui lui sont adressées en
offrant au belligérant lésé un avantage égal à celui dont son adversaire
a été favorisé. Cette solution, si elle était reçue concourrait à affirmer
le caractère exceptionnel de la guerre, et faciliterait la réparation des
torts qui peuvent être causés à l'un ou à l'autre des Etats en lutte.

tions de la guerre. La présence de ces alliés est un danger, car il est à craindre qu'ils ne se décident à payer leur dette à leur allié ; d'autre part, ils restent neutres, et l'on aurait peine à admettre que le seul fait de l'alliance puisse suffire à leur donner la qualité de belligérants. Quelle conduite devra tenir l'autre belligérant ? La pratique moderne consiste à lui permettre, en pareil cas, d'adresser aux alliés de son adversaire une déclaration de guerre conditionnelle, et destinée à ne produire ses effets que pour le cas où ils entameraient les hostilités, ou bien à les mettre dans l'alternative de résilier leur traité d'alliance ou de subir immédiatement les rigueurs de la guerre [1]. Cette pratique est fort raisonnable, car elle tient compte à la fois et de l'intérêt des belligérants, et de l'intérêt général qui souffre toujours de l'extension donnée à une guerre particulière. Souvent même le belligérant ne tient aucun compte des alliances de son adversaire, et, tant qu'elles ne se révèlent pas par des faits, agit comme si elles n'existaient pas. C'est ainsi que la Russie s'est conduite en 1877. En vertu du traité de Paris de 1856, l'Angleterre, la France et l'Autriche étaient garantes de l'intégrité du territoire ottoman. La Russie n'a attaché aucune importance à cette alliance, et l'événement lui a

[1] Lueder, l. c. t. VI, p. 250.

donné raison, car aucune des puissances alliées n'a entravé ses opérations militaires.

II. — Combattants et non combattants. — La séparation des combattants et des non combattants est une des questions théoriquement et pratiquement les plus importantes du droit de la guerre contemporain [1]. Cette question n'était pas soulevée autrefois, parce que l'on considérait que la guerre donnait aux armées les mêmes droits contre toute la population de l'Etat ennemi, y compris même les personnes qui, en raison de leur sexe ou de leur âge, sont manifestement impropres à prendre une part quelconque aux opérations militaires [2]. A la vérité, on recommandait de tempérer, par rapport à ces dernières, les rigueurs de la guerre, et Grotius en particulier se montre particulièrement pressant sur ce point, mais ces tempéraments étaient requis au nom de l'humanité, de la charité, non pas au nom du droit strict qui autorisait les mêmes pratiques hostiles contre les combattants et contre les non combattants.

Les idées se sont singulièrement modifiées sur ce point dans le courant de ce siècle. Les progrès du droit de la

[1] V. sur ce point un article très intéressant de M. Grenander, traduit en français dans la *Revue pratique* 1881, pp. 471 et suivi *Des conditions nécessaires suivant le droit des gens pour avoir en guerre le droit d'être considéré et traité comme soldat.*

[2] Grotius, l. III, ch. iv, §§ 6 à 9, et ch. xi, §§ 8 à 12 et Vattel, l. III, ch. viii, §§ 145 et ss.

guerre ont fait recevoir cette idée émise pour la première
fois par Rousseau, que la guerre a lieu d'Etat à Etat et
non de particuliers à particuliers. Bien que la pensée ainsi
formulée me semble beaucoup trop absolue, il est vrai
que la pratique militaire actuelle tend à ne considérer
comme ennemis actifs, et contre lesquels la violence est
chose légitime, que les seules personnes *comprises dans*
les forces militaires organisées des Etats belligérants.
Pour les autres, pour les ennemis passifs, c'est-à-dire les
citoyens inoffensifs, elles doivent rester, autant que faire
se peut, en dehors des atteintes de la force armée, et
puisqu'elles n'usent pas elles-mêmes de violence, échapper à tout acte de violence. Mais aussi, ces individus
non combattants doivent-ils faire taire leur patriostisme
et s'abstenir de tout acte de nature à entraver les opérations militaires auxquelles ils restent étrangers : faute
de satisfaire à cette obligation ils tombent sous le coup
de la loi martiale et payent généralement de leur vie
la participation irrégulière qu'ils ont prise aux hostilités.

Tel est le principe, et ce principe est certainement
bon. Il permet de diminuer, dans une large mesure,
les maux de la guerre, en limitant les plus cruels d'entre eux aux seules personnes qui, par état, par devoir,
ou par choix, prennent une part active aux hostilités ;
il permet aussi de distinguer du soldat honnête et loyal
le maraudeur, ce fléau des armées, qui, ne se rattachant

à aucun corps organisé, erre dans le voisinage des lieux occupés par les troupes, et profite du tumulte occasionné par leur passage pour commettre tous les crimes [1]. Cependant, cette idée de la séparation des combattants et des non combattants ne laisse pas que de présenter aussi des inconvénients. En temps de guerre, le devoir de tout bon citoyen est de courir aux armes et de défendre sa patrie, lorsqu'il la sait menacée. Faudra-t-il, au nom du droit, mettre des entraves à l'accomplissement de ce devoir, refréner ces passions nobles et justes cependant, et obliger l'homme qui veut verser son sang pour sa patrie à accomplir des formalités qui deviennent précisément plus longues et plus difficiles, qui deviennent même impossibles, à mesure que devient plus grand le danger couru par son pays ? Devra-t-on traiter comme un malfaiteur celui qui, n'écoutant que son courage, aura pris les armes pour délivrer sa patrie de l'envahisseur qui menace de la conquérir ? Le droit international peut-il voir un crime dans ce que la raison nous montre comme l'accomplissement du premier des devoirs ?

Ces considérations sont graves, il est impossible de

[1] Morer (cité par Grenander l. c. p. 493) dit que l'on a donné aux paysans qui s'assemblent en armes pour surprendre l'ennemi, le nom de Schnapphanen. C'est de là qu'est venue l'expression française de chenapan (Littré v° chenapan).

le nier : s'il est juste de permettre à tout citoyen valide
de défendre son pays, il est nécessaire, d'autre part, de
bien limiter les personnes qui feront régulièrement
actes de combattants : cela est nécessaire, à peine de
voir la pratique de la guerre perdre tout ordre, toute
mesure, et dégénérer en une suite de violences aveugles,
inutiles, indignes de l'humanité. Le problème qui se
présente à nous est donc de tenir compte à la fois de ces
deux nécessités opposées, de ne sacrifier ni le devoir à
l'ordre ni l'ordre au devoir, mais de combiner les deux
idées d'ordre et de devoir. C'est en s'inspirant de cet
esprit que l'on déterminera quels sont les combattants
réguliers, soit dans une guerre terrestre, soit dans une
guerre maritime.

A. — GUERRE TERRESTRE. — Le système militaire
commun à toutes les grandes puissances consiste à entretenir sur le pied de paix une armée considérable,
dans laquelle passent successivement tous les jeunes
gens valides du pays, et à créer à cette armée des dispo-
nibilités presque immenses, en obligeant au service, en
temps de guerre, tous les anciens soldats qui n'ont pas
atteint l'âge auquel on devient impropre à mener la vie
pénible du militaire en campagne. Toutes ces troupes,
sous quelque nom qu'on les désigne, réserve, armée
territoriale, arrière-ban, milices, landwehr, landsturm,
sont organisées, habillées, armées par l'Etat, toutes

font partie de l'armée nationale et ont un droit égal à l'application des lois de la guerre, lorsqu'elles agissent en corps, c'est-à-dire sous l'autorité des chefs qui leur ont été assignés. Ce point est formellement reconnu par les Instructions pour les armées des Etats-Unis, article 49 ; par la Déclaration de Bruxelles, article 9, et par le Manuel de l'Institut du droit international, article 2.

Ainsi, il n'est pas douteux que, pendant la guerre franco-allemande, la garde mobile et les gardes nationales, mobilisées ou non, ne fussent des troupes parfaitement régulières et ayant un droit absolu à prendre part avec l'armée active aux opérations militaires. Ces divers corps avaient été, avant ou pendant la guerre, organisés par des lois et des décrets émanés des autorités compétentes [1], ils étaient pourvus d'armes et d'uniformes par l'Etat, ils opéraient sous la conduite et sous la responsabilité de chefs régulièrement nommés, et l'on n'a jamais ouï dire qu'ils aient systématiquement méconnu les lois de la guerre. Ils avaient donc, eux aussi, un droit incontestable à l'application de ces mêmes lois, et cependant il est avéré qu'en plusieurs circonstances les commandants allemands ont refusé de reconnaître ce droit. Il est certain que les Allemands refusèrent quartier à des détachements de gardes mobiles qu'ils avaient surpris. L'ex-

---

[1] Loi du 25 août 1870. — Décret du 11 oct. 1870, art. 7. Décret du 14 oct. 1870, art. 6.

cuse qu'ils ont donnée de leur conduite consiste à dire que l'uniforme de ces troupes était insuffisant, qu'il comportait une simple blouse comme celle des habitants des campagnes, avec des galons rouges aux manches, galons peu visibles à une certaine distance, et qu'il était du reste facile d'enlever [1]. Cette excuse est pitoyable. Il est vrai que pendant quelque temps les mobiles ont porté une blouse d'uniforme, mais ils avaient par-dessus le ceinturon et le sabre-baïonnette visibles à distance, ils avaient tous un pantalon d'uniforme, un képi, qui n'est pas, que je sache, la coiffure nationale de nos paysans. Il était donc très facile de les reconnaître à distance, et les actes commis demeurent aux yeux de l'histoire injustifiables, le gouvernement de la Défense nationale a donc bien fait de déclarer aux autorités allemandes que, si de pareils faits se reproduisaient, il userait de représailles à l'égard des hommes compris dans la landwehr [2].

[1] Cette raison a été donnée dans une dépêche de M. de Bismark transmise au gouvernement français par l'intermédiaire de M. Washburne ministre des Etats-Unis et qui se trouve rapportée en substance par M. Rolin Jacquemyns. Chronique du droit international. *La guerre actuelle*. R. D. I. 1870, pp. 660, 661. V. aussi Grenander, l. c. p. 492.

M. Lueder (l. c. § 93 n. 7). — Valfrey. La diplomatie du gouvernement de la Défense nationale, t. II, pp. 161-163. Les débats dont il est question au texte se sont élevés au sujet de prétendus francs-tireurs, mais il paraît plus juste de les rapporter aux gardes mobiles dont les vêtements incriminés constituaient précisément l'uniforme, qu'à des francs-tireurs dont l'habillement était libre et indéfiniment varié.

[2] Calvo, p. 135. — Rolin Jaequemyns, R. D. I. 1870, p. 661.

C'était une prétention moins admissible encore que celle que renfermait une proclamation adressée par les autorités allemandes aux habitants du territoire envahi et dans laquelle il était dit : que l'on ne reconnaîtrait comme soldats réguliers que ceux qui justifieraient d'un ordre d'appel au drapeau émanant de l'autorité légale et adressé à sa personne [1]. Est-on dans l'usage, en matière de convocations militaires, de procéder par la voie d'appels individuels, et cette voie ne devient-elle pas précisément d'une impossibilité absolue lorsque le danger de la patrie oblige à convoquer d'un seul coup des masses considérables de population ? Des exigences de cette nature relèvent de l'arbitraire et de l'inhumanité : elle n'ont rien à faire avec le droit.

Enfin, on sait qu'en plusieurs circonstances devenues malheureusement trop célèbres, malheureusement pour les vainqueurs, par exemple lors de la défense héroïque du village de Bazeilles, ou lors de celle de la ville de Châteaudun, la participation au combat des gardes nationaux revêtus de leurs uniformes (une lettre du duc de Fitz-James, rapportée par Calvo [2], fait foi de ce détail

---

[1] Calvo, t. IV, p. 134. Bluntschli, § 570, n. 2. Grenander, l. c. p. 491.

[2] T. IV, p. 142. « Les habitants prenaient une part fort vive à la lutte : il fallut donc tourner les armes contre eux aussi. » Voilà tout ce que dit le maréchal de Molkte de l'incendie et du massacre de

important) a paru au vainqueur un crime de nature à
justifier et l'incendie de la ville et le massacre des
citoyens inoffensifs.

N'insistons pas sur ces douloureux incidents, mais
mentionnons-les pour ne pas paraître imiter les publicistes qui ont eu le triste courage de soutenir et d'essayer de justifier jusque-là la fortune du vainqueur.
Sans doute la guerre a ses moments difficiles, mais un
soldat est-il digne des armes qu'il porte lorsqu'il se
venge par de tels excès des périls qu'une résistance
acharnée lui a fait courir?

Une autre question doit trouver ici sa place. On sait
qu'un Etat a un droit incontestable à user contre son
ennemi de toutes les forces militaires qui lui appartiennent, et que, bien que les armées soient aujourd'hui nationales, il lui est loisible d'y incorporer les étrangers
qui désirent prendre du service. L'emploi des régi-

Bazeilles (Mémoires. *La guerre de 1870*, éd. fr. Jœglé, p. 110). *Le
compte rendu du grand état major prussien.* (trad. Costa de Serda,
t. II, pp. 1054) affirme également que la population prenait une part
très active à la lutte et dit que les Bavarois se voyaient dans la nécessité d'user de rigueur à l'égard des habitants trouvés les armes à la
main. La pauvreté de ces raisons éclate suffisamment si l'on songe que
plus des trois quarts de la population ont été massacrés y compris les
femmes et les enfants, et que le village a été complètement incendié.
De même Chateaudun a subi les rigueurs d'une exécution militaire
uniquement pour avoir été défendue énergiquement par ses gardes nationaux et des francs tireurs, ce qui cependant était parfaitement légitime. Il n'y a pas de justification possible de pareils actes.

ments de tirailleurs algériens (familièrement appelés turcos), composés d'Arabes au service de la France, a fait surgir certaines réclamations. On a répété que ces hommes n'avaient aucune notion des règles de l'humanité usitées dans la pratique actuelle de la guerre, que le vol, le pillage, le massacre des blessés leur avaient été habituels, tant en 1859 qu'en 1870, que leur introduction dans une armée européenne constituait une atteinte aux principes du droit des gens[1]. Je m'abstiendrai de donner, sur ce point, une opinion personnelle : cependant je ferai observer que les tirailleurs algériens sont commandés par des officiers faisant partie de l'armée française, qu'ils sont soumis à la même discipline que les autres troupes. Enfin, des officiers d'une compétence absolue déclarent que l'on n'éprouve pas de difficulté particulière à leur faire suivre les lois de la guerre, et qu'ils se conforment très exactement aux défenses qui leur sont faites. Dans de pareilles conditions, on ne voit pas pourquoi on interdirait l'usage de ces régiments, d'autant plus que les reproches qu'on leur a adressés consistent dans des allégations vagues, que l'indication d'aucun fait précis ne vient justifier.

Les bachi-bozoucks, irréguliers turcs, ont donné prise

[1] Rolin Jaequemyns. R. D. I. 1870, p. 639. — Lueder, l. c., § 97 spec. n. 6. Cf. Heffter-Geffcken § 125, n. 3 — de Martens, III, p. 212. — Neumann, p. 169. — Calvo, IV, § 2057. — Dudley Field, art. 739.

avec plus de fondement aux mêmes reproches. S'il est vrai, comme de Martens l'affirme [1], qu'ils n'avaient aucune connaissance des prescriptions de la Convention de Genève, touchant les blessés, il est certain que leur emploi dans une guerre de civilisés ne doit pas être toléré.

Un dernier mot sur ce point. Dans une armée régulière, les officiers et les soldats ne sont pas seuls à avoir droit à l'application des lois de la guerre. Il faut leur assimiler tous les fonctionnaires attachés aux troupes pour leur prêter le secours de leur ministère : les officiers de l'intendance, les aumôniers, les médecins et infirmiers. Toutes ces personnes n'ont pas le droit d'user de la force, sauf en cas de légitime défense, mais aussi elles ont droit au respect de leur personne et peuvent seulement être faites prisonnières : encore faut-il, à ce point de vue, excepter les médecins que couvre la Convention de Genève. Dans cette catégorie des non combattants, qui partagent cependant le sort des soldats, doivent encore être rangés les correspondants de journaux autorisés par le général en chef, à suivre les opérations.

CORPS FRANCS. — La question de l'admissibilité des corps francs au nombre des combattants est une des plus délicates de ce sujet. A la vérité il ne semble pas que les corps francs doivent avoir dans les guerres futures l'im-

[1] De Martens l. c.

portance qu'ils ont eue à certaines époques. La guerre
de partisans, tout compte fait, paraît avoir plus d'inconvénients que d'avantages. Il est certain qu'en 1870 les francs-
tireurs n'ont pas, à part d'honorables mais rares exceptions,
rendu tous les services que l'on attendait d'eux, et puis,
il est toujours à craindre qu'il n'usent mal de la grande indépendance qui leur est laissée, et que ce service irrégulier
ne soit qu'un prétexte destiné à les soustraire aux fatigues et aux dangers d'un service régulier. Aussi les grandes puissances militaires ont-elles préféré encadrer dans
leur armée régulière tout leur personnel de combattants.
En France, par exemple, le règlement pour le service
des armées en campagne ne fait même pas mention des
corps francs.

Cependant les corps francs peuvent encore avoir leur
importance dans les pays surtout qui, pour une raison quelconque, ne peuvent pas pousser leur puissance militaire
au dernier degré de son développement. Qu'un pays neu-
tralisé comme la Suisse ou la Belgique se voie attaqué
contre la foi des traités : on comprendra très bien qu'il
recoure à des corps francs pour suppléer à l'insuffisance
de ses ressources ordinaires.

Au point de vue du droit international public, les corps
francs sont certainement des institutions militaires légitimes ; on doit donc considérer comme purement barbare la proclamation du général de Wenden, aux habi-

tants des Ardennes, en 1870, par laquelle il était dit que tout combattant qui ne ferait pas partie de l'armée régulière ou de la mobile, portât-il le nom de franc-tireur, serait pendu ou fusillé sans autre forme de procès. Mais il faut pour cela qu'ils réunissent certaines conditions destinées à garantir la loyauté de leur conduite [1]. Ces conditions ont été fort débattues à la suite de la guerre de 1870. Voici le résultat auquel est arrivée sur ce point la conférence de Bruxelles :

« Art. 9. Les lois, les droits et les devoirs de la guerre
« ne s'appliquent pas seulement à l'armée mais encore
« aux milices ou aux corps de volontaires réunissant les
« conditions suivantes :

« 1º D'avoir à leur tête une personne responsable pour
« ses subordonnés ;

« 2º D'avoir un signe distinctif et reconnaissable à dis-
« tance ;

« 3º De porter les armes ouvertement ;

« 4º De se conformer aux lois et coutumes de la
« guerre. »

---

[1] Bluntschli, §§ 570-572. — Neumann, p. 164. — de Martens, § 112, III, p. 229. — Klüber, § 267 et n. de Ott. — Lueder, l. c. § 92 et 93. — Dudley Field, art 736-738. — Leutner. Das Recht in Kriege, pp. 73 et s. — Calvo, IV, §§ 2044 et s. Heffter-Geffcken, §§ 124 et 124 *a.* — Guelle, tit. I, chap. I, t. I, pp. 71 et s. Fiore. *Traité.* II, p. 275 et Code art. 944-952. Morin I, pp. 208 et s. Berti. *Le leggi, della guerra terrestre* art. 2. *Manuel français,* ch. I. — Cf. les Actes de la conférence de Bruxelles, protocole nº XII, p. 135 et ss.

Ces conditions se trouvaient déjà sommairement indiquées par l'art. 81 des Instructions du professeur Lieber, et se trouvent à peu près identiquement reproduites dans le *Manuel de l'Institut*.

Elles impliquent que les corps francs ne peuvent agir que du consentement de l'Etat dont ils épousent les intérêts, et, en effet, en 1870, les francs-tireurs avaient été approuvés par décret et même rattachés à l'armée régulière [1]. Mais on ne peut pas exiger d'eux, comme on l'a fait parfois, une autorisation individuelle : il faut et il suffit que la formation du corps intervienne de l'aveu du gouvernement, Même il me semble qu'il y aurait une atteinte injuste à la liberté dans le fait d'exiger que cette autorisation émane du chef du pouvoir exécutif ou du ministre de la guerre. Il est possible qu'une compagnie franche se forme dans un territoire momentanément séparé du centre du gouvernement, et il semble bien qu'en pareil cas l'autorisation d'un général en chef ou d'un préfet devra suffire.

On remarquera, en outre, que la déclaration n'exige nullement le port de l'uniforme complet, mais seulement la possession d'un signe extérieur fixe et reconnaissable à distance. On dit quelquefois à distance d'une portée de

---

[1] Décrets du 29 sept. du 11 oct. et du 4 nov. 1870.

fusil, mais il est certain qu'avec les perfectionnements de l'armement moderne, cette condition est purement impossible à réaliser. On doit entendre le texte de l'art. 9 d'un signe visible à la distance où l'on peut juger de l'habillement d'un individu. Ce signe pourra être un vêtement d'une force et d'une couleur particulières, une coiffure, une écharpe, même un brassard. Cependant l'emploi du brassard n'est pas à recommander en raison des confusions qui pourraient se produire avec le brassard réglementaire des ambulanciers. Ce qui est essentiel c'est que ce signe soit fixé au vêtement et ne puisse se dissimuler facilement.

Je prendrai la liberté d'adresser une petite critique à la dernière des conditions exigées par la Déclaration de Bruxelles, condition que l'*Institut* n'a pas reproduite. Sans doute, on est en droit d'exiger de tout combattant qu'il observe fidèlement les lois et les coutumes de la guerre, mais c'est là une obligation personnelle et non pas collective. Que l'on réprime avec la dernière rigueur les infractions commises par un individu, cela est nécessaire et juste, mais que l'on mette hors la loi tout un corps parce que certains de ses membres se sont laissés aller à des infractions semblables, cela n'est plus ni nécessaire ni juste, et ce procédé a le grand défaut d'introduire dans une question purement individuelle une certaine idée de solidarité qui, nous le verrons peut conduire dans notre matière à des conséquences désastreuses.

Sous le bénéfice de ces observations, les résolutions de la conférence sont bonnes et méritent d'être approuvées.

LEVÉES EN MASSES. — Lorsque à la suite de défaites un pays est menacé d'invasion totale et de conquête, on voit souvent le souverain prescrire la levée en masse de tous hommes valides en vue de résister à l'envahisseur. Parfois aussi une province, un district, une ville prend spontanément les armes et se joint aux combattants. Un pareil procédé est-il régulier ? Il a été souvent pratiqué. On se souvient de la levée en masse décrétée par la Convention, le 16 août 1793. Vingt ans plus tard, le roi de Prusse, Frédéric Guillaume III, prescrivait lui aussi, l'insurrection générale par un décret[1] qui mérite de rester célèbre, et ordonnait à tous ses sujets de se livrer individuellement à tous les actes possibles d'hostilité avec les armes dont ils pourraient disposer (art. 7). Il leur recommandait même (art. 12) de ne prendre ni uniformes,

---

[1] Cf. le décret du gouvernement de la défense nationale du 2 nov. 1870. — Il est à remarquer qu'à la différence de l'ordonnance de 1813, le décret de 1870 prescrit au préfet d'organiser les hommes qu'il visait avant de les envoyer à l'ennemi. Il s'agissait donc de former une nouvelle armée régulière pour remplacer celle qui avait été détruite et non pas de susciter une levée en masse où chaque citoyen garde en prenant les armes, son indépendance et est à lui-même son propre général. Les régiments ainsi mobilisés n'avaient plus rien qui pût les distinguer des troupes de ligne ou de réserve. La légalité d'une pareille mesure ne peut donc même pas être mise en question.

ni signes distinctifs qui puissent servir à les faire reconnaître par l'ennemi. De leur côté, les généraux en chef des armées envahissantes se sont toujours refusés à reconnaître la légitimité de semblables mouvements et en 1814 lord Wellington prévenait les habitants des provinces du Midi qui se soulevaient sur le passage de ses troupes qu'il ferait justice par des exécutions sommaires de toute tentative de résistance.

La question a été fort discutée par la conférence de Bruxelles entre les représentants des grandes puissances qui auraient souhaité que l'on n'admît jamais au nombre des combattants que les troupes organisées et les délégués des petits Etats qui représentaient que la ressource d'une levée en masse pouvait devenir pour leur patrie une question vitale et que jamais leurs gouvernements ne consentiraient à se priver de ce moyen extrème de salut. C'est en particulier, grâce aux efforts du colonel suisse Hammer, que la solution la plus libérale prévalut à la conférence [1].

Le texte de l'art. 10 de la déclaration est ainsi conçu :

Art. 10. — La population d'un territoire non occupé « qui à l'approche de l'ennemi prend spontanément les « armes pour combattre les troupes d'invasion sans avoir « eu le temps de s'organiser conformément à l'art. 9, sera

---

[1] V. les Actes de la conférence de Bruxelles protocoles nos XII, XIII et XIV.

« considérée comme belligérante si elle respecte les lois
« et coutumes de la guerre. Nous retrouvons le même
texte dans l'art. 2 du projet de l'Institut. Ces délibérations n'ont pas mis fin aux controverses et Lueder en
Allemagne, Guelle chez nous [1] ne reconnaissent une
levée en masse qu'autant qu'elle est organisée par l'Etat,
ce qui revient à la proscrire, les mesures de ce genre
n'étant prises que lorsque le temps manque pour une
organisation régulière. Quoique le doute soit permis
dans une question aussi délicate, il me semble que le
lien qui rattache une population à son pays est assez fort
pour justifier de semblables entreprises aux yeux du
droit. On aura beau alléguer les exigences de la guerre
moderne, on ne persuadera jamais à personne que
l'on puisse imposer au nom du droit l'inaction à un
peuple qui brûle de chasser l'envahisseur. Il faut lui
permettre de se lever, si peu de chances de succès que
présente du reste son entreprise, et il serait contraire [au
bon sens de traiter de brigandage un acte toujours moral et parfois héroïque. Que l'on soumette à la loi martiale le simple particulier coupable d'hostilités, cela est
nécessaire, car, sans cela, aucune sécurité n'existerait
pour l'armée, mais dans le cas d'une population soulevée
les mêmes raisons n'existent plus. On est en face d'un
fait public, connu de tous, et qui n'implique aucune dé-

[1] Lueder, l. c. § 94, Guelle, I pp. 85 et ss.

loyauté. Il faut donc l'admettre et appliquer à la population insurgée les lois de la guerre. L'ennemi modifiera ses opérations, il modifiera même sa façon d'agir, car il me semble, qu'en pareil cas, le respect de la propriété ennemie ne s'impose plus au même degré [1] mais il ne pourra reprocher à ceux qui le combattent, ni leur défaut d'organisation, ni leur manque de signe distinctif. Les femmes même pourront dans ce cas être à l'occasion considérées comme combattantes.

Même, je ne comprends pas bien pourquoi le droit d'insurrection n'est accordé qu'à la population d'un territoire non encore occupé. L'acte est-il plus criminel lorsqu'il est accompli au cours d'une occupation et pour la faire cesser, et un peuple qui, s'il se révoltait contre son souverain légitime serait considéré comme belligérant, doit-il se voir décliner cette qualité quand il se révolte contre une autorité ennemie installée sur son territoire [2].

---

[1] En particulier, je crois que l'on ne pourrait rien reprocher à un armée, si au milieu d'une population insurgée elle prenait le parti de détruire les habitations qu'elle trouve sur son passage. Il peut devenir nécessaire de rendre le pays inhabitable, c'est peut être le seul moyen possible de réduire l'insurrection. Mais ce qui ne saurait être admis en aucun cas, ce sont les actes de barbarie commis sur des personnes sans défense, tels que ceux qui ont suivi la prise de Bazeilles par les Bavarois.

[2] Ce point a été très vivement discuté à la conférence de Bruxelles (Protocole n° 14, pp. 155 et ss. et nombre de délégués ont pris la parole contre la restriction que nous combattons.

Voilà bien des règles qui aboutissent à répartir ceux qui de fait prennent part aux hostilités en combattants, ayant droit à l'application des lois de la guerre et en non combattants privés de ce droit. Quel sera le sort de ces derniers, s'ils sont saisis les armes à la main ? Ils tombent sous le coup de la loi martiale, mais dans cette situation même un droit leur reste celui d'être jugés condamnés et exécutés, s'il y a lieu, conformément aux lois militaires.

Le manuel de droit international français dit très bien « Ni le soldat, ni l'officier n'ont à se préoccuper de cette « distinction (entre combattants et non combattants) pour « régler leur conduite à l'égard d'un ennemi désarmé. « Que ce dernier appartienne à l'armée régulière, que ce « soit un franc tireur, leur devoir est le même : ils doi- « vent s'assurer de sa personne et réserver aux autorités « compétentes le soin de statuer régulièrement sur son « sort. Aucune loi ne les autorise à le faire fusiller sans autre forme de procès et le droit des gens proscrit absolument ces exécutions sommaires, etc. » A plus forte raison est-il interdit de torturer un ennemi pour le punir d'avoir enfreint les lois de la guerre, de lui briser la tête à coup de talons de botte, de le suspendre la tête en bas au dessus d'un foyer ardent, comme l'armée régulière prussienne a été vu le faisant par des témoins dont la véracité est au-dessus de toute contestation. La loi mili-

taire doit être humaine dans toutes ses rigueurs et il faut
ne pas avoir un cœur d'homme pour se plaire aux souffrances d'autrui.

B. — Guerre maritime. — La guerre maritime se fait
non seulement contre les forces organisées de l'ennemi
mais encore contre sa marine marchande qui, en vertu
d'une coutume ancienne et bien établie, peut devenir
avec les richesses de toute espèce qu'elle transporte la
proie des navires armés en guerre assez habiles pour la
surprendre. Il ne nous appartient pas de déterminer ici
dans quelle mesure la propriété privée peut ainsi faire
l'objet d'une prise valable, mais seulement quels sont
les combattants réguliers dans une guerre maritime. Au
premier rang il faut placer la marine militaire nationale
des belligérants. Leurs vaisseaux de guerre, qu'ils agissent ensemble et en escadre ou isolément comme croiseurs, sont les véritables hommes de guerre (man of war)
de l'Etat qu'ils représentent. Au point de vue du droit ils
sont sur mer exactement ce que l'armée régulière est sur
terre, la forme la plus parfaite du combattant. Mais à
côté de cette armée régulière, il y a ou au moins il y a eu
longtemps une marine franche correspondant à nos francs-
tireurs, celles des armateurs faisant la course, des cor-
saires. Le corsaire est un particulier qui entreprend à ses
risques et périls de courir sus à l'ennemi, en vue de seconder l'action des flottes de son pays, et surtout en vue

de prendre une part aux bénéfices, souvent très considérables, produits par la capture des navires marchands de
l'ennemi. Ce qui distingue le corsaire du marin militaire,
c'est qu'il est une simple particulier armant volontairement et à ses frais le navire sur lequel il doit participer
aux hostilités. Ce qui le distingue du pirate, c'est qu'il
agit dans un but politique, qu'il combat au nom d'une
nation et pour la cause que celle-ci défend elle-même par
les armes.

De très bonne heure, dès le xvie siècle[1], l'usage s'est in-
troduit d'exiger que tout corsaire se pourvoie d'une autorisation de celui des belligérants dont il demande à
partager la fortune. C'est la lettre de marque appelée
aussi lettre de représailles, parce qu'à l'origine elle était
donnée aux marins qui avaient souffert quelque dommage
du fait de l'ennemi, en vue d'en obtenir satisfaction. Puis
d'autres conditions ont été imposées ; elles étaient devenues nécessaires par les abus auxquels la course donnait
lieu, abus qui trop souvent la faisaient dégénérer en
simple piraterie. Le corsaire dut fournir un cautionne-
ment, combattre sous ses couleurs nationales, conduire
sa prise dans l'un des ports de son pays et soumettre la
question de validité de la capture a la décision du tribunal des prises [2] etc. Bien des questions pourtant demeu-

---

[1] Calvo, § 2297, iv, 239.
[2] V. pour la France le décret du 22 mai 1803.

raient douteuses au regard du droit des gens, notamment
la question de savoir si un navire neutre peut être régu-
lièment commissionné par l'un des belligérants.

Ces précautions ne suffirent pas à séparer jamais suffisamment la pratique de la course de la piraterie qui semble avoir été son origine première [1] et la réprobation
soulevée par les abus que ce mode d'action avait fait
naître finit par entraîner l'abolition même de la course.
Déjà la Russie s'abstint de délivrer des lettres de marque dans sa guerre contre la Turquie de 1767 à 1774. En
1785 un traité abolissant la course fut conclue entre la
Prusse et les Etats-Unis [2], en d'autres occasions les
belligérants déclarèrent ne pas vouloir user de ce procédé.
Enfin la déclaration du 16 avril 1856 issue du congrès de
Paris prononça l'abolition de la course. Toutes les nations civilisées à l'exception de l'Espagne, des Etats-Unis
d'Amérique et du Mexique ont adhéré à cette déclaration
qui dès lors a la valeur d'une loi presque générale.

Désormais donc, la guerre ne peut plus se faire que
par le moyen de navires appartenant à la marine militaire, et la délivrance des lettres de marque est complètement interdite.

La déclaration de Paris a soulevé bien des récrimina-

[1] Farrer. Military manners, ch. iii, pp. 74 et s. Adde l'exemple cité
par de Martens iii, p. 280.
[2] Heffter, § 124.

tions, et, si l'on peut compter qu'elle sera rigoureusement observée tant qu'elle sera maintenue, on ne peut pas assurer du moins qu'elle ne soit pas un jour dénoncée, si la course apparaissait comme le seul moyen de lutter contre la prépondérance maritime d'une nation.

Il ne nous appartient pas de nous aventurer sur ce terrain, mais ce qu'il faut faire remarquer, c'est que la déclaration de Paris n'a pas aplani toutes les difficultés. La Prusse avait en 1870 tenté d'organiser une marine volontaire pour lutter contre nos flottes militaires. Les vaisseaux invités à tenir la mer étaient des vaisseaux appartenant à des particuliers, leurs officiers, leurs équipages n'étaient pas recrutés dans le corps de la marine fédérale, il leur était alloué des primes ressemblant singulièrement à des profits de capture. N'était-ce pas une résurrection de la course et l'estampille officielle donnée à cette organisation suffisait-elle à la sauver du reproche de contradiction avec la promesse faite en 1856 à Paris? La question est en vérité fort délicate. Les avocats de la couronne d'Angleterre à qui elle fut soumise déclarèrent qu'il n'y avait pas là de violation de la convention de 1856. Leur décision peut cependant laisser subsister un certain doute. Si la course a été abolie, c'est qu'il a paru néfaste de laisser à de simples particuliers l'usage d'une force considérable, dont ils étaient d'autant plus enclins à mésuser qu'ils étaient animés par l'esprit du lucre, et que l'Etat qui les avait commissionnés ne pouvait pas exercer sur eux de surveillance sérieuse. Les mêmes inconvénients ne peuvent-ils pas se reproduire ici et a-t-on fait quelque chose pour la sécurité des mers si de pareils procédés peuvent encore être mis en vigueur?

CINQUIÈME CONFÉRENCE

Des moyens de nuire à l'ennemi. — Leur limitation déjà reconnue dans l'antiquité. — Raisons militant en faveur de cette limitation. — Armes prohibées — Interdictions anciennes devenues sans objet. — Immoralité des souffrances inutiles. — Congrès de Saint-Pétersbourg. — Déclaration du 11 déc 1868. — Poison. — Assassinat — Torpilles. — Introduction de la magie dans la pratique de la guerre. — Ruses de guerre. — Parole. — Usurpation des uniformes et des drapeaux. — Respect des signes conventionnels. — Soulèvements provoqués dans le pays ennemi. — Fausses nouvelles. — Caractère strictement obligatoire des règles posées.

La pratique de la guerre consiste dans l'emploi de la force calculé en vue de triompher de la résistance opposée par l'adversaire ; elle implique donc nécessairement des violences, des atteintes toutes matérielles aux biens les plus précieux de l'ennemi, et nous avons à nous demander si ces violences doivent être illimitées, sans autres bornes que le bon plaisir de chacun des belligérants, ou s'il ne convient pas de leur assigner une limite que des considérations tirées de la raison, de l'humanité ou de l'honneur serviront a déterminer. Les moyens de nuire a l'ennemi sont la force et la ruse. Jamais, on peut le dire, on n'a considéré la guerre comme un état de désordre complet où tout fût permis à la force

assez sûre d'elle-même pour pouvoir tout entreprendre.
Jamais non plus on n'est allé jusqu'à prétendre que
toute ruse soit légitime par cela seul que l'on peut en
espérer quelque avantage marqué. Aussi loin que l'histoire parvient à remonter, elle constate la présence de
certaines maximes, véritables règles destinées à entraver la liberté d'action du soldat là où son exercice paraissait décidément condamnable. Se servir du poison
pour faire périr son adversaire a par exemple toujours
été réputé un procédé odieux et déshonorant. Les Romains ont déjà manifesté ce sentiment, et leur autorité
l'a fait recevoir sans difficulté chez les peuples qui leur
ont succédé. De même c'est un axiome aussi vieux que
le monde, que l'on doit garder même à son ennemi la
foi qu'on lui a donnée — *fides etiam hosti servanda* [1], —
et Philippe de Macédoine s'est vu flétri par ses contemporains pour n'avoir pas respecté ce grand principe du
droit des gens.

Evidemment il ne peut être question pour le droit des
gens moderne de rester à cet égard inférieur au droit

---

[1] Cicéron (*de officiis*, I, § 13). Le même Ciceron prétend plus haut que
les principes du droit de la guerre ont été soigneusement consignés
dans le droit fécial (ac belli quidem æquitas sanctissime fetiali populi
Romani jure perscripta est) mais on ne voit pas que ce prétendu droit
fécial ait jamais exercé une influence sensible sur la conduite des généraux romains, et l'exemple du fils de Caton qu'il cite à l'appui de son
dire est purement insignifiant (I, § 11).

ancien, et l'existence de limites imposées aux violences exercées au nom du droit de la guerre est de nos jours un fait incontestable, nécessaire.

Il est certain que, depuis l'antiquité, le sentiment général du respect que mérite la vie humaine a progressé. De même que les lois pénales se sont peu à peu adoucies et notamment, que l'emploi de la peine de mort prodigué autrefois est devenu maintenant une exception fort rare, de même et à bien plus forte raison il est nécessaire de se montrer sur un champ de bataille, ménager du sang de ses propres soldats, et aussi ménager du sang des soldats de l'ennemi. Toutes les fois qu'un soldat tombe sur le champ de bataille, il s'accomplit un sacrifice nécessaire sans doute et glorieux en même temps pour celui qui en est la victime, mais douloureux pour la patrie, douloureux pour l'humanité toute entière [1]. Il faut donc que ce sacrifice ne soit ordonné qu'en cas de nécessité. Des pertes immenses peuvent n'être que regrettables, la mort d'un seul homme est coupable lorsqu'elle lui a été donnée sans nécessité. De là viendra pour le gé-

[1] Ce sentiment a eu sa plus énergique expression dans le parti qui a été pris quelquefois par les rois de vider ensemble et par le moyen d'un duel la querelle qui les divisait. Cette pratique n'appartient plus qu'à l'histoire et elle serait d'autant moins admissible à notre époque, que ce ne sont plus les querelles privées des souverains, mais bien les différends des peuples eux-mêmes qui se décident sur les champs de bataille.

néral pleinement conscient de son devoir l'obligation de
limiter les actes de violence auxquels il préside à la mesure exacte que lui impose la nécessité de la guerre :
tout ce qu'il ordonnerait au delà serait vraiment injuste
étant fait au mépris de son devoir envers sa patrie et envers l'humanité elle-même. De plus, l'honneur militaire
exige que dans les extrémités les plus pressantes, le soldat, l'officier surtout dont la responsabilité est plus
grande, ne cessent jamais de se conduire avec la plus scru-
puleuse honnêteté. Même l'honneur du militaire doit
être (surtout en temps de guerre) plus susceptible et
plus délicat que celui du simple citoyen. Le soldat
est la vivante représentation de la patrie en armes.
Comme il témoigne de la force de son pays, il doit aussi
témoigner de sa grandeur morale, car la force si elle n'a
pas pour compagne la grandeur morale ne peut être
qu'un instrument d'injustice et d'oppression que toute
nation soucieuse de son honneur rougirait d'utiliser [1].

---

[1] Für jede Armee, dit Lentner, ist die Ehre ein schützender Talis-
man, der mit angstlicher Sorgfalt gehütet werden muss, ein Spiege
dessen fleckenlose Reinheit Fülle der Kraft und aufrechtes Gedeihen
für seine Besitzer bedeutet, während die leiseste Trübung Niedergang
und Verderben droht (Das Recht in Kriege, p. 102). V. aussi sur ce
point M⁵ Costa de Beauregard. — *Mélanges tirés d'un portefeuille
militaire*, t. II, tit. 7, pp. 200 et ss. Ce petit ouvrage assez peu connu
est fort estimable et de nature à donner une très haute idée de la per-
sonnalité de l'officier général qui l'a composé.

De là découlera pour chacun des belligérants l'obligation
de se montrer difficile quant au choix des moyens qu'il
emploiera contre son adversaire. A la guerre tous les
moyens ne sont pas bons à la seule condition d'être efficaces, il faut encore qu'ils n'entachent en rien l'honneur
de ceux que les emploient et c'est à la délicatesse de la
conscience de chacun qu'il faudra se rapporter pour juger
ce point difficile. Il faut aussi, pour achever de grouper
les raisons qui concourent à faire limiter l'emploi de la
force au cours des hostilités, revenir sur une idée que
nous avons émise précédemment et qui est appelée à
jouer un rôle important dans la matière qui nous occupe.
On sait, qu'à la différence de ce qui se passait anciennement [1], de nos jours l'usage de la violence n'est permis

---

[1] Grotius, t. III, pp. 100 et ss ; pp. 236 et ss. — Vattel, t. III, pp 14 et
ss. Il y a cependant du premier au second de ces deux auteurs une
distance considérable. Grotius tout en recommandant l'humanité, la
générosité, la pitié, se croit obligé de reconnaître qu'en droit pur
toutes les personnes trouvées dans les confins ennemis sont également
sujettes aux horreurs de la guerre, quelque soit leur sexe, leur âge ou
leur condition. Vattel est plus véritablement humain et plus sensé en
même temps. Il défend de maltraiter les personnes qui par nécessité
ou par état ne prennent aucune part aux hostilités. Cependant, par un
reste des traditions anciennes, il permet encore d'emmener en captivité la population inoffensive. L'idée première qui servait de base à ces
doctrines était celle de la culpabilité du vaincu qui naturellement faisait considérer comme un châtiment mérité toutes les cruautés qui
pouvaient être exercées contre lui. On était coupable pour s'être défendu et même d'autant plus coupable que l'on s'était plus vaillamment
comporté. Il y a là une exagération funeste de la foi du vainqueur

que contre ceux-là seuls qui sont des combattants.
Pour les autres ils subissent sans doute l'effet des rigueurs
de la guerre, et il est juste qu'il en soit ainsi : la guerre
est l'affaire de la nation tout entière, et il serait mauvais
qu'une part quelconque de la population pût y rester indifférente ; mais l'effet des hostilités est en ce qui les
concerne moins direct, il n'agit que par contre-coup sur
eux. Leurs personnes, leurs biens même (dans la mesure
du possible) doivent être respectés par les ennemis, lesquels ne peuvent tourner honorablement leurs armes
que contre ceux qui ont reçu de l'Etat la mission expresse de leur résister. Par cela même on devra éviter
l'emploi des violences qui seraient trop générales dans
leurs effets, et ne permettraient pas d'observer la distinction essentielle des combattants et des non combattants.

1. — ARMES PERMISES ET ARMES PROHIBÉES. — De Martens[1] dit très bien que le choix des moyens employés pour
faire la guerre dépend d'une part des perfectionnements
de l'armement et d'autre part du degré de civilisation et
d'élévation morale des nations belligérantes. Le choix
de ces moyens est du ressort de l'art militaire et non

dans son bon droit, mais cette idée toute fausse qu'elle est n'a pas
laissé que d'être admise fort longtemps, surtout en matière de sièges
et de capitulations, comme nous le verrons.

[2] De Martens, t. III, p. 207.

pas de celui du droit, et je me garderai bien de toute in-
cursion à ce point de vue dans un domaine qui m'est
étranger. Le droit ne peut dire qu'une chose, c'est
qu'un général humain et avisé n'emploiera la force que
là où elle est nécessaire, qu'il limitera les violences qu'il
ordonnera à ce qu'il juge indispensable au but qu'il se
propose d'atteindre[1], que dans tous les cas où il pourra
arriver à l'anéantissement des forces ennemies par le
seul fait d'une tactique habile, il recourra de préférence
à ce moyen et s'abstiendra de toute effusion de sang qui
n'étant pas nécessaire, deviendrait par là même cruelle et
répréhensible. Est-il besoin d'ajouter que c'est aux commandants militaires et à eux seuls qu'il appartient de
déterminer dans chaque cas quelles armes on emploiera
et quel sera le mode de leur emploi. Ils agissent sous
leur responsabilité mais avec la plus entière liberté. La
tendance de l'art militaire actuel est de se servir précisément des moyens les plus puissants, qui, en mettant à
la fois un grand nombre d'hommes hors de combat, ont
l'avantage de précipiter la solution de l'action. Le combat n'ayant plus rien de la lutte corps à corps d'autrefois il est certain que l'emploi d'un projectile qui détruirait d'un seul coup une armée entière devrait être
considéré comme légitime.

[1] Wheaton, t. II, § 2.

On en jugeait différemment jadis, et les traités du
droit des gens nous rapportent un certain nombre d'interdictions qui n'ont jamais été abrogées, mais qui peuvent nous paraître surprenantes, car elles n'avaient
d'autre raison que de proscrire les moyens de nuire dont
l'efficacité paraissait trop considérable. Ainsi il était défendu de se servir de boulets à chaîne ou à bras dans
la guerre terrestre et de boulets rouges ou de couronnes
foudroyantes dans les guerres maritimes.

Le pape Innocent III aurait voulu aller plus loin dans
cette voie, et il s'efforça bien en vain d'interdire l'usage
des armes à feu dans les guerres entre chrétiens [1].

Ces diverses défenses se retrouvent encore répétées
quelquefois mot pour mot dans les codifications nouvelles, c'est probablement par respect pour la tradition,
car, depuis, d'autres engins ont été trouvés dont l'effet
dépasse singulièrement les ravages que l'on pouvait

---

[1] Bluntschli, § 360. Ce n'est pas seulement à cause des grands ravages qu'elles faisaient que les armes à feu furent attaquées au moment
de leur apparition dans les batailles, mais surtout parce que suppri-
mant la lutte corps à corps elles diminuaient l'influence de la valeur
dans les combats. Il semblait absurde (et cette façon de raisonner est
assez plausible) que le chevalier le plus brave put être tué de loin par
un soldat obscur, sans force et peut-être sans courage. Le chevalier
Bayard avait ainsi une aversion très marquée pour l'usage des armes à
feu qu'il considérait comme une déloyauté : C'est une honte, disait-il,
qu'un homme de cœur soit exposé à périr par une misérable frique-
nelle. (Farrer, pp. 5 et 226).

attendre des projectiles que l'on a songé à proscrire, et qu'il faudrait aller chercher maintenant, comme le remarque Hartman, dans les chambres de décharge des arsenaux[1]. Quoi qu'il en soit, on a renoncé de nos jours à interdire un moyen uniquement en raison de la trop grande étendue de ses effets. Les obus et les shrapnels dans les batailles, les torpilles dans les combats navals sont des engins parfaitement licites, et cependant de combien leur puissance de destruction ne surpasse-t-elle pas la puissance de tous les instruments de mort et de destruction que nos ancêtres ont jamais pratiqués.

On répudiait également autrefois, et on répudie encore l'usage des projectiles qui, sans causer un effet appréciable plus considérable, étaient destinés à causer aux blessés des souffrances plus grandes ou à rendre leur guérison plus difficile. Telles étaient les balles doubles, les balles mâchées ou crénelées, les balles fondues avec des morceaux de verre ou de la chaux. L'organisation uniforme de l'armement actuel rend assez improbables pour l'avenir les abus d'un semblable genre ; la défense n'en subsiste pas moins, elle est basée sur des idées d'humanité qui sont de tous les temps[2].

---

[1] Heffter-Geffcken, § 125.

[2] La conférence de Bruxelles a écarté comme n'étant pas susceptible d'une solution immédiate la question posée, au nom du gouvernement suédois par le colonel Staaff sur le point de savoir si les balles

On est même allé plus loin dans cette voie, et à l'instigation du czar Alexandre II de Russie, dignement se-
condé par son ministre de la guerre le général Miliou-
tine, une conférence se réunit à Saint-Pétersbourg dans
le but « d'éviter que l'on introduise dans les armées des
« objets destinés à augmenter les calamités et les souf-
« frances imposées aux nations sans qu'il en résulte le
« moindre profit pour le succès final des opérations ».
Cette conférence aboutit à la déclaration du 11 déc.
1868 qui porta interdiction de se servir de tous projectiles d'un poids inférieur à 400 grammes qui seraient ou
explosibles, ou chargés de matières fulminantes ou inflam-
mables. La déclaration de Saint-Pétersbourg a été signée
par toutes les puissances européennes qui ont ainsi assumé
l'obligation d'en respecter les termes. C'est à l'Angleterre
que nous devons de ne pas posséder un plus grand nombre de règles obligatoires sur ce sujet, car au cours des
négociations qui se poursuivirent à Saint-Pétersbourg,
le délégué prussien, comte de Schweinitz, proposa de
profiter de l'occasion pour proposer de formuler un certain
nombre d'autres règles dès longtemps reconnues par la
pratique des nations. Le délégué anglais fit opposition à
ce projet, probablement parce que l'Angleterre craint qu'à
un moment de péril toute entrave mise à sa liberté d'ac-

de plomb mou ne devaient pas être comprises parmi les projectiles
occasionnant des maux inutiles (Actes de la conférence. Protoc. II, p. 36).

tion ne puisse devenir pour elle, en raison de l'infériorité numérique de ses troupes, le principe d'un grave danger [1].

En 1870, les deux partis en présence se sont mutuellement fait le reproche d'avoir employé des balles explosibles. Une correspondance assez vive a été échangée à ce propos entre le comte de Chaudordy et le prince de Bismark [2]. Qu'y avait-il de vrai dans ces allégations, il est difficile de le savoir. Notons cependant que, d'après les déclarations solennelles de notre ministre, il n'existait pas une seule balle de ce genre dans les approvisionnements de l'armée française. Notre honneur est donc sauf, et, si des fautes ont été commises, il faut les rapporter à l'initiative du soldat, initiative bien difficile du reste et par conséquent bien rare, étant donné le genre de munitions qui est actuellement employé.

Nous savons déjà qu'il répugnait aux idées des peuples de l'antiquité que l'on pût se faire la guerre loyalement en se servant de poison. A plus forte raison cette règle qui était, paraît-il, inscrite dans les lois de Manou [3], doit-elle être considérée comme subsistant encore aujourd'hui. Il est donc interdit d'envenimer les armes, d'empoisonner les sources ou les étangs, de chercher à

---

[1] De Martens, III, pp. 209 et ss.

[2] Rolin Jaequemyns R. D. I. 1870, p. 658 ; 1871, pp. 297 et 325. Valfrey. Histoire de la Diplomatie du gouvernement de la défense nationale t : III pp. 316 et 325.

[3] Lueder, l. cit. § 96 n° 9.

répandre par quelque moyen des germes de contagion dans le camp ennemi[1]. Empoisonner des provisions dont on se saisirait et que l'on laisserait ensuite à la disposition de l'ennemi serait à bon droit considéré comme une lâcheté contraire aux règles de l'honneur.

Est-il permis de se débarrasser par le moyen d'un assassinat d'un général ou d'un souverain marchant à la tète de ses armées? Cet usage était autrefois pratiqué, et l'histoire nous a transmis plusieurs noms qui ont dû à un acte de cette espèce leur célébrité. Grotius[2] hésite sur la question, et déclare que ce moyen est licite pourvu que la personne choisie pour accomplir ce meurtre ne soit tenue d'aucun engagement envers le capitaine qui a été désigné à ses coups. Vattel[3], beaucoup plus saine-

[1] Manuel fr. p. 11. — Dahn. Das Kriegsrecht p. 3. — Instr. américaines, art. 11. — Déclarat. de Bruxelles art. 13 *a* et *e*. — Manuel de l'Institut. art. 8 *a* et 9 *a*. — Berti. Le legge. sur ces 2 arts. — Bluntschli, §§ 557-560. Fiore. Code art. 973 *d*) et *e*). — Klüber, § 244. — Lueder, l. c. § 96. — Calvo, § 2098, t. IV, p. 171. — Heffter, § 125. Phillimore, t. III, pp. 78 et s. Lentner, l. c. pp. 80 et s. — Mis Costa de Beauregard, l. c. t. II, pp. 8. — Guelle, t. I, pp. 94 et ss. — Contra Bynkershoek. Quæst. jur. publ. I, c. I qui enseigne que toute violence est légitime dans la guerre et autorise expressément l'usage du poison. — Rüstow admet de même que rien ne limite la liberté des belligérants dans le choix de leurs moyens d'action, et que s'ils se soumettent cependant à une certaine réserve, c'est uniquement dans des vues d'intérêt personnel parce qu'il ne faut pas faire souffrir aux autres ce que l'on ne veut pas souffrir soi-même (Kriegspolitik. p. 172). Cf. Farrer, pp. 172 et 173.

[2] Grotius, III, p. 108.

[3] Vattel, III, p. 24.

ment, distingue entre les escarmouches tentées dans ce but qui sont certainement légitimes, et l'assassinat impliquant une perfidie en ce que l'assassin ne se présente pas comme combattant. Cette doctrine sera la nôtre, et nous réputerons un acte déloyal le fait de l'assassinat d'un ennemi. L'Angleterre a donné au commencement de ce siècle un bel exemple de justice. En 1806 un étranger se présenta à Fox pour lui proposer d'assassiner Napoléon Ier. Non seulement le ministre anglais repoussa avec indignation cette proposition, mais il prit soin d'en avertir l'empereur, et en expulsant cet étranger, le fit conduire dans une contrée très éloignée de la France [1].

Pour les mêmes raisons d'honneur et de loyauté, on devra s'interdire de mettre à prix la tête d'un ennemi ou de le déclarer hors la loi. Ce sont là des procédés tout à fait sauvages et qui ne pourraient s'employer que dans une guerre contre des barbares, et encore à titre de représailles et dans un cas de nécessité absolue.

On a souvent reproché à Napoléon I d'avoir mis à prix la tête du major Schill qui avait fomenté en Prusse une insurrection contre lui, mais il faut ajouter pour être juste que les puissances alliées n'hésitèrent pas à recourir au même moyen contre Napoléon [2].

[1] Calvo, t. IV, p. 175.
[2] Il faut observer aussi que le major Schill levait des hommes et les

Indiquons en passant que les lois de l'humanité la plus élémentaire interdisent d'achever des blessés ou de massacrer des ennemis désarmés. Nous reviendrons ultérieurement sur ces deux points.

Enfin on doit remarquer que l'emploi d'un moyen de destruction deviendrait illicite si sa puissance était telle qu'elle dut se faire sentir même sur les non combattants peu éloignés du lieu des hostilités. A la vérité, en dehors de l'empoisonnement des eaux dont nous avons parlé, on n'aperçoit pas quel pourrait être ce moyen. Mais il n'est point impossible que les progrès de la science n'arrivent à trouver le secret de transformer toute une région en un vaste cimetière ou combattants et non combattants seraient confondus dans un sort commun. Ce jour là, le droit et l'humanité devront s'insurger contre l'emploi que l'on prétendrait faire des découvertes nouvelles [1].

La question des torpilles dans la guerre maritime soulève déjà des questions de ce genre. Que cet emploi soit légitime lorsqu'il s'agit de défendre un port ou une rade, voire même d'attaquer un vaisseau de guerre ennemi en

lançait contre les armées françaises sans l'aveu de son gouvernement, lequel n'était pas à l'époque en guerre avec Napoléon.

[1] De Martens rapporte qu'un Anglais, lord Dondonald crut avoir découvert un gaz que l'on pourrait répandre en pays ennemi et qui en exterminerait la population. Farrer parle également d'un procédé employé autrefois pour empoisonner l'air d'une ville assiégée en y jetant les corps de quantité de bêtes mortes (p. 49).

pleine mer, personne n'en doute. De tout temps on a vu
des vaisseaux coulés dans les batailles navales, et tout ce
que l'humanité peut prétendre, c'est de trouver si possible quelque moyen de sauver une partie au moins de
l'équipage. Mais on a prévu l'emploi des torpilles contre les navires de commerce. On peut en vanter l'utilité
et dire que les ressources de tout genre que ces navires
portent dans leurs flancs, seront si on ne les détruit, utilisées par l'Etat que l'on combat [1]. Il ne demeure pas moins
vrai que cet usage à la torpille serait barbare et souve-
rainement injuste, car il occasionnerait la perte de quantité de vies d'individus inoffensifs, non combattants, et
contre lesquels par principe aucun acte de violence ne
doit être dirigé [2].

Les hommes ont mis de tout temps toute leur science à
perfectionner l'art de la guerre, et il ne faut pas s'étonner
s'ils y ont mis aussi un peu de leur folie. Lentner nous
raconte qu'il y a deux siècles, à l'époque de Montecuculli,
le merveilleux tenait encore dans l'art de la guerre une
place considérable. Les questions que l'on agitait alors

---

[1] V. Amiral Dupin de Saint-André. *La question des torpilleurs*
(*Revue des Deux-Mondes*, 15 juin 1880 part. p. 893). Farrer rapporte
que l'on usa pour la première fois des torpilles (appelées d'abord tor-
tues américaines) dans la guerre d'indépendance des colonies d'Amérique contre la métropole, et que cet usage suscita même chez les
hommes de guerre de vives récriminations. (*Military manuers*, pp. 5
et 85). Cf. Lentner, 1. c. p. 83.

[2] Lentner Das Recht in Kriege, pp. 2 et ss.

sont bien faites pour nous étonner. On se demandait s'il était permis d'user à l'encontre de l'ennemi des ressources fournies par la magie, s'il était possible de vouer un peuple au démon pour qu'il tourmentât moins les autres. La race des inventeurs foisonnait à cette époque dans les camps, et leurs recettes merveilleuses étaient pour eux un moyen d'arriver à la richesse et aux honneurs. Même des personnages sérieux ne laissaient pas que de prêter une certaine attention à ces extravagances : aussi le philosophe Jean Bodin proposait ironiquement de renoncer simplement à tous ces préparatifs couteux et avoir pour toute armée une vieille sorcière qui ne tarderait pas à changer en désert le pays ennemi tout entier.

Parmi les maîtres en science occulte le plus célèbre était Jean Glauber qui vivait au xviie siècle et qui ne fit pas moins de cinq grandes inventions qui devaient toutes conduire à la paix perpétuelle en rendant toute guerre impossible. Lentner cite son invention du feu humide qui devait exterminer les ennemis de la chrétienté, et surtout celle de l'huile d'or qui rendait tout individu qui y goutait courageux comme un lion, supérieur aux maladies, indifférent au bien-être. On eut la naïveté d'essayer l'effet de l'huile d'or sur des soldats de la Saxe électorale, et il paraît qu'elle les rendit fort malades ; sur quoi l'inventeur irrité traita d'ânes ceux qui osaient contester le mérite de son invention.

On admire ces aberrations, mais il faut reconnaître qu'elles sont bien dans la nature de l'homme, et il ne serait pas besoin de remonter bien haut pour en trouver d'autres exemples tout aussi étranges.

II. — DES RUSES DE GUERRE. — Le grand Frédéric disait qu'à la guerre il faut revêtir alternativement la peau du lion et la peau du renard. C'est qu'en effet souvent la ruse augmente la force présente et remplace la force absente, de sorte que jamais campagne n'a été faite sans que l'on en ait usé plus ou moins. Les stratagèmes dont on s'est servi pour tromper son ennemi ont été infiniment variés comme ils devaient l'être, leur emploi ne dépendant que de la fertilité de l'imagination de leur auteur. La ruse peut donc être un excellent moyen de nuire à un ennemi, mais ce n'est pas à dire que toutes les ruses soient bonnes, car on convient que la ruse devient une perfidie, et doit être condamnée, toutes les fois où il s'y mêle un soupçon de déloyauté. C'est à ce point de vue que l'étude des ruses de guerre rentre dans le droit des gens : nous allons donc nous demander dans quelle mesure la loyauté que l'on se doit entre adversaires permet l'emploi de la ruse, ou, plus précisément, quels sont les artifices critiquables à ce point de vue, et qu'un général soucieux de sa dignité refusera toujours d'utiliser.

Il est certain d'abord que l'on doit observer scrupuleusement la parole que l'on a donnée à un ennemi. Nos anciens auteurs étaient déjà d'accord sur ce point, [1] seulement ils hésitaient à étendre cette obligation de fidélité à la parole donnée pendant les guerres que l'on conduit contre des brigands ou des pirates. Nous ne comprenons plus leurs doutes, et ne concevons pas qu'il puisse se rencontrer des circonstances dans lesquelles on soit dispensé de tenir sa parole : il convient même d'être fort sévère sur ce point, et de reconnaître l'existence d'une obligation non seulement lorsque l'on a engagé solennement sa foi, mais dans tous les cas où l'on a émis une affirmation précise et sérieuse. On sait que peu de jours avant la bataille d'Austerlitz, les maréchaux Murat et Lannes, s'emparèrent presque seuls du grand pont qui existe à la hauteur de Vienne (Rudolfsbrücke), et que gardait le prince d'Auersperg à la tête d'un détachement de 6,000 hommes pourvu d'artillerie. Ils décidèrent ce général à retirer ses troupes en lui affirmant faussement qu'un armistice avait été conclu. Leur stratagème était-il légitime [2] ? Le général Marbot qui se pose la question y répond « Je ne le pense « pas. Je sais que dans les guerres d'Etat à Etat on élar- « git sa conscience, sous prétexte que tout ce qui assure « la victoire peut être employé afin de diminuer les per-

---

[1] Grotius, l. III, ch. i, §§ 18 et 19. — Vattel, l. III, ch. x, § 174. — Bynkershoek. De reb. bell. c. i. Mis Costa de Beauregard, t. II, pp. 15 et s.

[2] Mémoires, t. I, p. 240.

« tes d'hommes tout en donnant de grands avantages à
« son pays. Cependant, malgré ces graves considéra-
« tions, je ne pense pas que l'on doive approuver le
« moyen employé pour s'emparer du pont de Spitz :
« quant à moi, ajoute-t-il, je ne voudrais pas le faire en
« pareille circonstance. » C'est aussi, Nous ne pouvons
qu'approuver hautement les scrupules de Marbot.

On a coutume d'user pour tromper la vigilance d'ennemis que l'ont veut surprendre des mêmes signes exté-
rieurs dont il use lui-même. Cette pratique ne laisse pas
que de faire naître certaines difficultés. Sans doute rien
n'est plus admissible que d'imiter, si l'on y voit quelque
avantage, ses sonneries de clairons ou ses batteries de
tambours, de surprendre son mot d'ordre et de s'en servir. Mais peut-on revêtir ses uniformes, employer son
drapeau ou son pavillon. La question ici est plus délicate. Il est admis toutefois que l'on ne doit ouvrir le feu
qu'après avoir fait cesser toute équivoque sur ce point.
Ainsi, en temps de guerre maritime, lorsque deux navires
se rencontrent, l'un tire un coup de canon à blanc et ar-
bore son pavillon. L'autre est tenu d'agir de même, et ce
cérémonial est considéré comme équivalent à la parole
d'honneur des commandants qu'ils se présentent sous
leurs véritables couleurs [1]. Cette règle mise à part, nous

---

[1] Décret du 15 août 1851.

tombons dans l'incertitude, et voyons les auteurs se diviser. Quelques-uns interdisent absolument l'usage d'insignes de costumes, d'étendards ennemis ; d'autres plus
nombreux le permettent [1]. Je serais assez porté à faire une
distinction, à prohiber l'emploi du drapeau mais à permettre l'usage des uniformes et insignes. Le drapeau est
le signe traditionnel qui représente la nation, et il semble
contraire à la loyauté la plus simple de ne pas respecter
son caractère sacré. L'uniforme n'a ni la même importance, ni la même signification, et si quelque officier avisé,
pour faire passer un convoi à proximité des postes de
l'ennemi, revêt ses conducteurs de l'uniforme ennemi, il
ne me semble pas qu'il commette la moindre faute contre l'honneur.

Il est hors de doute que les belligérants sont dans
l'obligation absolue de respecter les signes conventionnels adoptés par les nations civilisées, pour indiquer certaines situations spéciales sources de devoirs reconnus
pour l'une et l'autre armée, tels que, par exemple, la
croix rouge de Genève ou le drapeau parlementaire. Il
y aurait une perfidie extrême à se servir de ces emblè-

---

[1] Calvo, § 2106, t. IV, p. 176. — Dahn, l. c. p. 4. Bluntschli, § 565. —
Lueder, § 110, p. 458 se décident contre l'admissibilité de cette sorte
de ruses. Lentuer, l. c. p. 85. — Fiore, Code art. 1061 c. Guelle, I, pp.
104 et s. — Le Manuel français permet de se servir du drapeau de
l'ennemi (p. 2). Le Manuel de l'Institut de droit international le défend
(art. 8), suivant en cela la Décl. de Bruxelles (art. 13 f.)

mes pour échapper à un danger pressant. Les troupes allemandes [1], ont été accusées par la circulaire de M. de Chaudordy du 25 janvier 1871 de s'être servi de la croix ronge pour abriter des convois de munitions : d'autre part le comte de Bismarck (Circ. du 9 janv. 71) avait déjà de son côté reproché à des francs-tireurs d'avoir indûment fait usage de ce même insigne. Ces protestations mutuelles, dont le bien fondé n'a jamais été complètement éclairci, servent au moins à montrer l'intérêt que l'on attachait de part et d'autre à l'observation des règles susdites. De même, dans un camp et dans l'autre, on a cité des cas où l'on avait tiré contre des parlementaires, mais on comprend qu'en cette matière les infractions soient faciles, et que des fautes matérielles puissent être commises sans la moindre intention de manquer aux prescriptions du droit des gens. Les chefs feront sagement d'instruire leurs hommes de leurs devoirs, et de veiller à ce qu'ils s'y conforment exactement : ce sera pour eux le plus sûr moyen d'obtenir de l'ennemi uue observation suivie de ces mêmes devoirs.

Le souci de la loyauté à observer ne va pas jusqu'à interdire au commandant en chef d'une armée d'envoyer des espions dans le camp adverse. Sans doute

[1] Rolin Jaequemyns R. D. I. 1871, pp. 320 et s.Valfrey l. c. III pp. 315 et 325.

le fait de l'espionnage est puni, puni même très sévèrement, mais ce n'est pas qu'il soit incorrect, c'est en raison des graves dangers qu'il peut faire courir à l'armée contre laquelle il est pratiqué. Il est également de bonne guerre de se garantir de l'espionnage, et d'en recueillir même l'avantage, au moyen de ce que l'on appelle des intelligences doubles, en persuadant au prétendu espion de paraître se prêter au service que l'on attend de lui, de capter ainsi la confiance de l'adversaire, et d'en profiter pour l'induire en erreur sur tous les points qu'il aurait intérêt à connaître.

Il est permis d'accueillir les transfuges de l'armée ennemie, et de les incorporer dans ses propres troupes, mais on n'y est nullement obligé, comme quelques-uns le pensent, et un général qui les remettrait à l'ennemi pourrait agir en contre de ses intérêts, mais ne ferait rien de contraire au droit[1]. Il est également permis de se servir de la déloyauté d'un traître, pourvu que l'acte qu'on lui commande ne soit pas de ceux que prohibe le droit des gens, comme le serait l'assassinat du général ennemi.

Est-il licite d'inciter ses adversaires à la trahison ? On se souvient que Philippe de Macédoine disait déjà que nulle place n'était imprenable lorsque l'on pouvait y faire entrer un mulet chargé d'or. Souvent un général

---

[1] Lueder, l. c. § 110, nte 9.

se trouve dans la nécessité d'employer la corruption pour obtenir le résultat qu'il désire, et l'opinion générale est que, en agissant ainsi, il ne fait rien que de légitime. La déloyauté n'existe que pour celui qui se laisse corrompre, quant à celui qui le corrompt il se borne en somme à profiter de la faiblesse de son adversaire, et il a raison de le faire [1].

Il est possible enfin que l'état de guerre se complique au détriment de l'une des puissances qui y sont engagées du fait d'une insurrection. Quel est le devoir de l'ennemi en face de cette situation nouvelle? Peut-il profiter de cette insurrection? On n'hésite pas à lui reconnaître ce droit. Un ennemi peut et doit profiter de toutes les causes de faiblesse qui se manifestent chez son ennemi. Il en est particulièrement ainsi lorsque l'insurrection représente une idée qui a été précisément la cause de la guerre. Elle est alors une justification des hostilités, et une raison nouvelle de les pousser jusqu'au bout. Il est parfaitement naturel, par exemple, que dans les guerres que font périodiquement à la Porte les puissances européennes pour l'obliger à améliorer le sort de ses sujets chrétiens, les belligérants s'appuient sur l'état d'insurrection qui ne manque jamais de suivre l'ouverture des hostilités.

[1] On aime la trahison et on méprise le traître, dit un proverbe allemand (Dahn. l. c. p. 4).

Il est tout aussi naturel que des ennemis qui se présentent, pour une portion du peuple qu'ils attaquent, comme des libérateurs. acceptent et utilisent le concours de cette fraction de la population, et personne n'a jamais fait un crime à Napoléon d'avoir tiré parti des sentiments du peuple polonais dans les guerres qu'il a poursuivies contre la Russie. Même au cas où l'insurrection ne se rattacherait en rien à la cause de la guerre, l'ennemi a le droit de l'utiliser. Cependant il fera mieux de s'abstenir, au moins dans les cas où il aperçoit clairement que la révolte est l'œuvre de malfaiteurs, et que son succès nuirait gravement à l'ordre général.

Le même sujet fait naître une autre question. Peut-on susciter une révolte dans le pays que l'on se propose de conquérir ? L'opinion sur ce point est plus sévère. Elle n'admet pas qu'un pareil procédé soit licite. Il est permis de suborner une personne, il n'est pas permis de pousser un peuple ou une armée à l'insurrection. Et, en effet, cet acte est bien plus grave que le précédent, et s'il était admis, il aboutirait à faire de la guerre un principe de dissolution intérieure pour chaque Etat. Nous avons dit précédemment qu'entre ennemis on doit cependant se reconnaître les droits et la situation d'Etats indépendants. La provocation à la révolte est un attentat à l'existence même de l'Etat ennemi, et, cet attentat n'étant nullement justifié par la nécessité, devient une infraction

aux règles du droit des gens [1]. Signalons en finissant une
ruse de guerre parfaitement légitime et qui paraît devoir
prendre dans les guerres modernes une grande importance, c'est la propagation de fausses nouvelles. Ce
moyen a de tout temps employé, mais la diffusion de la
presse lui procure un nouvel effet. Les Prussiens ont
fréquemment fait imprimer et répandre de fausses éditions des journaux français, et ce subterfuge ne leur a
pas été inutile.

Voilà en résumé, quelles sont les principales règles
dont le sentiment du droit et le culte de l'honneur recommandent l'observation. Cette observation, un chef
l'obtiendra de ses propres troupes en les soumettant à
une discipline sévère : il l'obtiendra de son ennemi, en
relevant avec soin les moindres infractions dont il
pourra s'assurer la preuve, et en les portant sans retard à
la connaissance de l'adversaire. Il usera, s'il le faut aussi,
de représailles à cet effet.

Ce qu'il importe de noter en terminant, c'est que ces
règles doivent être suivies dans tous les cas. Elles constituent non seulement la manière habituelle de faire la

[1] De Martens. III, p. 208. S. cap. Lueder, l. c. § 110, p. 458 et n° 20.
Cf. Bluntschli, § 564. En 1866, le gouvernement prussien organisa une
légion hongroise destinée a susciter le soulèvement de la Hongrie contre l'Autriche. Ce procédé est blâmé par Rustow lui-même (Kriegspolitik, p. 161).

guerre (Kriegsmanier) mais la seule manière possible de
la faire dignement. Que l'on ne parle donc pas des cas
de nécessité pressante, et que l'on ne prétende pas qu'ils
autorisent à se mettre au dessus du droit des gens en
vertu d'une raison de guerre (Kriegsraison) qui de son
vrai nom s'appelle arbitraire et barbarie. Ce sont là des
distinctions étrangères ; laissons les à leurs auteurs. En
vérité a qui fera-t-on accroire qu'il est des circonstances
ou la perfidie peut devenir honorable, et la cruauté humaine. Le droit des gens tient en perpétuelle considération les nécessités de la guerre, aussi est-ce à juste titre
qu'il prétend à être appliqué quelles que soient ces nécessités. Soucieux de se révéler comme une science pratique,
il laisse toujours la plus grande latitude aux belligérants,
et ne fixe des limites à leur action, qu'au point où elle dé-
générerait en abus criant, désavoué par l'humanité tout
entière. Le droit des gens (que l'on me permette cette expression) est un perpétuel minimum ; c'est prétendre l'ha-
nihiler que de vouloir le réduire. Et puis, qui n'aperçoit
que donner à ses prescriptions un caractère conditionnel
et relatif, c'est les rendre fatalement incertaines et inef-
ficaces. S'il existe vraiment une raison de guerre qui
légitime tout acte entrepris en son nom, qui aura à la
déterminer ? Le belligérant lui-même, et il arrivera par
la force des choses que cette raison de guerre si commode sera invoquée à tout propos et hors de propos, et

servira simplement à masquer d'un terme prétentieux le fait brutal du retour à la barbarie primitive. L'excuse de la raison de guerre est à la fois mauvaise et hypocrite, double raison pour qu'elle n'ait jamais accès auprès de militaires qui se piquent de loyauté et d'honneur [1].

[1] Klüber, § 243. — Heffter, § 119. — Bulmerincq dans les Handbuch de Marquordsen, I, p. 362. — Lueder. l. c. §§ 65 et ss. — Neumann, § 41. — Dahn Das Kriegsrecht, pp. 3 et 4.

SIXIÈME CONFÉRENCE

DES SIÈGES ET DES BOMBARDEMENTS.

Les sièges autrefois et aujourd'hui. — Procédés usités dans un siège.
— Bombardement, sa nature de moyen exceptionnel et extrème. —
Quelles villes peuvent être bombardées. — Dans quels cas. — Ordre
à suivre dans le bombardement. — Nécessité d'une notification préalable. — Concessions possibles et nécessaires dans l'intérêt de l'hu·
manité. — Respect des monuments publics. — Le bombardement de
Strasbourg considéré au point de vue du droit des gens.

Il existe dans le domaine du droit de la guerre certains districts particulièrement malheureux où il semble
que la raison et l'humanité doivent désespérer d'exercer
jamais aucun empire, où la force brutale et la barbarie
paraissent avoir trouvé leur dernier refuge. La matière
des sièges et des bombardements est un de ces cantons.
De tous temps les opérations militaires dirigées contre
les villes fortifiées ont compté parmi celles qui sont à
la fois les plus difficiles et les plus meurtrières, et si les
procédés employés pour réduire une place ont de nos
jours beaucoup changé, l'humanité malheureusement

n'a presque rien gagné aux changements qui ont été accomplis.

Pendant très longtemps, le siège d'une place forte a été presque une cérémonie solennelle qui comportait des rites soigneusement suivis. Sauf le cas de surprise, toujours rare, on commencait par sommer le commandant du château ou de la ville de se rendre, puis venait immédiatement le long travail des lignes parallèles grâce auxquelles l'assiégeant tentait de se rapprocher des remparts de la cité. Lorsque l'on s'en croyait assez proche on attaquait la muraille par le moyen de l'artillerie, des machines de guerre, des mines, suivant les époques et suivant les circonstances, et l'on y faisait brèche. La brèche était pratiquée, le moment désif était venu : on donnait l'assaut et de son résultat dépendait le sort de l'entreprise. Jusque-là les hostilités se passaient de la manière la plus correcte entre l'armée assiégeante et la garnison chargée de la défense, et il était rare que les habitants de la ville souffrissent, autrement que par les privations qui leur étaient forcément imposées, de l'état de siège auquel ils étaient soumis. Mais trop souvent la victoire de l'assiégeant était souillée par les pires excès : pendant longtemps il fut presque de règle d'accorder au soldat le pillage de la ville en dédommagement des fatigues de la tranchée et des dangers de l'assaut. Le général d'avance promettait le pillage, et naturellement cette perspective était bien faite pour enflammer le courage des mercenaires qu'il conduisait à la mort. Si encore on se fut toujours borné là, mais maintes fois il arriva que, surexcitée par la durée de la résistance, la colère du soldat victorieux ne connut plus de loi : c'est ainsi que dans des cas trop nombreux on vit confondus dans le même massacre le soldat désarmé et l'habitant paisible demeuré étranger aux luttes qui se déroulaient autour de lui [1]. Même on imputait à crime au capitaine qui dirigeait la résistance d'avoir vaillamment fait son devoir. D'avance on le menaçait de mort s'il n'obéissait pas aux sommations qui lui étaient faites, et parfois son ennemi ne craignait pas de déshonorer son succès par l'exécution de cette inique sentence.

Grotius [2] reconnaît ainsi que l'on a le droit de tuer même les ennemis qui se sont rendus sans condition, mais il a soin d'ajouter ailleurs qu'il vaut mieux épargner la partie inoffensive de la population, et pardonner aux vaincus qui se rendent à des conditions acceptables. Vattel [3] n'admet pas que l'on puisse menacer du dernier supplice

. [1] V. dans Farrer (passim) de très nombreux exemples du malheureux sort des cités prises d'assaut ou obligées à se rendre à discrétion, particulièrement ce qu'il dit du sac de Limoges d'après Froissart, (l. c. p. 37 et 38) Klüber, (§ 265) admet encore que l'on permette aux soldats le pillage mais il défend l'incendie et le meurtre des habitants.

[2] Grotius, l. III, ch. iv, § 12 et l. III, ch. xi, §§ 14 et 15.

[3] Vattel, l. III, ch. viii, § 143.

un commandant pour le contraindre à faire sa soumission et il s'étonne que dans un siècle éclairé on ait pu soutenir l'opinion contraire. « La menace d'une peine « injuste, dit-il, est injuste elle-même ; c'est une insulte « et une injure. »

Ces doutes et ces discussions peuvent nous sembler bien arriérés. Les sièges ne se pratiquent plus maintenant comme on les conduisait autrefois : ils ne sont plus suivis des mêmes dévastations : un changement radical a eu lieu mais ce n'est pas à dire qu'un progrès sensible se soit accompli.

Aujourd'hui on n'entend plus guère parler de tranchées ni de lignes de circonvallation, les mines sont presque abandonnées les brèches ne sont plus nécessaires, les assauts deviennent de plus en plus rares. On a trouvé mieux que cela. Postées à une distance très considérable de la place, des batteries invisibles, mobiles, insaisissables couvrent la ville d'une pluie d'obus. L'incendie se déclare en cent endroits différents, et la population décimée, chassée de ses derniers refuges, se voit promptement obligée d'ouvrir ses portes aux assiégeants. Alors seulement le vainqueur se souvient de son humanité, et il s'abstient de toute violence nouvelle envers ses victimes. La dévastation est certainement plus complète qu'elle ne l'aurait été après le pillage de la cité, les habitants ont subi autant de pertes que s'ils avaient été en butte à la rage

désordonnée d'une soldatesque furieuse : les pertes de
toute espèce demeurent donc égales : on les expliquait
autrefois par la juste vengeance d'une armée victorieuse,
on les met aujourd'hui sur le compte des nécessités de la
guerre. Rien autre n'a changé que cela. Certainement les
sièges sont une chose nécessaire. Lorsqu'une armée envahit un pays ennemi, son premier soin est de s'emparer
des villes qui, par leur position géographique, paraissent
propres à fournir un bon centre d'opérations, et qui, par
les ressources de tout genre qu'elles contiennent, constituent un avantage marqué pour la puissance qui les
possède. Pour y arriver, elle interceptera toutes les communications de la cité avec le dehors, imposera à ses habitants les privations les plus grandes, tout cela est d'une
nécessité évidente, et quoique ces procédés aient pour résultat de faire subir des souffrances longues et dures à
des personnes qui ne sont point des combattants, ils sont
cependant d'une légitimité parfaite parce qu'ils sont indispensables. Il existe entre la population et l'armée une
communauté d'intérêt, une solidarité qui fréquemment
aura pour résultat de faire supporter à la première une
partie des maux que l'on souhaiterait de limiter exclusivement à la dernière. C'est un fait contre lequel il serait
inutile de protester.

Mais allons plus loin. Il peut arriver tels cas dans lesquels une ville ne saurait être réduite que par le moyen

d'un bombardement. Alors le bombardement lui-même est parfaitement légitime. Cette solution est grave remarquons-le. Un bombardement contrarie nos idées les plus certaines sur le rôle de la guerre moderne. Lorsque l'on se résout à le pratiquer, on ne se borne pas à imposer à une population inoffensive des souffrances, des privations plus ou moins grandes, qui ne seront fatales qu'à un petit nombre, et que les autres oublieront bientôt, on dirige contre toute une population paisible, contre des femmes, des vieillards, des enfants les pires engins de destruction dont on dispose. Cela est vrai surtout depuis que les obus ont remplacé les bombes anciennes, et cela deviendra plus vrai encore dans les guerres futures où l'on utilisera, il n'en faut pas douter, les terribles explosifs découverts ces années dernières. Le bombardement est la plus grave de toutes les mesures dont un général puisse assumer la responsabilité. Il heurte de front les premiers principes du droit des gens qui nous commandent de n'attaquer que ceux qui peuvent se défendre, il méconnait cette grande loi de la raison qui veut que l'on ne fasse pas à l'ennemi plus de mal que cela n'est nécessaire au but de la guerre entreprise. Est-ce à dire que le bombardement puisse être proscrit ? Evidemment non, l'affirmer serait rêver d'une utopie et je m'en garderai bien : un enseignement pour être utile doit être pratique, et il ne lui est pas permis de méconnaitre la portée des faits

sociaux qu'il rencontre. Mais ce qu'il faut proclamer
bien haut, c'est que un bombardement ne peut jamais
être qu'une mesure exceptionnelle , qui ne trouvera sa
justification que dans la nécessité absolue où l'on était
de l'employer, et dont les rigueurs ne seront justes
qu'autant que l'on se bornera aux seuls maux qu'il est
impossible d'épargner à la population de la ville assiégée.
Ce n'est pas une opération militaire ordinaire, comme
l'affirme brutalement l'écrivain allemand Rüstow [1], dont
on soit libre d'user ou de ne pas user à son gré, c'est un
acte de cruauté, d'inhumanité nécessairement injuste et
inexcusable s'il n'est pas absolument nécessaire.

Ce premier point étant déterminé, passons à l'examen
des diverses questions que comporte ce sujet.

Quelles sont les villes qui peuvent être l'objet d'un
bombardement ? On est d'accord pour répondre sur ce
premier point qu'il faut distinguer entre les villes ouver-

---

[1] Rustöw (Kriegspolitik p. 210), affirme que le bombardement n'est
ni plus cruel, ni plus aveugle que la famine. Il émet en cela une affirmation légère et inexacte. La famine est un mal progressif auquel il
est toujours possible de remédier avant qu'il ne devienne fatal, et qui
n'entraînera des conséquences extrêmes que pour une partie minime
de la population, les bombes au contraire sèment sur leur passage des
maux nécessairement irréparables (quant aux personnes au moins),
maux dont souffre surtout la population paisible qui n'a ni réduits ni
casemates pour s'abriter. Leur effet va à contre sens de l'action régulière et légitime de la guerre. V. Ch. Giraud. Le droit des gens et la
guerre de la Prusse. *Revue des Deux-Mondes,* 1871, p. 436.

tes et les villes fortifiées, ou, plus exactement, entre les villes qui sont défendues et celles qui ne le sont pas [1]. Lorsqu'une ville n'est pas défendue, l'armée se borne à l'occuper, et l'on ne comprendrait pas que l'on entreprit contre elles des opérations quelconques : lorsqu'elle fait résistance, il faut employer la force pour la réduire, et il importe peu que sa résistance consiste dans ses fortifications, ou dans la présence d'un corps ennemi qui s'y est retranché et qui entend défendre la position. Une attaque est nécessaire, un siège le sera peut-être, peut-être même un bombardement.

Le bombardement d'une ville ouverte ne peut se concevoir qu'exercé à titre de représailles. On en a eu ainsi d'assez nombreux exemples dont ont souffert surtout les villes maritimes. Mais ce procédé extrême n'a jamais produit que de mauvais résultats. Pour ne citer qu'un seul cas, on sait, que le bombardement dirigé contre Alexandrie par lord Seymour en 1882, n'a eu d'autre résultat que d'augmenter le nombre des meurtres et des exactions qu'il avait pour objet de venger [2].

Dans quels cas peut-on user du bombardement ? C'est la question capitale de la matière, celle qui va nous fournir l'occasion de compléter les vues que nous avons émises sur ce point. Deux écoles complétement diver-

---

[1] Fiore. Code art. 1039.
[2] Calvo, § 2094, t. IV, p. 169.

gentes se sont formées sur cette question. On appelle l'une opinion militaire, il serait plus exact de la nommer l'école militaire allemande [1], l'autre est plus humaine, plus raisonnable et nous pouvons nous glorifier d'avoir dans des circonstances mémorables obéi à ses lois. D'après la première le bombardement est un moyen d'obtenir la reddition d'une place par la pression morale que la population exercera sur le volonté de son gouverneur. Ce point de départ étant choisi le bombardement cesse d'être quelque chose d'anormal et d'affreux, c'est un moyen de guerre aussi bon qu'un autre, meilleur qu'un autre même parce que l'on peut en entendre des résultats plus rapides et plus complets que ceux que procureraient

---

[1] Rüstow l. c. — Lueder l. c. § 109 n[te] 7. Cf. Lentner l. c. § 8 pp. 87 et ss. Contra Klüber, § 265. — Bluntschli, § 554 a note. — Geffcken sous Heffter § 125 n. 4. — De Martens, III, pp. 221 et s. — Calvo, §§ 2068 et n. t. IV, pp. 148 et ss. — Guelle I, pp. 109 et ss. Fiore. Code art. 1047-1052. — Dudley. Field, art. 757, p. 573. Cf. Manuel français, ch. III, dont les dispositions sont assez incertaines.

Bluntschli fait le raisonnement suivant. Il est interdit aux habitants de prendre les armes contre les assiégeants, donc aussi doit-il être interdit de les pousser à exercer une pression morale sur les troupes assiégées qui défendent leur patrie. Une semblable pression est toujours immorale et le plus souvent inutile Ne vaut-il pas mieux raisonner différemment et dire. Puisqu'il est interdit aux habitants de prendre les armes pour se défendre, il doit aussi être interdit à l'assiégeant de tourner ses armes contre eux. Le lui permettre, c'est faire à ces malheureux habitants la situation inégale et choquante de gens que l'on peut frapper, et qui ne sont pas admis à répondre aux coups qui leur sont portés.

toutes les autres opérations connues. Aussi est-il oiseux
de se demander si les remparts et les forts doivent être at-
taqués avant la ville. La ville est toute indiquée pour servir de but aux premiers coups, car ce qu'il importe d'atteindre, ce n'est pas la garnison, la troupe protégée par
ses remparts, et decidée à la défense, mais bien la population inoffensive, sans protection et sans armes. Inutile de
se demander aussi, si l'on ne doit pas avant de recourir à ce
moyen, en essayer à quelque autre. Le temps est à la guerre
chose précieuse, et les moyens de destruction les plus efficaces sont naturellement ceux dont il faut user tout d'abord.
Enfin que l'on ne parle pas d'atténuations, de ménagements,
de considérations d'humanité : tout ce qui peut affaiblir l'effet matériel ou moral d'un bombardement est contraire à
son but, et par suite doit être négligé. On a quelque envie
de traiter pareille théorie de barbare, mais ses partisans
s'insurgent contre ce reproche. Ils prétendent démontrer
qu'elle est la plus humaine de toutes, et en effet, pièces
en main, il nous montrent que par une pluie d'obus bien
dirigés on obtient, sans grandes pertes de part ni d'autres
une capitulation qui sans cela eut causé des sacrifices autrement considérables [1]. C'est une réédition à l'usage de

---

[1] Ce raisonnement, signalé dans une lettre du général Faidherbe au
sous-préfet de Péronne (22 janvier 1871), est en effet accueilli par
M. Rolin Jaequemyns R. D. I. 1871, p. 301. C'est un bel exemple de
sophisme que ce raisonnement, et qui va tout droit à la justification

la guerre du célèbre axiome : la fin justifie les moyens.

Je chercherais en vain des expressions qui me permettent de donner à une doctrine semblable la qualifica-
tion qu'elle mérite. Elle érige en système la pure barbarie, non seulement elle fait dévier la guerre de son
champ habituel, les hostilités entre combattants se portant mutuellement des coups, mais elle la fait consister
purement et simplement dans le massacre des personnes
qui n'ont pas la possibilité de se défendre, et qui à sup-
poser qu'elles l'eussent, n'en auraient pas le droit. Puis
pour ajouter un dernier trait au tableau, elle se pare des
dehors de l'humanité. Cette théorie ne sera jamais la nôtre,
parce que elle ne peut pas être celle d'un honnête homme.
Sans doute le but d'un siège est de réduire la place investie, mais encore faut-il la réduire par les moyens
loyaux, et il n'est pas plus loyal de vouloir vaincre le
courage de ses défenseurs par le spectacle de l'énormité
des souffrances infligées à leurs concitoyens, qu'il n'était
honnête autrefois d'arracher à un ennemi par le spectacle

---

des cruautés les plus atroces : ce sont en effet elles, qui a la guerre,
auront chance de produire les plus grands résultats à moins de frais.
Les bandes du moyen-âge pouvaient le faire avec autant de raison
quand elles passaient la garnison d'un château au fil de l'épée. Ce procédé, bien employé, facilitait singulièrement leurs conquêtes ultérieu-
res, leur épargnant bien des sièges, bien des actions sanglantes. C'était
comme le bombardement, un procédé économique. On l'a qualifié de
barbare. Cette nouvelle théorie nous apprend qu'il était humain.

des tortures infligées à ses plus proches parents le secret
qu'il s'obstinait à garder. Si l'humanité consiste à procéder par voie d'intimidation, le droit de la guerre moderne
n'est qu'un mot vide de sens. Pourquoi séparer les combattants des non combattants, soigner les blessés, épargner les prisonniers. Il faut tout tuer, tout saccager, tout
détruire, il ne faut pas se borner à frapper, if faut torturer à plaisir l'ennemi désarmé : c'est ainsi qu'Attila s'était
rendu si redoutable et si la statistique avait été inven-
tée, sans doute il aurait trouvé lui aussi des flatteurs pour
démontrer que sa cruauté était plus humaine que les
pratiques ordinaires d'une guerre de civilisés.

Mais laissons ces doctrines monstrueuses. Une guerre
n'est honnête qu'autant que l'on cherche à frapper seulement celui qui est à même de se défendre. Toute violence
dirigée contre des personnes paisibles et inoffensives est
un crime au point de vue du droit des gens, et les raisonnements les plus subtils ne parviendront jamais à
étouffer sur ce point le cri de la conscience.

N'allons pas jusqu'à condamner le bombardement
comme le font quelques utopistes toujours prêts à prendre leurs désirs pour la réalité [1]. Le bombardement, est
un moyen indispensable à la pratique actuelle de la

M. P. Fiore a soutenu cette opinion dans son traité t. II, p. 280.
mais dans son Code (1047-1052), il s'est converti à des idées moins ra-
dicales et plus pratiques.

guerre : c'est une violence extrême qui ne se justifie que dans les cas de nécessité absolue.

Tirons de cette formule les conséquences pratiques qu'elle comporte.

1° Le bombardement d'une place n'est légitime qu'autant que l'on aperçoit pas d'autre moyen de la réduire. Si en raison de sa nombreuse population elle paraît propre à être conquise par la famine, l'assaillant se bornera à l'investir exactement. Si ses défenses sont médiocres, il tentera de l'emporter de vive force, et dans tous les cas il ne devra pas renoncer à ce procédé en raison seulement des pertes plus grandes qu'il entraîne. C'est là, nous ne saurions trop le répéter, le procédé normal et humain la guerre du soldat contre le soldat, et l'honneur exige pour le moins qu'on en essaie l'efficacité. Ce n'est que dans le cas où ces voies seront évidemment impropres à conduire au but qu'il s'agit d'atteindre, que l'on pourra avoir recours au bombardement.

2° Le bombardement d'une ville doit toujours être précédé du bombardement des forts et des ouvrages de défense [1], c'est ainsi que nous répondons à la question de savoir si l'on doit se borner à envoyer des bombes sur les ouvrages armés où l'on peut aussi en faire pleu-

---

[1] Bluntschli, § 554, a al. 2. Fiore, (1050) paraît aller encore trop loin en disant qu'il ne sera jamais permis d'envoyer des projectiles sur les habitants des particuliers et sur les bâtiments de commerce.

voir sur la ville [1]. Autant que cela demeure possible, il faut
se borner à canonner les fortifications. C'est ainsi que
notre escadre a procédé devant Vera Cruz en 1838 : de
même en 1855 les alliés se sont bornés à détruire le fort
Malakoff, sans toucher à la ville de Sébastopol [2]. Cette pratique sera toujours la meilleure : aussi devra-t-elle être
au moins tentée. Dans certains cas, il pourra arriver
qu'elle ne conduise pas aux résultats désirés : c'est alors,
mais alors seulement que l'on pourra lancer des bombes
sur la ville.

3° Le bombardement doit-il être précédé d'une notification ? S'il s'agit d'un fort, cette sorte d'attaque est toute
naturelle [3], et lorsque l'on croit devoir cependant dénoncer
son intention d'y recourir, cela se fait par pure courtoisie
et sans qu'il existe sur ce point aucune obligation précise. S'il s'agit d'une ville, la situation est bien différente.
Les Instructions du professeur Lieber (art. 19) la Déclaration de Bruxelles (art. 16) le Manuel de l'Institut
(art. 33) requièrent que l'on prévienne les autorités tou-

---

[1] Les habitants d'Anvers ont envoyé à la conférence de Bruxelles
une pétition où ils demandaient que le bombardement fût limité aux
seules fortifications. La réponse rédigée au nom de la Commission par
le baron Jomini déclare cette demande juste, et recommande aux généraux de se conformer aux principes qu'elle implique toutes les fois
où cela leur sera possible (Actes. Protoc. n° xvii p. 202).

[2] Calvo, §§ 2071 et 2072, iv p. 150.

[3] Fiore. Code art. 1048.

tes les fois où cela est possible [1] C'est que les obus doivent y produire un effet autrement considérable que celui qu'ils produisent sur le revètement des casemates d'un fort, et c'est surtout parce que cet effet doit nuire à des personnes qui par état ne sont point préparées à le subir et n'ont pas pris de précautions pour s'en préserver. Plusieurs fois dans le cours de la dernière guerre cette formalité a été omise. La ville de la Fère s'est ainsi vue écrasée par les feux de l'artillerie sans sommation préalable, et Paris a été bombardé sans que l'ennemi en eût auparavant déclaré l'intention [2]. Dans ce dernier cas, M. Kern ministre de Suisse envoya au prince de Bismark une protestation rédigée à la demande du corps diplomatique. Le chancelier se borna à contester qu'un avertissement quelconque soit prescrit par les principes du droit international. Le chancelier de l'Empire d'Allemagne, plaidait évidemment sa propre cause, et il eut été facile de lui démontrer que l'usage de l'avertissement avait été jusqu'à lui assez régulièrement suivi pour former une véritable règle de la pratique des nations. On aurait pu

[1] Bluntschli, § 554. Lentner, l. c. p. 89. — De Martens III, p. 222. — Klüber, § 265. — Manuel. pr. p. 21. Guelle I, p. 112. Contra Geffcken sous Heffter, § 125, n. — Lueder, § 109. iv p. 448.

[2] V. ces négociations dans Calvo §§ 2080 et ss. pp. 153 et ss. Un aveu contenu dans la lettre du prince de Bismark est précieux à retenir. Il convient qu'un bombardement n'est licite que lorsqu'il est impossible de réduire autrement une ville. Etait-il donc impossible de réduire simplement par la famine une ville de plus de deux millions d'âmes ?

lui dire aussi (si l'on avait espéré le convaincre) que lorsqu'on tourne des armes contre une population inoffensive, la loyauté la plus élémentaire exige qu'on la prévienne afin qu'elle puisse user des quelques moyens qu'elle possède de se mettre à l'abri des coups. Cela, dit-on, souvent rendrait la surprise impossible [1], et avec elle la terreur panique de laquelle on attend la reddition de la ville. Nous n'en disconvenons pas, mais cette surprise est-elle permise, est-elle honnête ; certainement non : c'est de son vrai nom une trahison, car elle ne consiste pas à prendre en défaut la vigilance de son ennemi, mais à frapper à l'improviste des personnes qui se croyaient à bon droit certaines de ne l'être pas.

La dénonciation est donc nécessaire sauf dans les cas exceptionnels où elle serait véritablement impossible. Tel est le cas par exemple ou, au cours d'une rencontre, l'ennemi occuperait un village, et s'y retrancherait. La nécessité d'une action immédiate dispense certainement en pareille hypothèse de tout avertissement.

4° La pratique des sièges et des bombardements ne doit pas elle-même demeurer au dessus des lois de l'humanité, et pour cela l'assiégeant qui les dirige doit faire toutes les concessions qui ne sont point inconciliables avec le but de ses opérations. Dans un siège ordinaire cette remarque a peu de portée : que l'on s'abstienne de

[1] Lueder, § 109. iv, p. 448.

toute violence directe contre les non-combattants, et le
principe qu'elle traduit sera satisfait. Dans un siége accompagné de bombardement elle a au contraire une
grande importance, et, pour bien le démontrer demandons-nous, quel est le but précis d'un bombardement.
Ce procédé peut être employé pour l'un ou l'autre de deux
objets, l'un légitime et avouable, l'autre barbare et ina-
vouable. On peut bombarder une ville pour priver la
garnison des ressources qu'elle peut y trouver, détruire
les subsistances qu'elle contient, y rendre l'habitation
impossible. On peut aussi bombarder, et c'est ce qui a été
fait trop souvent, pour forcer la garnison à la soumission
par l'excès des souffrances et des pertes que l'on fait en-
durer à la population.

Nous nous sommes expliqués sur la moralité de cette
façon de faire, nous n'y reviendrons pas. Evidemment, si
c'est dans ce but que l'on agit, il faudra bien se garder
d'épargner rien ni personne, refuser toute sortie, même
celle des sujets des puissances neutres ; plus la population
sera dense, mieux les coups porteront, et plus sûrement
le but que l'on poursuit sera atteint. Veut-on au contraire se montrer honnête, même dans l'extremité d'un
bombardement, il faudra se prêter à tous les tempéraments d'humanité réclamés au profit de la population

---

[1] **Fiore.** Art. 1043 à 1046. Non seulement ce tempéramment d'huma-

paisible. Il faudra en particulier laisser sortir la portion
la plus intéressante des non combattants, les malades
les enfants, les femmes [1]. On allègue que cela gêne les opérations militaires. Nous ne pouvons décider du mérite de
cette objection, mais si parfois elle se trouvait réellement
fondée, pourquoi ne pas assigner à ces personnes un
quartier sur lequel on ne tirerait pas, moyennant la parole
d'honneur du commandant qu'il leur resterait exclusivement propre. Les plus grandes horreurs des sièges
seraient ainsi évitées, et évitées sans grand inconvénient
pour les opérations militaires .

Quelle est la situation du corps diplomatique qui
peut-être renfermé dans une capitale investie? La question est assez délicate. Nous admettons qu'il peut être
nécessaire de lui interdire toute communication avec
l'extérieur à raison de l'avantage qui en pourrait résulter pour l'assiégé, mais nous admettons aussi qu'en aucun cas les membres du corps diplomatique ne peuvent
être empêchés de quitter la ville s'ils le désirent. Toute

nité n'a pas été régulièrement suivi, mais il est arrivé plusieurs fois
que l'assiégeant a refoulé à coups de canon dans la place, la population paisible qui voulait s'en éloigner. Cette pratique est barbare, quelques raisons que l'on puisse donner pour la colorer, et on doit souhaiter qu'elle ne soit plus suivie.

[1] Bluntschli, § 554 b. — Calvo, § 2085. iv, p. 161. — Geffcken, l. c. —
Lueder, § 109. iv, p. 449. Fiore. Code. Art. 1051. — Manuel, fr. p. 22. —
Instruct. armée. art. 35. — Décl. de Bruxelles, art. 17. — Manuel de
l'Institut art. 34.

mesure restrictive de ce droit attesterait le mépris de leur inviolabilité[2].

5° On est d'accord pour dire que l'assiégeant doit respecter ces monuments publics qui forment le patrimoine scientifique ou artisque du peuple qu'ils attaquent, les basiliques, les musées, les bibliothèques. Il faut seulement prendre soin d'en déterminer l'emplacement par des signes spéciaux. On conçoit du reste que malgré toutes les précautions prises des erreurs, des accidents soient inévitables, et il ne faut pas imiter ceux qui poussent les hauts cris au moindre événement. Aussi l'opportunité de la protestation de l'Institut de France (18 sept. 1870) ne nous paraît pas démontrée. Du reste si quelque dévastation est commise en ce genre elles nous paraît moins déplorable que le meurtre inexcusable de ces femmes de ces enfants, de ces citoyens sans défense, qui souille les trophées du vainqueur.

A plus forte raison l'on doit respecter les ambulances. Les Prussiens en 1871, avaient pris comme objectif le dôme, très visible on le sait, de l'hôpital du Val-de-Grâce. Ils s'en défendirent toujours mettant sur le compte du brouillard les dégâts causés. Par un phénomène inexplicable les obus changèrent de route, du jour où le

---

[1] V. sur les difficultés qui se sont élevées à cet égard pendant le siège à Paris, Rolin-Jocquencyns. R. D. L. 1871. p. 371 et ss.

général Trochu leur eut déclaré qu'il allait faire porter à cet hopital les blessés allemands faits prisonniers de guerre[1].

Telle est l'esquisse des règles à suivre dans les sièges et bombardements. Trop souvent elles ont été méconnues, sans doute elles le seront encore, peut-être seront-elles méprisées par ceux qui estiment que la force excuse tout. Il est vrai aussi que toujours le monde sera témoin de crimes de toute espèce et cela ne sera qu'un crime de plus. Cependant on ne peut s'empêcher avec Calvo (IV § 2095) de craindre que ces pratiques aidées par le développement, toujours croissant des forces militaires, ne nous ramènent aux guerres d'extermination des temps anciens, et que la civilisation corrompue par la perte du sens moral chez les chefs et chez les soldats ne produise des fruits aussi horribles que ceux qu'engendrait la barbarie.

Cependant l'opinion n'est pas restée indifférente à la violation des droits de l'humanité, et si la guerre franco-allemande a vu éclore un droit des gens inconnu jusque-là, elle a du moins valu aux vainqueurs de la part de quelques neutres, et notamment d'officiers anglais, de sanglants reproches sur leur conduite.

Il ne sera pas inutile maintenant de citer un exem-

[1] C'est au moins ce qu'affirme Morin (t. II p. 216) car nous n'avons pas retrouvé de traces de cette négociation.

ple des atrocités auxquelles on peut parvenir en s'autorisant de la raison de guerre au mépris des droits de l'humanité.

Cet exemple nous le choisirons dans le siège de Strasbourg pour deux raisons, parce que nous avons la fortune de posséder à ce sujet le témoignage du plus vénérable de nos maîtres, et que nous sommes certain dès lors de ne rien dire de contraire à la stricte vérité, puis, en second lieu, parce que les renseignements qui ont cours dans les livres les plus répandus sont empruntés à des sources plus que douteuses, et qu'il convient de rétablir la vérité des faits [1].

Strasbourg investie dès le début des hostilités fut bombardée sans discontinuité du 15 août au 28 septembre. Le bombardement, hâtons-nous d'en convenir, fut précédé d'une dénonciation. Mais, à ce seul trait près, il se poursuivit d'un bout à l'autre avec le mépris le plus complet, des lois de la guerre. Alors qu'il eut été probablement facile de détruire avec la puissante artillerie dont disposaient les Prussiens des fortifications qui dataient du temps de Vauban, on ne paraît même pas y

---

[1] A l'occasion du siège de Paris, l'Institut de France protesta par la lettre du 18 sept. 1870 contre la possibilité d'une capitale renfermant un si grand nombre de monuments et de chefs-d'œuvre, richesses uniques et dont la destruction serait irréparable (Calvo, § 2086 n. 1). Le 17 nov. l'Académie royale d'Irlande envoya une protestation analogue aux corps savants du monde civilisé tout entier. L'université allemande de Gœthingen publia une réponse à cette protestation (Rolin Jaequemyns. R. O. I. 1871 p. 302).

avoir songé ou plutôt on n'y songea que lorsque l'on fut convaincu que l'intimidation n'avait pas de prise sur les héroïques habitants de cette cité[1]. Dès le premier jour une pluie de projectiles s'abattit sur la ville, des bombes, des obus, voire même des boîtes à balles, engins dont la destination évidente n'était pas de démolir ou d'incendier, mais de tuer le plus de monde possible. Personne n'était épargné, et l'on cite ce fait horrible d'un obus qui pénétrant dans un ouvroir tua ou mutila d'un seul coup onze petites filles qui y étaient réunies.

Les auteurs allemands affectent de présenter cet affreux bombardement comme de légitimes représailles exercées à la suite du bombardement de Kehl ville ouverte par les batteries françaises. Ce qu'ils négligent de dire aussi, c'est que Kehl était défendu par deux forts, et qu'en outre, c'était dans cette ville même que se trouvaient installées les batteries de mortiers qui lançaient

---

[1] Cela résulte très nettement du compte rendu des opérations du siège présenté par le grand Etat-major prussien (trad. Costa de Serda, t. II, p. 1283 et t. III, p. 92). La première parallèle ne fut ouverte que dans la nuit du 29 au 30 août, après quinze jours de bombardement, par conséquent. Les mémoires du maréchal de Molkte avouent du reste (t. I, p. 164, tr. f.) que l'on ne se résigna à entreprendre le siège régulier de la place, que lorsque on se fut convaincu que par le bombardement on n'arriverait pas à la réduire. Le maréchal explique également (pp. 317 et 318) que c'est parceque le bombardement « moyen qu'il est toujours désagréable d'employer » ne pouvait suffire à réduire une place d'une étendue énorme que l'on a entrepris le siège régulier de Paris.

leurs bombes sur Strasbourg. Cet acte, qui est présenté et trop souvent accepté comme une violation du droit des gens, n'était autre chose que l'exercice du droit de légitime défense [1].

Dès le commencement du siège on songea à soustraire à ses horreurs une partie au moins de la population.

L'évêque de Strasbourg Msr Rœss se rendit le 26 août auprès du général Werder pour le prier de laisser sortir au moins les femmes et les enfants : il ne put obtenir [2] d'être reçu de lui, et les officiers, à qui il communiqua l'objet de son voyage, eurent l'impudence de lui répondre que les femmes et les enfants étaient un de leurs moyens de prendre les villes. Sur ce point encore la vérité historique a été falsifiée, et les publicistes allemands affirment que c'est le général Ulrich le défenseur de la ville qui se refusa à laisser partir une part quelconque de la population [3]. On ne voit pas dans quel intérêt il aurait agi, et

[1] Il faut noter de plus que les dommages causés à Kehl par le feu de Strasbourg se sont bornés à la destruction d'une demi-douzaine de maisons touchant à la citadelle.

[2] Il faut citer intégralement sur ce point les mémoires du maréchal de Molkte. « L'évêque de Strasbourg se présenta aux avants postes à Schiltigheim afin d'intercéder en faveur des habitants. *Quelque regret que l'on eût à démolir cette vieille cité allemande*, on dut continuer le bombardement dans la nuit du 25 au 26, *le prélat n'ayant pas qualité pour négocier*. (tr. fr. I, p. 163). Voilà, en vérité, une raison qui jette une singulière lumière sur l'humanité de notre célèbre ennemi.

[3] Lueder, § 109, nto 20. M. Rolin Jaequemyns (R. D. I. 1870, p. 674) affirme d'après le rapport officiel du siège que « dès les premiers jours

il faut avoir un parti pris bien absolu pour inventer de semblables excuses.

On sait que la population des cantons limitrophes de la Suisse s'émut des souffrances inouies de la malheureuse population de Strasbourg, et que des commissaires furent délégués auprès du général de Werder pour obtenir la sortie de la partie la plus éprouvée de la population. Cette démarche réunit et il sortit de la ville environ 4,000 personnes. Mais cela arriva le 10 sept., et le bombardement durait depuis près d'un mois.

La magnifique cathédrale de Strasbourg servait quotidiennement de cible aux artilleurs prussiens. Le tir était dirigé contre la flèche en particulier de 1 heure à 2. Ceci est contre le droit des gens, et les Allemands allèguent pour s'excuser que nos officiers d'artillerie avaient

---

on laissa au commandant de la forteresse la faculté de demander la permission de laisser sortir de la ville, les femmes, les enfants et les infirmes, mais que cette offre fut repoussée par le général Ulrich ». Cela est absolument faux et à M. Rolin Jacquemyns j'opposerai le maréchal de Molkte lui-même. « *Les habitants ayant demandé qu'il leur fut permis de faire sortir de la place, les femmes et les enfants on dut le leur refuser*, (tr. fr. I, p. 163). M. Rolin qui doit en cette matière un crédit particulier à sa qualité de sujet d'un pays neutre aurait du, ce semble, ne pas prendre pour des oracles toutes les nouvelles lancées par la presse allemande, et suivre plus exactement les excellentes règles de critique historique qu'il a posées lui-même dans la R. D. I. 1872, pp. 487 et ss. Quelques lignes plus loin, le même auteur ajoute que chaque jour des centaines de passes étaient envoyées à la forteresse (l. c. p. 675). Autre affirmation toute aussi fausse que la précédente.

établi dans la flèche un observatoire. Cela est vrai. La
flèche de la cathédrale, comme de leur côté le clocher de
Kehl, avait servi d'observatoire, mais ce qu'il est bon de
faire savoir, c'est que ce poste ne fut occupé que pendant
les trois ou quatre premiers jours du siège au plus. Il devint rapidement intenable et fut abandonné ; l'artillerie
prussienne ne persista pas moins à tirer contre la cathédrale pendant tout le reste de la durée du siége.

Enfin l'armée assiégeante affecta de mépriser complètement les signes adoptés par la convention de Genève
pour la protection des locaux consacrés au traitement
des blessés. Les bàtiments importants du petit séminaire
avaient été convertis en ambulance et on avait hissé sur
le faite un drapeau à coup sûr bien visible car (on nous
pardonnera ce détail) il était fait de trois draps de lit cousus
bout à bout. Or voici quelle fut la réponse des Allemands. Dans la nuit même qui suivit l'établissement du
drapeau, dix-huit obus tombèrent sur la maison. C'était
sans doute dix-huit accidents, et des artilleurs qui étaient
assez adroits pour toucher la croix de fer de la cathédrale ne l'étaient pas assez pour éviter un gros bàtiment
bien marqué [1].

Quel fut le résultat de cette nouvelle pratique de la

---

[1] Cf. sur le siège de Strasbourg. Calvo, §§ 2086 et s. IV, pp. 161 et
ss. — De Martens III p. 224. — Farer, *Military manners*, pp. 15, 17,
106.

guerre si justement stigmatisée par le général Faidherbe?
Cette dévastation générale, cette tuerie aveugle et inhumaine n'eut d'autre résultat que d'exaspérer la population qui en était la victime, et de la déterminer à la dernière résistance. Les misérables même qui, chassés de leurs greniers par la mitraille et par le feu, avaient fini par se camper sur un quai, à l'abri illusoire de quelques pièces de bois, ne parlaient que de lutte à outrance, et lorsqu'à la fin Strasbourg se rendit, c'est que son rempart était démantelé, et que, faute de munitions, ses artilleurs en étaient réduits à envoyer à l'ennemi des bombes remplies de sable. Ce sont les opérations régulières du siège qui ont amené la reddition de la ville, le bombardement ne l'a pas avancée, et il n'a profité qu'à la réputation de l'héroïque population qui l'a soutenu.

Et maintenant quel est, dans une sphère plus élevée, le résultat dernier d'une semblable manière d'agir? L'histoire de ces vingt dernières années le fait éclater à tous les yeux. Ce résultat, c'est d'abord une tache indélébile sur la réputation d'un souverain, qui, s'il avait mieux suivi ses propres inspirations, aurait toujours été juste et grand, c'est ensuite un abîme infranchissable creusé entre deux peuples qui auraient tout à gagner à marcher la main dans la main, et c'est surtout la haine implacable de l'opprimé contre son oppresseur. Vingt ans se sont passés, et cette ville que l'on était venu délivrer du joug de l'ennemi héréditaire, que l'on a conquise au nom de l'origine, de la langue, des traditions communes, cette ville redevenue ville impériale s'obstine à maudire ses libérateurs. Les bombardés de 1870 ne pardonnent pas même dans la tombe, car de la terre qu'ils ont arrosée de leur sang s'élance une nouvelle génération dépositaire fidèle de toutes leurs haines comme de toutes leurs affections, et qui préfère renoncer à ses foyers plutôt que de servir un drapeau qu'elle abhorre ; voilà à quoi a servi le bombardement de Strasbourg. Que notre dernier mot soit pour envoyer notre tribut d'hommage et d'admiration à l'héroïque cité qui a si admirablement soutenu dans nos jours de malheur l'honneur de la France.

SEPTIÈME CONFÉRENCE

Prisonniers de guerre. — Evolution historique concernant leur condition. — L'ennemi désarmé a la droite de demander et d'obtenir
quartier. — Qui peut être fait prisonnier de guerre. — Régime de la
captivité. — Traitement dû aux prisonniers. — Obligation au travail. — Discipline. — Question de la liberté sur parole. — Des émissaires et des espions. — Caractères constitutifs de l'espionnage. —
Traitement des espions. — Des aérostiers. — Peuvent-ils être considérés comme des espions. — Des correspondants de journaux.

Les diverses questions, qui vont nous occuper dans
cette conférence peuvent assez exactement se résumer en
disant que nous allons étudier les droits que possèdent les
belligérants sur les personnes tombées en leur pouvoir. Forcément ces droits varieront beaucoup suivant la
qualité de ces personnes, leurs occupations, la loyauté ou
la déloyauté de leur conduite, les dangers que présentent
leurs services pour l'armée contre laquelle elles sont
employées. Aussi, sans vouloir poser ici des idées générales qui manqueraient à la fois de précision et d'utilité,
nous allons envisager successivement les diverses situations qui nous intéressent afin d'indiquer au sujet de

chacune d'elles, les principes qui ont prévalu dans le droit moderne de la guerre.

Nous nous occuperons d'abord des prisonniers de guerre.

DES PRISONNIERS DE GUERRE. — C'est une maxime incontestée du droit international contemporain que la violence n'est légitime à la guerre que contre les personnes qui, elles-mêmes emploient la force à leur défense. Un ennemi désarmé acquiert par la même, une sorte d'inviolabilité : il ne peut plus nuire, mais aussi a-t-il le droit de demeurer lui-même sain et sauf. L'histoire du progrès, du droit des gens sur ce point est éminemment instructive. Pendant longtemps les ennemis désarmés ont été jugés en dehors de toutes les lois de l'humanité, pendant longtemps, il a été permis de douter en ce qui les concerne de l'efficacité et des progrès de la civilisation. L'usage ancien se caractérise par deux traits principaux : c'est d'une part l'assimilation de toutes les personnes qui tombent en fait sous le pouvoir de l'ennemi. Combattants et non combattants, les femmes et les enfants comme les hommes valides se trouvent, par le fait de leur impuissance, exposés aux mêmes traitements. La loi de la guerre ne fait pas de différence entre eux. Et cette loi est inexorable. Primitivement on tuait les prisonniers [1]. De bonne heure on renonça à ces

---

[1] V. Geffcken sous Heffter, § 127 n[te] 1. Montesquieu, Esprit des lois (l. X, ch. vii.)

massacres inutiles et odieux, et l'on se contenta de les
emmener en esclavage. Ils formaient ainsi la part la plus
considérable du butin et c'est à la cupidité du vainqueur,
qu'est du le premier adoucissement apporté aux pratiques de la barbarie primitive [1]. Mais cette barbarie demeura le droit pur, et si fréquemment des considérations d'intérêt en atténuèrent les rigueurs, (surtout dans
les rapports des peuples d'une même famille, entre Grecs
p. ex.) on ne songea jamais à reprocher à un combattant d'avoir outrepassé ses droits pour s'être obstiné à
les faire revivre. C'est ainsi que les massacres qui ensan-
glantèrent les guerres civiles des Romains, les lâches
assassinats qui étaient la suite obligée de tout triomphe,
ne heurtaient pas l'opinion publique, et ne cessèrent

Esprit des lois) explique le droit de vie et de mort reconnue dans l'antiquité au vainqueur sur ses prisonniers par cette idée alors en cours,
que le vainqueur a le droit de détruire la société qu'il a subjuguée.
L'illustre publiciste observe avec raison que le droit à la destruction
de la société étant admis, il n'a cependant pour conséquence le droit à
l'anéantissement des individus qui la composent. L'idée de société une
fois écartée, il reste en effet l'idée d'humanité et les droits que l'individu tient de sa qualité d'homme et non de sa qualité de citoyen. C'est
précisément parce que ces idées ne sont pas adéquates l'une à l'autre
que, dans une guerre civile ou l'existence de la société qui combat est
en jeu, les droits individuels de l'insurgé doivent pourtant être respectés.
Désarmé, il doit être fait prisonnier comme le serait tout autre ennemi
et s'il est permis de l'envoyer répondre du fait de sa rébellion devant
les tribunaux compétents, il n'est pas permis, du moins, de le tuer
sans autre forme de procès. Contrà Rüstow. p. 185.

[1] L. 239, D. de Verb. sign. L. 16.

jamais d'être considérés comme la mise en pratique du droit de la guerre.

Le croirait-on, ces idées étaient tellement enracinées[1], qu'elles trouvent un écho jusque dans les ouvrages de Grotius[2]. A la vérité il n'y est plus question du massacre des prisonniers, mais le jurisconsulte hollandais, trop attaché aux idées des auteurs anciens, admet encore que ceux qui sont pris au cours d'une guerre, deviennent esclaves suivant le droit des gens, et que leur postérité le devient après eux, quoique, dit-il, cela ne soit plus d'usage entre les chrétiens ; il est vrai que plus loin se plaçant au point de vue de la justice interne, c'est-à-dire de la conscience, il recommande d'adoucir le sort de pareils esclaves, et se prononce pour le rachat des captifs, là ou la servitude n'est pas en usage ; il loue la conduite de Pyrrhus qui respectait la liberté de ses prisonniers, mais toute sa doctrine est encore imprégnée de barbarie, et étonne lorsque l'on songe à l'époque à laquelle elle était présentée.

En effet, dès longtemps certains progrès avaient été accomplis par le droit des gens à cet égard. Déjà chez les

---

[1] Ce que fut le sort commun des prisonniers pendant la barbarie du moyen-âge peut se deviner. Au sujet des supplices de toute espèce qui leur étaient infligés. V. Farrer. *Military manners.* Index Vo Prisoners.

[2] Grotius, 1. III, ch. vii, et ch. xiv.

Romains s'était manifestée la tendance à limiter la captivité aux seuls combattants, en laissant la partie inoffensive de la population en possession de sa liberté et de ses biens. En même temps la philosophie recommandait d'avoir égard à la personne de l'esclave, et de le traiter non pas comme une bête de somme, mais comme un membre de la famille. Ce mouvement ne pouvait être que vivement accentué par l'influence croissante du christianisme. Bientôt on ne se contenta plus de proscrire le meurtre des prisonniers, mais par l'usage des rançons on mit un terme à la servitude issue des événements de la guerre. En même temps une décrétale [1] défendit d'inquiéter en aucune façon les prêtres, les religieux, les voyageurs, les laboureurs. Le concile de Latran de 1190 avait déjà interdit de réduire en servitude les prisonniers faits dans les guerres entre chrétiens.

L'usage de la captivité ne se maintient, dès lors plus. comme l'atteste Bynkershoek [2], que dans les guerres entreprises contre les peuples, qui avaient eux-mêmes persisté dans ces errements, les pirates barbaresques par exemple, et Vattel [3] repousse avec horreur les doctrines que Grotius acceptait encore à contre cœur.

La coutume qui s'introduisit, après que l'on eût

---

[1] Gregor. XIII. *De trengà et pace*, cap. 2.
[2] Bynkershoek. Quæst. jur. publ. l. I, ch. III.
[3] Vattel, liv. III, ch. VIII, §§ 148 et ss.

renoncé à suivre les pratiques qu'autorisait la barbarie
ancienne, fut que le prisonnier appartiendrait à celui qui
l'avait fait, à l'exception des seigneurs et chevaliers, qui
revenaient de droit au roi. C'était donc en général au
soldat qui avait fait la capture que revenait la rançon
payée, soit par le prisonnier lui-même, soit par l'Etat
dont il défendait la cause, et, pour que les négociations
relatives à cet objet devinssent plus faciles, on établit
certains tarifs fixant le prix à payer par chaque homme
en proportion du grade qui lui appartenait [1]. De plus des
cartels d'échange intervenaient fréquemment et facili-
taient encore la libération des prisonniers.

Cet état de droit peut assez justement être considérée
comme la transition, qui s'est opérée des idées anciennes
aux idées modernes.

La situation des prisonniers de guerre n'a rien perdu
de son importance dans la pratique moderne des hostilités, et il convient de traiter avec soin les questions qui

[1] Le prix courant de la rançon était équivalent à ce qu'il paraît à
un mois de la solde du capteur (Calvo, § 2134, le marquis Costa, l. c.
ii, p. 18 dit *une année* de paye, sauf naturellement les grands personnages qui payaient en proportion du grand prix de leur liberté. Certains capitaines illustres se sont aussi amassé des fortunes grâce aux
rançons exigées de leurs prisonniers. La guerre pratiquée de la sorte
devenait une entreprise lucrative, et on ne s'étonne pas trop de la prière
burlesque du chevalier écossais : « Seigneur, tournez le monde sens
dessus dessous que les pauvres gentilshommes y puissent trouver leur
pain » (Farrer. l. c. p. 57).

s'y rapportent. Il est reçu universellement de nos jours que l'ennemi désarmé n'est plus un ennemi. Au moment même où il a cessé de pouvoir nuire, a disparu le droit que l'on avait de lui nuire, et tout ce qui demeure permis, c'est de le mettre hors d'état de prendre de nouveau une part quelconque aux hostilités. Depuis le siècle dernier ce principe est universellement reconnu. A la vérité la Convention rendit en 1794 un décret défendant aux armées françaises de faire quartier à l'ennemi, mais les généraux se refusèrent toujours à l'exécuter, et la Convention elle-même, revenue à une notion plus saine de ses devoirs, ne tarda pas à le rapporter.

Mais c'est là de l'histoire ancienne, et il paraît certain qu'à l'avenir de semblable excès ne se rencontreront plus. Qu'il s'agisse d'un individu ou d'une troupe, d'une reddition volontaire ou d'un désarmement forcé, il est toujours vrai que l'ennemi sans armes devient inviolable. Le tuer serait un crime, le maltraiter une lâcheté. Nous ne voyons d'exception possible à cette règle que en cas de représailles, et encore faut-il souhaiter que cette exception devienne très rare dans les guerres à venir. Il se peut qu'un général se voie obligé de faire fusiller quelques prisonniers, en raison de la conduite incorrecte que tient son adversaire, qu'il manifeste par là sa ferme intention d'obliger son ennemi au respect des lois de la guerre, mais encore ne s'y résoudra-t-il qu'à la dernière extrémité, car il est toujours cruel de mettre à mort des innocents pour venger des fautes dont ils ne devraient pas être responsables.

Laissons ces dures nécessités de la guerre, et venons à une question un peu différente qui doit trouver ici sa place. Qu'un général soit obligé de faire des prisonniers lorsqu'il peut sans grand inconvénient pour lui les garder et les emmener, personne n'en doute ; mais en est-il de même lorsque la présence des prisonniers parmi ses troupes serait pour lui une charge gênante, et qu'il lui est impossible de détacher une escorte suffisante pour les conduire au lieu de leur captivité ? Ne peut-il pas en pareil cas refuser le quartier qui lui est demandé, et détruire la troupe qu'il a réduite à l'impuissance ? Cette mesure de nécessité extrême est approuvée par Heffter, par Lueder, par Neumann, par Bluntschli [1], et il semble que la pratique moderne a fait un pas en arrière sur ce point, car nos anciens auteurs, Vattel par exemple [2], ne reconnaissaient ce droit qu'après hésitation et en l'accompagnant de certaines réserves. Nous n'hésitons pas à repous-

---

[1] Heffter, § 128, p. 295. — Lueder, § 107, n^te 46. — Bluntschli, § 580. — Neumann, § 46 (a). Cf. Wheaton, II. 3. — Le manuel de Dahn distingue : il permet de refuser quartier en cas d'extrême nécessité, mais il défend de tuer des ennemis déjà reçus à merci (p. 9). Lueder, l. c. plus radical, permet de les détruire même dans cette seconde hypothèse.

[2] Vattel, 1. III, ch. VIII, § 15. Phillimore III, p. 162.

ser avec Calvo[1] cette doctrine inhumaine, parce que nous
ne pensons pas qu'il puisse exister à la guerre de nécessité qui la justifie. Lorsqu'une troupe se rend sur le
champ de bataille, il existe de bons moyens de l'empêcher
de nuire. Lui faire jeter ses armes et ses munitions,
la séparer immédiatement de ses chefs, l'obliger même,
s'il le faut, à se dépouiller de ses habits et de ses chaussures sont tout autant de moyens de la rendre inoffensive, et on conviendra au moins qu'il ne faudra pas pour
la surveiller pendant le moment critique plus de forces
qu'il n'en faudrait pour la détruire. Reste l'impossibilité
de la garder et de l'emmener, parce que cette charge serait incompatible avec la nature particulière des opérations poursuivies. Cette impossibilité qui est de nature à
se produire moins fréquemment, au fur et à mesure que
se perfectionnent les moyens de communication, peut
survenir cependant. Autorise-t-elle le massacre des prisonniers? Nous ne le pensons pas, parce qu'il y a là une
question d'humanité qui nous semble plus forte que la question d'intérêt en jeu. Il est impossible d'affirmer que le
sort de la campagne soit lié au sort de ces prisonniers ;
dès lors il n'y a pas là une nécessité véritable. Le capteur
devra relâcher les prisonniers qu'il ne peut conserver sans.

[1] Calvo, § 2144, IV, p. 196. — Fiore. Code art. 974. Accollas p. 70,
nto 4. Cf. Rüstow. p. 191. Cette opinion a été acceptée par la confé·
rence de Bruxelles sans contestation V. Déclar. Art. 13, c et Actes de
la conférence pp. 32 et 247.

leur faire de mal, et cela n'est pas plus étrange que l'obligation où se trouve fréquemment une armée d'abandonner
une ville après l'avoir occupée. On la trouverait barbare
de détruire cette ville avant de l'abandonner ; elle serait
bien plus barbare encore en exterminant des ennemis
sans défense [1]. Et puis il est facile de voir à quels excès
l'acceptation d'une semblable doctrine pourrait conduire.
Il est possible que, en cours de route, une escorte se voie
menacée de perdre ses prisonniers, logiquement alors il
faudra lui permettre de les exterminer, alors même qu'à
l'inhumanité d'un pareil traitement viendra se joindre la
honte d'un manquement à la parole qui a été donnée. La
nécessité excuserait tout. La nécessité elle-même est une
raison bien élastique et un prétexte bien commode, et il
faut opposer à l'arbitraire une barrière absolue, si l'on veut
empêcher qu'il ne se serve des moindres circonstances
pour fouler impunément aux pieds les lois de l'humanité.
Nous concluons donc que l'on n'a jamais le droit de refuser quartier.

Quelles personnes peuvent être faites prisonnières de
guerre ? Nous ne sommes plus au temps où l'on permet-
tait d'emmener en captivité la population d'un territoire
tout entier, cependant la liste des personnes qui au cours

---

[1] Le général qui incendierait une ville avant de l'abandonner, passe-
rait à bon droit pour un sauvage. La vie d'une masse d'hommes serait-elle moins précieuse que les pierres de quelques murailles ?

d'une guerre peuvent être privées de leur liberté est encore fort longue. Il faut ranger dans cette catégorie tous les combattants, de plus les individus attachés aux armées et dévoués à leur service, les fournisseurs, les cantiniers, les courriers, les reporters de journaux [1], les employés d'administration. Quant aux médecins et infirmiers, la Convention de Genève leur accorde des immunités particulières. De plus le souverain de l'Etat et les grandes dignitaires chargés de la direction de ses principaux services, les ministres, par exemple, peuvent, s'ils se laissent prendre, être également emmenés en captivité. La guerre moderne a pour objet d'atteindre l'Etat dans ses organes essentiels, et il est certain que des mesures de ce genre correspondent très exactement au but qu'elle poursuit [2]. Seuls, on le voit, les habitants inoffen-

[1] A la conférence de Bruxelles M. de Lansberge (Pays-Bas) proposa d'accorder le bénéfice de la neutralité aux correspondants de journaux Sa notion fut rejetée sur les observations du général de Voigts-Rhetz. (Actes. Prot. n° 13, p. 152).

[2] Une question assez débattue s'est élevée pendant la guerre franco-allemande au sujet de l'internement en France à titre de prisonniers de guerre, d'officiers de la marine marchande allemande dont les navires avaient été capturés par les croiseurs français. Le prince de Bismark a fait à ce sujet des réclamations et les troupes prussiennes ont enmené des notables du pays qu'elles occupaient à titre de représailles. Il est incontestable, cependant, que cette pratique est conforme aux traditions du droit des gens et que les connaissances de ces officiers peuvent être, à la première occasion, utilisées par leur souverain contre son ennemi. Ils ne sont pas des combattants, mais ont toute l'aptitude nécessaire pour le devenir (Rolin Jaequemyns R. D. l. 1870, p. 688 et 1871, p. 342).

sifs du pays qui est devenu le théâtre des hostilités échappent à la captivité , encore faut-il qu'ils ne soient pas surpris rendant des services à l'armée. Il est certain, par exemple, qu'un non militaire chargé des fonctions de messager serait soumis aux lois de la guerre s'il se laissait surprendre au cours de l'accomplissement de sa mission.

Le prisonnier de guerre n'est plus aujourd'hui au pouvoir du soldat qui l'a désarmé. Il appartient à l'Etat ennemi, c'est donc à cet Etat de régler les détails de la condition qui lui sera faite. Les règles de l'humanité et de l'honneur ont prévalu sur ce point [1]. On prive le soldat prisonnier de sa liberté parce qu'il serait tenu d'en faire usage pour retourner au combat, mais là s'arrête le droit de l'Etat qui le retient. Non seulement on ne doit pas maltraiter les prisonniers, mais il faut leur assurer un traitement suffisant et honorable, tel qu'il convient à des soldats qui ont fait leur devoir sur le champ de bataille. Le soldat est privé de ses armes qui du reste constituent pour le vainqueur un butin légitime : cela est de

[1] Sur la condition des prisonniers de guerre V. Lentner, §§ 2 à 13, pp. 94 et ss. Fiore. Traité t. II, oh. v ; Code art. 975-995. — Dahn, § 5, pp. 9 et ss. — Lueder. §§ 105 à 108. - - Calvo, liv. V, § 2133-2158. — Rüstow, ch. viii, pp. 183 et ss. — De Martens, § 113, iii, pp. 236 et ss. — Bluntschli, §§ 593-626 — Guelle, ch. ii, sect. iii, pp. 196 et s. — Manuel, fr. tit. IV, ch. i, pp. 73 et s. — Heffter, §§ 127 à 130. — Dudley Field, art. 800-834. — Instr. améric. art. 36-59. — Decl. de Bruxelles art. 23-24. Manuel de l'Institut, art. 61-72. Phillimore, § 95. iii, p. 155. — Klüber, § 249. — Acollas pp, 60 et ss. — Cf. Actes de la

nécessité, mais par courtoisie on est dans l'usage de rendre leur épée aux officiers. Officiers et soldats doivent être laissés en possession de tous leurs effets personnels, et si le souci de la sûreté obligeait à leur enlever l'usage de quelque effet, il devrait leur être restitué à la fin de la captivité.

Le régime adopté à l'égard des prisonniers de guerre est celui de l'internement, c'est-à-dire de la concentration en certaines places où ils puissent être facilement surveillés. Ce n'est pas un véritable emprisonnement, et les internés jouissent tous de la liberté compatible avec le but de la captivité : généralement il est d'usage de laisser à cet égard une latitude plus grande aux officiers qu'aux soldats. Il y aurait quelque chose de dégradant et de contraire à l'honneur militaire à confondre des prisonniers de guerre avec des criminels de droit commun. Le procédé de l'Angleterre qui entassait nos prisonniers sur ses pontons, et le procédé de la Russie qui les reléguait dans les déserts glacés de la Sibérie sont également répréhensibles. Ces hommes ne subissent pas une peine, et il ne faut pas, par le choix de leur lieu de détention, augmenter le malheur de leur situation.

Pendant la durée de leur internement, les prisonniers doivent être humainement et convenablement traités. La

Conférence de Bruxelles. — Protoc. des séances de la Commission, nos 5 et 6. V. aussi Prot. no 18, pp. 205 et ss.

conférence de Bruxelles a posé à cet égard dans l'art. 27 § 2 de son projet une règle qui nous paraît excellente. A défaut de convention entre les belligérants sur la matière du traitement de leurs prisonniers respectifs, ceux-ci seront en principe traités pour la nourriture et l'habillement sur le même pied que les troupes du gouvernement qui les a capturés. Naturellement, le traitement de chacun devra être mesuré sur son grade dans l'armée, et sur sa position sociale dans le monde. Aussi fait-on au prisonnier une obligation de déclarer sans réticence son nom, son grade, sa profession, à peine de pouvoir être privé des avantages divers qu'il devrait à ses qualités[1]. Au cours de la guerre de 1870, des reproches réciproques ont été échangés entre Français et Allemands touchant le traitement des prisonniers. En France on a fait aux Allemands prisonniers application des prescriptions très libérales du décret du 6 mai 1859, et les prisonniers ont joui d'une aisance plus grande que celle de nos propres soldats à la même époque ; d'autre part il est possible qu'en certains cas, la force publique préposée à leur garde n'ait pas su leur épargner tout sévice de la part de la population. En Allemagne, on affirme que la population leur était plutôt sympathique, mais il faut bien reconnaître que la situation matérielle qui leur a été faite était insuffisante. Les officiers

[1] Circulaire du prince de Bismark du 9 janvier 1871, Rolin Jaequemyns R. D. I, 1871, p. 325.

inférieurs touchaient mensuellement pour leur entretien 15 thalers, 56 fr. 25 [1]. On peut juger par là du triste sort des malheureux soldats. Une preuve en est restée indéniable. Pendant toute la durée de la captivité, la mortalité a été énorme parmi les prisonniers français, supérieure même à la mortalité moyenne d'une armée en campagne [2]. On allègue pour excuser les Allemands le grand nombre des prisonniers, près de 400 mille, mais est-ce là une excuse pour un peuple dont le développement militaire était aussi considérable.

Peut-on faire travailler les prisonniers de guerre ? Il faut répondre certainement oui. Le travail est un élément de santé et de moralité, et il faut faire travailler les prisonniers. Naturellement on ne les soumettra pas à un travail qui serait dangereux, trop pénible ou d'une nature dégradante. Il faudra aussi que le travail n'ait aucun rapport avec les hostilités. Il semble même que souvent on s'est montré trop large sur ce point, en autorisant des travaux qui n'ont pas d'utilité directe pour les belligérants, mais qui seraient susceptibles d'en acquérir dans l'avenir, la construction de fortifications dans un lieu éloigné du théâtre des hostilités par exemple.

De même les prisonniers pourront louer leur industrie à des particuliers : leur salaire leur restera propre : tout

[1] Id. R. D. I, 1870, p. 690.
[2] Cours du cap. Masselin à l'école d'appl. d'artillerie, p. 245.

au plus pourra-t-on laisser à leur charge leur entretien.
Les dépenses occasionnées par le séjour des prisonniers
de guerre restent provisoirement à la charge de la puissance qui les détient. Ces dépenses font au moment du
traité de paix l'objet de stipulations particulières.

En raison de l'ordre qu'il est nécessaire de maintenir
parmi eux, les prisonniers de guerre sont soumis à une
discipline rigoureuse et peuvent être, en cas d'infraction
à leur devoirs spéciaux, frappés de peines graves. C'est
ainsi que la rébellion est invariablement punie de mort.
De même les tentatives d'évasion, fort dangereuses pour la
puissance qui les détient, sont activement réprimées. On
poursuit le prisonnier qui s'évade, on peut même tirer
sur lui, généralement après une sommation [1]. Si la tentative échoue, l'interné peut être soumis à une surveillance plus sévère, mais il ne doit pas être puni ; si
elle réussit, et que l'évadé soit ultérieurement repris, on
ne peut lui faire aucun reproche de sa conduite antérieure. A plus forte raison ne peut-on pas venger
l'évasion par un redoublement de sévérité contre les camarades du prisonnier. L'ordre du jour de Vogel de
Falkenstein qui pour un évadé soumettait à la détention
dans une forteresse dix de ses camarades jusqu'à ce qu'il
fût repris, ne se justifiait par rien, car il n'y a pas là de

[1] Manuel fr. p. 77. Contra Acollas p. 73 n. 2.

représailles possibles, puisqu'il n'y a pas eu d'atteinte au droit des gens. Ce sont des points universellement admis, et dont il est vraisemblable que l'on ne s'écartera plus dans la pratique des nations.

Nous terminerons sur ce point par une question fort actuelle importante, surtout pour les officiers de tout grade qu'elle concerne particulièrement, la question de la liberté sur parole. Il est fréquent, presque de règle qu'un Etat qui détient des prisonniers offre aux officiers qui en font partie de leur laisser leur entière liberté sur leur parole qu'ils ne prendront plus aucune part aux hostilités engagées. En elle-même, cette transaction est fort légitime, avantageuse même et chose qui étonnera peut-être, plus avantageuse peut-être pour l'Etat qui l'accorde que pour les individus auxquels elle est accordée. Le premier y gagne en effet de se libérer de la charge toujours lourde de la garde et de la surveillance de ces prisonniers, de plus il les immobilise à jamais, et en càs de revers de fortune prévient toute action nouvelle de leur part.

Souvent on a reproché dans la guerre franco-allemande à des officiers libérés d'avoir repris du service en violation de la foi donnée [1]. Il est donc nécessaire de bien s'expliquer sur les conditions de cette libération et sur ses effets.

[1] Circulaires du pr. de Bismark des 14 déc. 1870 et 9 janv. 1871. Rolin Jaequemyns R. D. I. 1871, p. 344.

Tout renvoi d'un prisonnier sur parole doit être libre, qu'il s'agisse d'un officier ou d'un soldat. Ainsi un Etat n'a pas le droit, pour se débarrasser de ses prisonniers, de les renvoyer à condition de ne plus servir, s'ils n'ont pas agréé cette condition. Et cet agrément doit émaner personnellement des intéressés. Un chef ne pourrait pas répondre en leur nom, à moins que l'Etat qui l'a nommé ne lui ait expressément donné ce pouvoir. De même le consentement donné doit se produire en pleine connaissance de cause et il n'est pas admissible que, sous un prétexte quelconque, on requière d'un officier sa signature sur un document rédigé en une langue qu'il ne comprend pas, et qu'on lui déclare ensuite qu'il est libre et qu'il s'est engagé à ne plus reprendre les armes [1]. En pareil cas, la liberté donnée est pure et simple, et si, pris une seconde fois, les militaires en question se voient soumis aux rigueurs de la loi martiale, leur exécution est un meurtre contraire au droit des gens, et qui peut être vengé à l'aide de représailles.

---

[1] Le commandant Guelle rapporte qu'à Cologne, où il avait été conduit avec ses camarades après la capitulation de Metz, on leur présenta plusieurs listes à signer, en leur disant simplement qu'elles avaient trait au choix de la ville dans laquelle chacun désirait être interné, et que sur ces feuilles se trouvait, en allemand, sans qu'on les en ait prévenus, l'engagement d'honneur de ne pas s'éloigner de cette ville. Ce procédé présente dans un ordre d'idées moins grave la même déloyauté que celui dont il est question au texte (Guelle, I, p. 205 n. 1).

La partie la plus délicate de cette matière est celle qui concerne les rapports du libéré sur parole revenu dans sa patrie avec les autorités auxquelles il est soumis. Ces autorités doivent-elles respecter la parole qu'il a donnée, et n'exiger plus de lui aucun service ? Plusieurs hypothèses sont à distinguer. Si cette négociation a eu lieu de l'aveu de l'Etat, ou en vertu d'un droit qu'il reconnaît à ses officiers, nul doute qu'il ne doive de son côté respecter l'engagement qu'ils ont pris. Mais que décider si cet Etat a défendu à ses soldats de prendre un engagement semblable, ou encore s'il n'existe sur ce point ni permission ni défense dans ses lois militaires. Les auteurs admettent généralement [1] alors que le militaire est exposé à subir la peine édictée par la loi contre le fait qu'il a commis, mais que son gouvernement n'en doit pas moins respecter la parole qu'il a donnée. Nous sommes tenté d'adopter une solution plus radicale, et de dire que le contrat passé en dehors de toute adhésion de ce gouvernement ne saurait produire par rapport à lui aucun effet, et que le libéré se trouve dans la dure alternative d'être traité chez lui comme un réfractaire, s'il se refuse à reprendre son service, ou, s'il s'y résout, d'être traité par l'ennemi comme l'est tout homme qui a manqué à la

---

[1] Guelle I p. 208. — Lueder, § 108, in f. et n. 19, Manuel, fr. p. 79.— Fiore, Code art. 992.

parole donnée [1]. La rigueur de cette décision serait du
reste bien atténuée si l'on pouvait faire recevoir le tem-
pérament proposé par Calvo qui pense qu'en pareil
cas le libéré doit aller se constituer à nouveau, et, si on le
repousse, être considéré comme jouissant de la liberté la
plus entière [2].

Qu'y a-t-il exactement dans la parole donnée ? Il est
certain que l'étendue des obligations du libéré variera
suivant la formule de son contrat : ainsi pendant la
guerre de 1870 les Allemands changèrent la formule dont
ils avaient usé d'abord parce qu'ils ne la jugeaient plus
assez compréhensive [3].

L'opinion commune est qu'il faut interpréter strictement les termes de l'engagement pris : si donc un militaire s'est obligé à ne plus combattre pendant la durée
de la guerre, il lui reste la faculté de concourir encore à
la défense de son pays en instruisant des recrues par

[1] Calvo, § 2151, IV, p. 201, — Bluntschli, § 626. Acollas, p. 72. —
Instr. amér. art. 131. — Décl. de Bruxelles art. 31. Les prisonniers de
guerre peuvent être mis en liberté sur parole *si les lois de leur pays
les y autorisent*, etc. Actes de la conférence pp. 75 et ss.

[2] Lueder, l. c.

[3] Au commencement de la guerre on exigeait des prisonniers relâ-
chés sur parole simplement la promesse de ne pas reprendre les armes
pendant la durée de la guerre (Cf. Conv. de Genève art. 6 § 4). Plus
tard, la formule ayant paru trop étroite, il leur fallut s'engager « à ne
rien entreprendre contre les intérêts de l'Allemagne » formule évidemment trop large (Lueder, § 108, n. 11).

exemple, ou en travaillant à la construction de fortifications. Nous préférons suivre sur ce point l'avis de Lentner [1]. Il estime qu'en cette matière toute discussion, toute
restriction, tout sous entendu est à la fois contraire à l'esprit de ces conventions et indigne de la loyauté qui doit
présider à l'exécution des conventions militaires. Il faut
donc, comme le veut le règlement de service autrichien
qu'il cite, n'imposer aux hommes qui ont assumé une pareille obligation aucune fonction qui ait un rapport quelconque avec les opérations militaires. Disons enfin que celui qui malgré la parole donnée, reprend du service, tombe
sous le coup des lois militaires. L'art. 204 § 2 du code
de justice militaire français prononce contre lui la peine
de mort.

Au reste, la liberté sur parole a de grands inconvénients
par ce fait qu'elle isole l'officier du soldat, et il est à prévoir que cette pratique qui est d'origine toute récente ne
demeurera pas d'un grand usage dans l'avenir [2].

Emissaires et espions. — La situation régulière de
prisonnier de guerre exige pour être obtenue que l'individu qui a été pris ne tombe pas pour quelque raison

---

[1] Lentner, l. c. p. 100 et s. — Rüstow p. 191. — Geffcken sus Heffter
§ 429 n. 2. ; Contra Guelle I, 2:7. — Calvo, § 2151, iv, p. 201. — Bluntschli, § 624. — Neumann, § 46 p. 181. — Fiore. Code art. 995 § 2. —
Dudley Field, art. 821. — Instr. amér. § 130.

[2] Rüstow, p. 190.

sous le coup des lois militaires. Ceci nous conduit à nous occuper des personnes qui par leur qualité perdent, en cas de capture, le bénéfice des règles humaines que nous venons de retracer.

L'espionnage est la pratique illicite la plus connue et la plus redoutée. En raison des dangers très grands qu'il fait courir à l'armée contre laquelle il a été employé, l'espionnage a de tout temps été très sévèrement réprimé. L'espion est puni de mort par tous les codes miliaires [1]. Même autrefois, parce que le métier d'espion était généralement fait à prix d'argent, et emportait avec lui quelque chose de déshonorant, on infligeait à celui qui le pratiquait le supplice jugé infàmant de la pendaison, tandis que le militaire loyal était fusillé lorsqu'il tombait sous le coup des lois militaires [2]. Ce point de vue ne serait plus exact de nos jours. L'espionnage devenu de plus en plus nécessaire peut n'être que l'accomplissement d'un devoir, même un acte de dévouement, et la mauvaise signification attachée au nom d'espion est souvent imméritée [3].

[1] Cod. just. mil. fr. art. 206 et 207.

[2] V. le cas du major André rapporté par Calvo, § 2116, iv, 179.

[3] A la conférence de Bruxelles le maréchal de camp Servert (Espagne) propose de faire une distinction entre l'espion qui agit par patriotisme et celui qui est poussé par l'esprit de lucre ; cette distinction fut repoussée comme difficile à établir et comme inutile, l'espion étant toujours puni (Actes de la conférence p. 42). Peut être eût-il mieux valu dire que c'est aux lois militaires de chaque pays qu'il appartient de faire cette distinction en établissant des degrés dans la répression de l'espionnage. (Cf. Actes. Prot. xvii, p. 203).

Quoi qu'il en soit, il importe, en raison même de la
sévérité de la répression de l'espionnage, d'en bien définir les caractères afin de le séparer de situations plus ou
moins voisines que des publicistes trop empressés sont
parfois tentés de confondre avec lui.

Pour qu'il y ait espionnage, deux conditions sont nécessaires : 1° une entreprise secrète conduite sous de faux
prétextes, ou en donnant à celui qui la dirige une qualifi-
cation supposée, 2° l'intention de se procurer des renseignements sur la force ou les positions d'une armée afin
de les transmettre à l'armée adverse [1].

1° Il résulte de la première condition requise qu'un militaire en uniforme ne peut jamais être un espion. Qu'il
aille en reconnaissance à la tête d'un détachement, ou
qu'il opère seul, de nuit ou de jour, comptant sur son
adresse, il ne pourra jamais s'il est surpris qu'être fait
prisonnier de guerre. Il ne peut être question de lui appliquer la moindre peine. De même, si la recherche d'informations émane de personnes non militaires mais agissant ouvertement et sans se servir de faux prétextes pour
surprendre les secrets de l'ennemi, on se trouve en présence d'un émissaire (Kundschafter) [2] et non pas d'un espion. Cette distinction est faite notamment par la Déclaration de Bruxelles art. 22 § 2 au sujet des messagers.

1 Heffter, § 250, p. 567. — De Martens III, p. 249.
2 Lueder, § 14

Comment traitera-t-on les simples émissaires ? Lueder dit qu'ils enfreignent la loi qui interdit à la population non armée de prendre la moindre part aux hostilités. Cela est vrai, mais encore faut-il observer que leur acte est beaucoup moins grave que celui du simple particulier qui prend les armes contre l'ennemi, et il semble que la seule mesure légitime à prendre contre eux (si une mesure quelconque est nécessaire) serait de les considérer comme prisonniers de guerre.

2º De la seconde condition requise nous devons déduire que les individus militaires déguisés ou non qui tentent de percer les lignes ennemies dans un but autre que celui de recueillir des informations, les messagers, les courriers, les guides ne sont pas des espions et ont droit à un traitement humain. Toute cette matière n'est pas encore bien déterminée, mais il serait souhaitable qu'à l'égard de ces personnes encore on n'usât jamais d'autre rigueur que de la simple captivité.

Les espions avérés eux-mêmes ont au moins le droit d'être jugés par un conseil de guerre et cela a son prix. Des erreurs toujours faciles pourront être évitées, de plus il sera souvent possible aux juges d'atténuer la rigueur des lois à l'égard des espions honorables, de ceux qui n'ont accepté cette dangereuse mission que par devoir ou par dévouement.

Les transfuges et les traîtres sont punis de mort comme les espions[1].

Disons enfin qu'un espion qui serait saisi après son retour à l'armée, qui l'a envoyé, ne pourrait être puni en raison de cet espionnage antérieur[2].

AÉROSTIERS. — Comment a-t-il pu venir à l'idée de menacer des aérostiers de les frapper des peines de l'espionnage[3]. Cette affirmation cependant a été produite dans des livres de doctrine, surtout en vue de donner un appui à la dépêche du prince de Bismark du 19 nov. 1870, adressée à M. Washburne et écrite à l'occasion des personnes quittant Paris en ballon. Cette dépêche dit que ces personnes pourront être traitées suivant les lois de la guerre, et abstraction faite du moyen particulier qu'elles ont choisi pour mener à bien leur entreprise. Que l'on tire sur les ballons, que l'on fabrique même des armes spéciales pour pouvoir les atteindre, cela va de soi ; que l'on assimile les aéronautes à des personnes qui cherchent à franchir les lignes ennemies ou à prendre ouvertement des renseignements, cela encore n'est que juste ; mais que l'on prétende de cette idée générale déduire que, suivant les circonstances, les aérostiers puissent être con-

---

[1] Code just. mil. fr. art. 204.

[2] Il en serait autrement si le fait de l'espionnage antérieur constituait par lui-même une trahison. — Funck Brentano et Sorel l. c. p. 292.

[3] Lueder l. c. Cf. Geffcken sous Heffter, § 250, n[te] 1 s. f.

sidérés comme des espions, voilà qui dépasse l'imagination. Comment prétendre qu'une ascension puisse être
clandestine ou constitue une manœuvre frauduleuse. Le
procédé même n'exclut-il pas toute clandestinité ? Lueder pousse la fantaisie jusqu'à dire qu'une ascension
tentée de nuit ou par le brouillard serait clandestine. En
vérité on se demande si tout cela est sérieux. Quelles indications les aérostiers pourront-ils recueillir s'il leur prend
fantaisie de monter de nuit en ballon ? Et alors même que
l'aspect des feux de l'ennemi serait de nature à les instruire
qu'y a-t-il d'illicite ou de déloyal dans leur manière
de faire ? N'est-il pas juste que chacun se serve de tous
les moyens d'information qu'il peut imaginer, et faudra-t-il en venir jusqu'à considérer comme espion celui
qui escaladerait une montagne pour observer de là les
feux de l'ennemi[1]. Au reste, ces prétentions n'ont pas
réussi à se faire accepter, et un délégué allemand à la
conférence de Bruxelles, le général de Voigts-Rhetz,
s'empressa de convenir lui-même que le seul traitement
applicable aux aérostiers capturés était celui des prisonniers de guerre[2]. C'est bien le sentiment général, et

---

[1] Calvo, §§ 2159 et s. — Fiore Code art. 1023. — Lentner, § 10 p. 93
— Manuel, fr. p. 40. — De Martens, § 116, t. III, p. 249. — Neumann,
p. 175. — Phillimore' § 97, III, p. 164. — Rolin Jaequemyns R. D. I.
1870, p. 675. — Décl. Bruxelles, art. 22 § 3. — Manuel de l'Instit. art.
24. Cf. Bluntschli, § 632 a.

[2] « M. le général de Voigts Rhetz demande qu'il soit acté au proto-

il a trouvé son écho dans l'art 22 § 3 de la déclaration de Bruxelles.

CORRESPONDANTS DE JOURNAUX. — Nous avons dit précédemment que ces personnes, bien que n'ayant aucune part aux hostilités, peuvent parfois par suite des nécessités de la guerre suivre en captivité l'état-major auquel elles sont attachées. La situation des correspondants attachés aux armées a paru mériter une réglementation particulière en raison des dangers que l'action précipitée ou imprudente desdits correspondants pourrait faire courir aux armées dont ils sont autorisés à suivre les opérations [1].

Voici les pratiques privées au cours des dernières guerres et qui semblent devoir constituer les éléments du droit des gens sur ce point.

Il faut d'abord que le correspondant obtienne un certificat d'honorabilité.

Il faut ensuite qu'il s'engage sur l'honneur :

— A ne publier aucun renseignement sur les forces ou les mouvements de l'armée qu'avec l'autorisation du commandant.

---

cole que les individus montés en ballon pourront être sommés de descendre ; que, s'ils s'y refusent, on pourra tirer sur eux et que lorsqu'ils seront capturés, ils seront prisonniers de guerre et ne pourront *en aucun cas* être traités comme espions » (Actes de la conférence. Protoc. III, p. 46).

[1] Lentner, pp. 95 et s.

— A demander et obtenir du commandant du corps l'autorisation de suivre ses troupes.

— A présenter à toute réquisition son certificat de légitimation et sa photographie certifiée.

— A donner connaissance au quartier général de ses correspondances et de ses articles.

Un fonctionnaire spécial est généralement préposé aux rapports de l'armée avec la presse.

HUITIÈME CONFÉRENCE

Des blessés et des malades. — Obligation de leur assurer des soins. —
Double face de la question nationale et internationale. — Historique
de la Convention de Genève. — Principes de l'organisation française
des secours aux blessés. — Explication et critique de la Convention
de Genève du 22 août 1866 et des articles additionnels d'octobre
1863.

Le sort des soldats malades ou blessés au cours d'une
campagne est bien fait pour exciter la pitié. A l'intérêt
qu'inspirent toujours la souffrance et le malheur vient
se joindre, en ce qui les concerne cette circonstance qu'il
s'agit d'hommes dans la force de l'âge, espoir du peuple auxquels ils appartiennent, et que ces hommes ne doivent leurs maux qu'à l'accomplissement de leur devoir
envers leur patrie : aussi il est reconnu que chacun des
belligérants doit à ses malades et à ses blessés tous les
secours que les dures nécessités de la guerre permettent
de leur prêter. Il est juste aussi que les non-combattants
s'associent à cette œuvre à laquelle ils peuvent participer
sans se départir de la stricte neutralité qui leur est im-

posée, et que, par les ressources de tout genre dont ils disposent, comme aussi par leur collaboration personnelle, ils contribuent à soulager les souffrances dont ils sont les tristes témoins.

Pour être complète, l'organisation du service sanitaire doit être double : elle a une partie nationale et une partie internationnale. Nous connaissons tous la première. Chaque état possède un service de santé organisé, des médecins, des pharmaciens militaires, des infirmiers, tout un matériel et toute une armée de serviteurs destinés à seconder les secours dirigés par les officiers du corps de santé. Une bonne organisation du service de santé est la première et la plus essentielle des conditions de secours des blessés. Mais cela n'est point encore suffisant. Il faut que ce personnel et ce matériel soient mis, autant que la chose est possible, au-dessus des hasards de la guerre, que le corps de santé s'acquitte de sa mission envers tous, sans distinction de partis, et, que, réciproquement, il soit assuré de rencontrer partout un accueil amical, et de pouvoir trouver dans un camp comme dans l'autre les éléments nécessaires à l'exercice de son ministère. Ceci est le côté international de l'organisation des secours aux blessés : il présente pour chacun des belligérants des obligations nombreuses et étroites, mais le grand intérêt des deux partis à ce qu'un pareil service soit assuré est une garantie suffisante de l'accomplissement de ces obligations.

Le service de santé des militaires en campagne est
chez les peuples civilisés d'institution fort ancienne. En
France [1] on en trouve des traces depuis Louis XI ; Sully,
Richelieu et Louvois ont successivement contribué à son
organisation et les noms d'Ambroise Paré, d'André Ve-
sale, de Larrey, de Desgenettes parlent assez haut pour
mettre hors de doute les mérites de ce service. L'idée de
la protection à accorder aux blessés et aux personnes qui
se dévouent à leur service est également fort ancienne.
Les Romains ne disaient-ils pas déjà que des ennemis
blessés, doivent être considérés comme des frères. Au
Moyen âge et à l'époque moderne, très souvent les généraux ennemis faisaient entre eux de petites conventions [2]
où ils s'obligeaient à respecter et à soigner mutuellement
leurs, blessés et où chacun d'eux s'engageait à accorder
sa protection au personnel sanitaire de l'armée adverse.
Gurlt [3] a compté environ trois cents accords de ce
genre, presque tous intervenus dans les siècles antérieurs
au nôtre. C'était une première satisfaction donnée à l'humanité, mais une satisfaction encore bien incomplète.
Les conventions de ce genre n'étaient jamais valables que

---

[1] Auguste Cochin. — *Le service de santé des armes.* — *Revue des
Deux-Mondes*, 1870, 2, 58. V. aussi. *Notice historique sur les pharmaciens militaires.* (anonyme) Paris 1892. — Charles-Lavauzelle.

[2] V. des exemples de ces conventions dans Cochin, l. c.

[3] Lueder, La Convention de Genève, p 14.

pour l'expédition au cours de laquelle elles avaient été faites, et, nécessairement mal connues de la troupe, elles ne
pouvaient être que mal observées. Aussi, il y a longtemps
que l'on a songé à remplacer ces accords incertains et
transitoires par un traité général et permanent qui, doué
d'une haute autorité, constituerait enfin une protection
sérieuse pour les malheureuses victimes des hostilités.
En 1764, un siècle juste avant la Convention de Genève,
un intendant général des hôpitaux sédentaires des armées du roi de France, M. de Chamousset, écrivait ces
mots [1] : « On ne devrait pas regarder les hôpitaux comme
« des conquêtes et les malades qu'ils renferment comme
« des prisonniers. Dans un siècle où l'on a tant gagné
« du côté de l'esprit et des lumières, ne devrait-on pas
« prouver qu'on a rien perdu du côté du cœur et des
« sentiments, et le moment ne serait-il pas venu d'éta-
« blir parmi les nations une convention réclamée par
« l'humanité. »

Cent ans devaient s'écouler encore avant que ce moment appelé vînt réellement, et c'est à des circonstances
bien étranges qu'est due l'origine de la convention. Un
philanthrope genevois, M. Henri Dunant, visita en 1859
les champs de bataille du Milanais, et fut vivement ému

[1] Cité par M. Deloynes dans sa conférence sur la Convention de Genève. Bordeaux, 1888.

des souffrances des milliers de blessés qu'il y vit, en même temps qu'il était profondément attristé en constatant que l'insuffisance des moyens de secours obligeait à laisser pendant plusieurs jours ces blessés étendus sur le champ de bataille où un grand nombre d'entre eux périssaient pour n'avoir pas été soignés en temps utile. Deux ans après son retour, M. Dunant publia sous le titre de « *Souvenir de Solferino* » une brochure qui exerça sur l'opinion une influence décisive, et qui avait pour but, non pas la neutralisation des blessés et des instruments affectés à leur secours, mais l'organisation par l'initiative privée de secours supplémentaires destinés à combler les lacunes trop nombreuses des secours officiels. L'idée fut recueillie et étudiée par la société d'utilité publique Genevoise dont Gustave Moynier était le président et le général Dufour un des principaux membres ; ce fut elle qui se chargea des études préparatoires à la solution de la question qui venait de se poser. Pendant ce temps, Dunant ne demeurait pas inactif : il visitait les principales cours de l'Europe essayant d'intéresser les souverains et les plus hauts personnages à ses projets. Il y réussit facilement et, grâce à ses efforts et à la collaboration de la société genevoise d'utilité publique, un Congrès se réunit à Genève du 23 au 29 octobre 1863. Les 36 membres qui le formèrent se composaient de représentants des principaux gouvernements, de délégués d'associations charitables, et de quelques amis de l'humanité qui avaient spontanément pris part à ses séances. L'élément militaire y était en majorité. Cette conférence rédigea une série de dix résolutions tendant à l'organisation dans chaque pays de Comités destinés à seconder l'action des corps militaires de santé. L'art. 8 désignait comme signe distinctif de ces infirmiers volontaires le brassard à croix rouge sur fond blanc. De plus, elle émit un certain nombre de vœux parmi lesquels celui de l'inviolabilité à accorder aux blessés, aux personnes qui leur portent secours, et au matériel que celles-ci emploient.

La voie était tracée, mais on n'était pas encore sorti de la sphère des simples projets ; il fallait faire un pas de plus et aboutir à des règles obligatoires : une convention diplomatique était nécessaire pour cela. Moins d'une année après la première conférence, le 22 août 1864, la Convention de Genève était signée par les représentants de seize états parmi lesquels figuraient toutes les grandes puissances, à l'exception de l'Autriche et de la Russie qui ne laissèrent pas que d'y adhérer plus tard, en vertu de la faculté réservée par l'art. 9 de ladite convention aux Etats qui n'avaient pas cru devoir envoyer à Genève leurs représentants.

Telle est brièvement retracée l'histoire de cette Convention de Genève qui, due à l'initiative de quelques hommes de cœur, est rapidement devenue une loi générale, et, chose rare, une loi écrite du droit international public contemporain. Le service qu'elle a rendu est fort grand : elle a mis hors de doute et consacré une fois pour toutes le principe de l'inviolabilité due aux blessés ; en même temps, sans prétendre soustraire à tous les dangers ceux qui par état ou de leur plein gré se vouent au soulagement des malheureuses victimes de nos luttes, elle leur a du moins garanti la protection nécessaire au paisible exercice de leur ministère. Cependant la Convention de Genève se ressent de la précipitation avec laquelle elle a été faite. Il n'y a aucun ordre dans ses dispositions dont la netteté laisse par suite beaucoup à désirer. En outre ses rédacteurs entraînés par leur zèle pour l'humanité sont allés parfois trop loin, et ont fait adopter des principes dont la stricte observation ne serait pas compatible avec les nécessités de la guerre, ou pourraient ouvrir la porte à des abus regrettables. Elle offre enfin des lacunes importantes dont une entre autres est énorme : elle ne dit pas un mot du sort des blessés ni de la condition des médecins dans les guerres maritimes. Ces défauts étaient trop graves pour ne pas apparaître bientôt à tous les yeux. La guerre austro-prussienne de 1866 acheva de les mettre en évidence, et dans le courant de l'année 1867 de nombreuses réunions furent tenues dans diverses capitales notamment à Paris et à Berlin pour étudier les modifications qu'il serait

convenable d'introduire au texte de la convention.
L'année suivante, dans le courant du mois d'octobre,
un nouveau Congrès se tint à Genève à l'instigation de
l'infatigable M. Moynier : il comprenait les représentants de la plupart des puissances qui avaient adhéré
à la Convention de Genève et de ses délibérations
sortit un projet d'articles additionnels à la Convention
du 22 août 1864 pour l'amélioration du sort des militaires blessés dans les armées en campagne. Ce projet contient quinze articles, dont cinq sont destinés à
servir de complément aux dispositions de la Convention,
tandis que les dix autres règlementent la matière de la
protection du service de santé dans les guerres maritimes. Ce projet n'a jamais été ratifié par les puissances.

Il existe au point de vue théorique une grande différence entre la Convention de 1864 et le projet de 1868.
La première est par elle-même obligatoire, et les Puissances qui, l'ayant signée, manqueraient aux obligations
qu'elles ont acceptées, violeraient la foi que l'on se doit
entre combattants loyaux ; le second, au contraire, n'est
pas obligatoire, il est encore à ce jour un simple projet.
Mais, sur le terrain de la pratique, la différence est infiniment moins grande. Le projet a pour lui l'autorité naturelle qui s'attache à des décisions raisonnables et humaines, et cette autorité a été si bien reconnue que, dans
toutes les guerres qui ont eu lieu depuis 1868, les belli-

gérants ont manifesté leur intention de se conformer aux articles additionnels aussi bien qu'aux dispositions du texte primitif. On peut dire que pratiquement ces deux textes forment un seul corps ; aussi allons-nous donner en même temps l'explication de leurs dispositions combinées [1].

Nous émettions tout à l'heure cette idée que la situation des blessés, du personnel et des établissements sanitaires dépend à la fois de l'organisation nationale que le service de santé a reçue chez chacun des belligérants, et des règles internationales qui s'imposent aux uns et aux autres. Un exposé sommaire des principes qui régissent l'organisation sanitaire de l'armée française me semble utile à la pleine intelligence de la valeur que possèdent par rapport à nous les stipulations de la Convention de Genève. Arrêtons-nous seulement aux points essentiels. Ils ressortent des dispositions du décret du 23 août 1884 qui a réglementé le service de santé des armées en campagne.

1° Le service de santé est placé tout entier sous l'autorité directe du commandement militaire et ne fait plus partie, comme cela avait lieu autrefois, de l'intendance

1 V. sur la Convention de Genève. — Lueder. *La Convention de Genève*, trad. fr. faite par les soins du comité international de la Croix rouge par Ch. Faure. Il y a aussi de nombreuses publications de M. Moynier sur le même sujet, notamment son Etude sur la convention de Genève Paris Cherbuliez 1870.

militaire. Il y gagne d'être moins exposé à gêner acci-
dentellement les opérations militaires, et d'être plus directement stimulé à prendre les mesures nécessaires à
la santé des troupes.

2° Au point de vue du personnel, le service de santé
comprend le personnel militaire et le personnel mis à
la disposition des autorités militaires par la société française de secours aux blessés, autorisée par le décret du
3 juillet 1884. L'un et l'autre se composent de médecins, de pharmaciens, d'infirmiers, de brancardiers, de
conducteurs de voitures. Mais nous devons observer
d'abord que le personnel militaire ne comprend pas seulement les militaires de profession [1], mais encore les médecins ou pharmaciens et les infirmiers appartenant, soit
à la réserve de l'armée active, soit à l'armée territoriale,
ainsi que les médecins ou pharmaciens auxiliaires ou requis. Il faut noter d'autre part que la Société française de
secours aux blessés, exclusivement chargée de centraliser
et d'organiser les efforts dus à l'initiative individuelle, est
entièrement soumise elle-même à l'autorité militaire en
temps de guerre [2]. Elle ne peut, ni ouvrir ni fermer un
établissement hospitalier que moyennant une entente avec
l'autorité militaire. Ses délégués aux armées doivent être

---

[1] Décret du 25 août 1884, art. 7.
[2] Décret du 3 juillet 1884, art. 3.

agréés et commissionnés par le Ministre de la guerre, la
nomination des médecins a lieu de même sous le contrôle du ministre, enfin tout son personnel lorsqu'il est
employé aux armées, est soumis aux lois et règlements
militaires. De plus les délégués ne peuvent prendre aucune décision sans la faire approuver par les autorités
militaires compétentes [1].

3° Au point de vue de son fonctionnement, le service
de santé en campagne se divise en service de l'avant et
service de l'arrière, le premier comprenant le service ré-
gimentaire, les ambulances et les hôpitaux de campagne,
sous la direction des généraux commandant les corps
d'armée, et le service d'arrière avec les hôpitaux de campagne immobilisés, les hôpitaux d'évacuation, les infir-
meries de gares ou de gîtes d'étapes, et les transports
d'évacuation, sous la direction du général directeur des
chemins de fer et des étapes [2].

Cette distinction est essentielle en ce sens que le service
de l'avant doit être exclusivement fait par le personnel
militaire, tandis que le service de l'arrière est assuré con-
curremment par le personnel militaire et par le personnel
de la société de secours aux blessés, qui cependant doit
rester étranger à la gestion des hôpitaux d'évacuation [3].

1 Décret du 3 juillet 1884, art. 12, 5, 6, 7, 10.
2 Décret du 25 août 1884, art. 2.
3 Décret du 3 juillet 1884, art. 2.

4° Le personnel de santé tout entier, quelle que soit sa qualité, et le matériel qu'il emploie, quelle que soit sa provenance, ont droit à la même protection et aux mêmes immunités.

Nous avons à parler maintenant de cette protection et de ces immunités. C'est ce que nous allons faire en commentant la Convention de Genève et le projet de 1868, et en indiquant au fur et à mesure de nos explications les quelques modifications aux dispositions de leurs textes dont la pratique a révélé la nécessité [1]. Occupons-nous successivement des blessés, du personnel de santé et du matériel qui leur est affecté.

A. BLESSÉS. — La condition des blessés fait l'objet de l'art. 6 de la Convention. Cet article comprend lui-même trois dispositions. Ce principe d'abord d'une haute humanité que les soldats malades et blessés doivent être soignés à quelque nation qu'ils appartiennent. N'est-ce pas la meilleure traduction de l'adage romain : *Hostes*

---

[1] La conférence de Bruxelles a discuté avec soin les diverses questions relatives à l'amélioration du sort des blessés. Une sous-commission fut même constituée au cours de ses travaux pour étudier plus complètement ce sujet. Mais, à cause de la présence de la convention de Genève et de la nécessité où l'on aurait été de la dénoncer pour pouvoir la corriger, la conférence s'est bornée à insérer dans sa déclaration (art. 35) un renvoi général à la convention et aux modifications qu'elle pourrait ultérieurement subir, et à consigner dans les protocoles de ses séances les diverses opinions qui se sont fait jour sur la réglementation de cette matière (Actes de la conférence. Protocoles des séances de la commission n°s 6, 7, 8 et 9 pp. 77 et ss.).

dum vulnerati fratres. Déjà la pratique antérieure de nos chirurgiens s'honorait de ne faire aucune distinction entre les blessés. La convention de Genève a fait de cette pratique une loi obligatoire. Il pourra résulter quelquefois de cette règle de grands embarras pour l'un ou l'autre des belligérants, en particulier pour celui qui, après une action, sera demeuré maître d'un champ de bataille longtemps disputé. Ces embarras, il doit les supporter : le § 2 de cet article 6 tend, il est vrai à les alléger en autorisant le commandant d'une armée à remettre aux avant-postes les blessés ennemis, mais ce paragraphe n'impose pas au général ennemi l'obligation de les recevoir, et cette faculté deviendra par là même souvent illusoire.

Même on a voulu aller plus loin dans la voie de la faveur pour les blessés, et le dernier alinéa de cet art. 6 impose aux chefs l'obligation de renvoyer dans leur pays les blessés qui, après guérison seraient reconnus incapables de servir. Cette mesure est humaine et mérite d'être approuvée : seulement, il est bon d'expliquer ce que doit être cette incapacité de service dont il est question dans l'article. Pour le soldat il ne peut être tenu compte que d'une incapacité corporelle. Pour l'officier, et surtout pour le général, il en va autrement, car il est possible que cet officier rende encore des services fort appréciables, quoi qu'atteint d'une infirmité grave. Un général qui aurait été amputé ne pourait exiger sa libération sous prétexte que l'usage du cheval lui est devenu impossible. Il n'est pas atteint comme général de cette incapacité absolue que suppose l'art. 6 § 3 [1].

Quant aux blessés guéris et non incapables, le même paragraphe dispose qu'ils pourront être également renvoyés à la condition de ne plus reprendre les armes pendant la durée de la guerre. Cette disposition n'était pas très bonne ; elle a été très malheureusement remaniée par l'article additionnel n° 5. D'après ce dernier texte, les convalescents en question devront (et non plus pourront) être renvoyés à la condition de ne pas servir de nouveau. Qu'est-ce à dire ? Cela signifie-t-il que l'on pourra les relâcher s'ils promettent de ne pas servir de nouveau, mais alors leur condition est celle de tous les prisonniers de guerre, ou entend-on par là qu'on les renverra en leur imposant, sans leur aveu, la condition de ne pas reprendre les armes, mais s'il en est ainsi le capteur excéde évidemment son droit. Il peut retenir le blessé comme prisonnier, ou le renvoyer à son choix, mais de quel droit mettrait-il des conditions à la liberté qu'il lui donne, et surtout des conditions contraires au devoir de cet homme envers sa patrie [2].

---

[1] Lueder. La convention de Genève p. 276.

[2] Moynier (Etude p. 217) dit que les puissances signataires de la convention ont par là même assumé l'obligation de ne pas utiliser les services des blessés qui leur seraient renvoyés guéris. Il est à crain-

Cet article additionnel n° 5 est irrationnel et la disposition qu'il énonce ne peut pas entrer dans la pratique de la guerre.

On s'étonnera peut-être que nulle disposition du traité de 1864 ne soit consacrée à la proclamation du principe de l'inviolabilité des blessés. C'est que ce principe même paraissait trop évident pour qu'il fût nécessaire de le formuler expressément. Au reste, il se trouve indirectement consacré par les dispositions des lois pénales punissant le fait d'avoir mutilé ou dépouillé un blessé. Tel est l'art. 249 de notre code de justice militaire qui punit de la réclusion le fait d'avoir dépouillé un blessé et qui élève la peine à la mort, si, pour le dépouiller, on lui a fait de nouvelles blessures.

B. PERSONNEL SANITAIRE. — L'objet principal de la Convention de Genève a été incontestablement d'assurer au personnel sanitaire des immunités telles que sa mission de secours puisse s'accomplir paisiblement et sans discontinuité au milieu des événements amenés par la fortune diverse de la guerre. Les art. 2, 3, 5 § 2 sont relatifs à cet objet. Même, dans cette voie, les plénipotentiaires ont parfois dépassé la mesure raisonnable, et les articles additionnels ont servi à réduire les principes par eux posés à de plus justes proportions. D'une façon

dra qu'en présence des termes de l'art. 6, cette obligation ne soit fréquemment contestée.

générale, le personnel tout entier est déclaré jouir du bénéfice de la neutralité tant qu'il fonctionne ou qu'il reste pour lui des occasions de fonctionner. Ce mot de neutralité a été justement critiqué par Lueder [1]. Dans son sens rigoureux il signifierait que ce personnel doit demeurer passif et indifférent. Son rôle est au contraire des plus actifs, et le mot d'inviolabilité aurait certainement mieux convenu, car il aurait exprimé que ce personnel doit demeurer au-dessus de toute atteinte de la part des combattants, et il n'aurait exprimé que cela.

Naturellement, cette inviolabilité n'appartient au corps médical qu'autant qu'il s'abstient de son côté fort soigneusement de toute ingérence dans les opérations des belligérants. Tout acte de violence lui est interdit. Ne disons pas que le port des armes même lui est refusé, car il a au moins le droit de repousser par la force la violence qui lui serait faite, et il est juste qu'il soit pourvu d'armes en vue de cette occasion. Le personnel sanitaire doit également s'abstenir de tout espionnage et même de toute curiosité déplacée. Il doit se concentrer et s'abstraire dans les devoirs de sa charge : c'est à cette condition qu'il obtiendra de demeurer supérieur à l'application des lois ordinaires de la guerre.

Toutes facilités lui sont données pour accomplir sa mission. Aux termes de l'art. 3, les médecins ou infir-

[1] L. c. § 99, n. 1. Cf. Moynier Etude sur la Convention p. 141.

miers continueront à exercer leurs fonctions même après
que l'ennemi aura occupé le lieu où ils se trouvent. La
convention se bornait à les autoriser à poursuivre leur
service après occupation sans les y obliger. L'art. 1er additionnel a comblé cette lacune en disant que le personnel... *continuera* ses soins après occupation ennemie.
Donc il faut considérer qu'au moment où les colonnes
ennemies occupent une ambulance ou un hôpital, le personnel sanitaire de cet établissement ne peut pas être fait
prisonnier, mais qu'il n'est pas libre non plus de se retirer
immédiatement. Tant qu'il reste des blessés à soigner,
le commandant militaire peut le retenir. Pendant que ce
personnel continue à remplir son office, l'art. 2 veut
qu'il conserve même chez les ennemis l'intégralité de
son traitement. Cette condition peut être bien difficile à
remplir et pratiquement on se contentera d'assurer aux
médecins ennemis le traitement que touchent les médecins militaires nationaux de grade correspondant[1]. Les
soins une fois donnés, ce personnel est libre (art. 3 conv.)
d'aller rejoindre l'armée à laquelle il appartient, et on ne
peut l'obliger à différer son départ[2] que si les nécessités
militaires l'exigent (art. 1 add. § 2), et encore pendant un
délai fort court. Quelles personnes jouissent de ce privilège d'inviolabilité ? Toutes celles qui contribuent d'une

---

[1] Lueder. La convention de Genève p. 291. — Moynier. Etude p. 172.
[2] id. pp. 292 et s.

façon permanente aux soins à donner aux malades et aux
blessés. Les médecins tant militaires que civils, les
pharmaciens, les infirmiers, les conducteurs de convois
sanitaires, les officiers d'intendance et les comptables
attachés aux hôpitaux et ambulances rentrent dans cette
catégorie. Rien ne s'opposerait à ce que l'on y comprît
également les simples brancardiers, s'ils étaient appliqués
exclusivement à cette fonction. Mais il en est autrement,
dans notre organisation militaire française au moins [1]. Les
brancardiers sont des soldats empruntés au rang et qui rentrent dans le rang leur service fini. Ils portent un signe distinctif mais ce n'est pas celui de la Convention de Genève et
il ne leur confère pas le privilège de l'inviolabilité. Restent les brancardiers volontaires qui peuvent être uti-
lisés en cas de nécessité. Ceux-là font certainement
partie du personnel sanitaire et doivent partager ses immunités.

Les mêmes privilèges sont garantis aux ministres des
cultes qui suivent les armées pour prodiguer aux malades
et aux mourants les consolations religieuses qui leur sont
nécessaires. Les aumôniers sont ainsi expressément nommés dans l'art. 2. de la Convention.

Le corps de santé se distingue extérieurement en ce
qu'il porte le brassard blanc à croix rouge adopté par la

[1] Décret du 25 août 1884, art. 34.

Convention de Genève, et dont il sera question tout à l'heure.

Dans le but de stimuler en faveur des blessés le zèle des habitants du pays qui se trouve être le théâtre des hostilités, l'art. 7 de la convention leur garantit le respect et la liberté nécessaires. Elle promet même à ceux des habitants qui auront recueilli des blessés la dispense du logement des troupes et l'exemption d'une partie des contributions de guerre qui pourraient être imposées. Sur ce point encore, le zèle des plénipotentiaires rédacteurs de la Convention a dépassé la mesure : ils ont cru bien faire et ils n'ont pas aperçu les abus auxquels pourrait conduire une semblable disposition. Il était facile de prévoir cependant que des habitants peu scrupuleux en profiteraient pour se soustraire par le moyen d'une assistance plus apparente que réelle aux charges de l'occupation ennemie, et recueilleraient des blessés uniquement dans l'intention de faire retomber sur des concitoyens moins habiles le poids intégral des logements militaires, et la quotité la plus forte des contributions. Une pareille assistance serait purement illusoire, et la Convention encourageant la fraude irait contre son but. Aussi le 4e art. additionnel explique-t-il que l'on tiendra compte pour la répartition des charges de tout genre du zèle charitable déployé par les habitants, seulement dans la mesure de l'équité. La promesse est élastique voire même un peu vague, mais cela vaut mieux. Un bon général saura bien récompenser les dévouements véritables et entiers, et, en même temps, il pourra démasquer et punir ceux qui ne verraient dans le secours donné à quelques blessés qu'un moyen d'échapper au poids de charges plus lourdes [1].

C. ÉTABLISSEMENTS SANITAIRES. ÉVACUATIONS. — Il ne suffit pas de protéger les personnes dévouées au service des blessés. Pour que l'œuvre soit efficace et complète, il est nécessaire de couvrir de la même protection les établissements dans lesquels elles exercent leur ministère.

C'est pourquoi la Convention dans son art. 1 prononce la neutralité des ambulances et des hôpitaux, et le 3e art. additionnel explique que le mot ambulance comprend les hôpitaux de campagne et tous autres établissements temporaires destinés à suivre les troupes sur les champs de bataille. Une seule condition est mise à cette neutralité (1 § 2 conv.), c'est que ces établissements ne soient pas gardés par une force militaire ; encore cette condition est-elle irréalisable : il faut dans tout établissement une force destinée à maintenir l'ordre, un poste de police, et il est bien certain, malgré la Convention, que la présence d'un tel poste n'est pas pour faire perdre à l'ambulance le bénéfice de son inviolabilité [2].

[1] Moynier. Etude pp. 187 et ss.
[2] Moynier Etude p. 153. — D'après les règlements français, les bles-

De même, il ne faut pas exiger avec la Convention qu'il se trouve actuellement des malades ou des blessés dans l'hôpital ou l'ambulance. S'il n'est pas utilisé pour l'instant, cet établissement peut devenir nécessaire d'un instant à l'autre, et ce serait aller contre l'esprit de la Convention que de le soumettre au droit commun de la guerre.

Si donc une troupe s'empare d'une ambulance, elle devra la renvoyer à l'ennemi dès que les nécessités de la guerre le permettront. Il n'est pas nécessaire de la renvoyer par le plus court chemin, et les Allemands ne sont pas blâmables, comme on l'a prétendu, pour nous avoir, en 1870, renvoyé des ambulances par le territoire belge.

Si un hôpital est occupé par l'ennemi, il ne lui est pas permis d'en expulser les blessés qui s'y trouvent pour y installer les siens. Il peut remplir les places vacantes, mais voilà tout. Il peut aussi remplacer le personnel qu'il y trouve par son propre corps de médecins et d'infirmiers, et nous savons déjà qu'il doit permettre au premier de se retirer en toute liberté.

Tout cela n'est vrai, ajoutons-le, qu'autant que les établissements sanitaires sont exclusivement réservés à

sés conservent leurs armes en entrant à l'ambulance, mais ils sont obligés de se défaire de leurs munitions qui sont, suivant les cas' distribuées aux combattants on versées aux services de l'artillerie (D. 25 août 1884, art. 48).

leur destination. et ne servent pas par fraude de dépôts de troupes ou d'entrepôts d'armes ou de munitions. Quant au matériel sanitaire, une distinction doit être faite entre les ambulances et les hôpitaux. Les premières étant toujours censées réduites au strict nécessaire ne peuvent être dépouillées d'aucune part de leur matériel. Le matériel des hôpitaux au contraire demeure soumis aux lois de la guerre (art. 4) et peut servir de butin, ce qui pour être entendu raisonnablement doit comporter la réserve d'une somme de fournitures suffisante à la consommation prochaine de l'hôpital. Seul l'excédent est un véritable butin [1].

Ni les hôpitaux ni les ambulances ne peuvent en aucun cas être bombardés.

Disons enfin que les évacuations sont entourées, ainsi que le personnel qui les dirige, d'une protection semblable (art. 6 § 5 Conv.) Les convois et les trains de blessés ne doivent être ni inquiétés, ni supprimés : l'ennemi ne peut que les obliger à changer de route lorsqu'ils gênent considérablement ses opérations.

Cet ensemble de dispositions ne pouvait avoir de va-

---

[1] Lueder (la convention de Genève p. 310 s'élève contre ce droit de prise et voudrait que l'occupant n'acquit sur ce matériel qu'un droit d'usage limité aux besoins de l'hôpital, et des établissements de même genre existant dans un certain rayon, s'ils se trouvent privés de ressources. Cette proposition serait fort recommandable en cas de révision de la convention.

leur effective qu'autant que l'on disposerait d'un signe extérieur conventionnel qui indiquât à tous les yeux les personnes et les choses qui doivent être soustraites aux violences des combats. Ce signe, dont le choix a été un juste hommage rendu à la ville qui a servi de berceau à la Convention, est la croix de Genève rouge sur fond blanc. La croix de Genève peut être disposée soit sur des drapeaux, soit sur des brassards, les premiers servant à protéger les habitations et les véhicules affectés aux blessés, les seconds étant destinés au personnel sanitaire (art. 5 conv.) Le drapeau de Genève doit toujours être accompagné du drapeau national, et cela n'est pas sans inconvénient, car il est possible que l'un masque l'autre, et rende invisible le signe auquel l'inviolabilité est attachée. La distribution des brassards mérite d'être surveillée de près. C'est un insigne si facile à mettre, si facile à ôter, qu'il est à craindre que des combattants ne s'en servent pour dissimuler par instants leur véritable qualité. Notre législation militaire a pris sur ce point toutes les précautions que comporte une loyale exécution de la Convention de Genève. Le brassard doit toujours rester visible et se porter à la fois sur la veste et sur le manteau. Tous les brassards doivent être estampillés et l'estampille ne peut être donnée que par le directeur du service de santé, qui est dans sa région l'unique dispensateur de cet insigne soit au per-

sonnel militaire, soit au personnel de la Société de secours aux blessés. De plus, pour avoir une sûreté complète, chaque brassard porte un numéro d'ordre [1].

Ces divers signes ont le défaut de n'être visibles que
pendant le jour, aussi doit-il être permis de les remplacer
la nuit par des lanternes à verre blanc avec croix
rouge. C'est peut-être sortir des termes de la Convention, ce n'est certainement pas se départir de son esprit.

Au cours de la guerre turco-russe de 1877, la Russie
a admis que la Turquie remplaçât sur ses étendards la
croix rouge par un croissant de même couleur et, suivant
toutes les probabilités, cet usage se confirmera à l'occasion. Lueder [2] observe avec beaucoup de raison que la
difficulté n'est pas résolue par cet accommodement. On
comprend que l'on autorise les Turcs à substituer un
croissant à la croix qu'ils abhorrent, mais cette croix
qn'il se refusent à admettre chez eux, pense-t-on qu'ils
la respecteront chez leurs adversaires? L'expérience n'a
pas permis jusqu'ici de tenir cette espérance pour
fondée.

Nous avons exposé les principes que renferme la
Convention de Genève. Suivons-les maintenant dans la
pratique de la guerre et voyons s'ils ont été bien observés

[1] Décret du 25 août 1884, art. 24.
[2] Lueder, l. c. § 103 in fine.

au cours des diverses campagnes dont l'Europe a été récemment le théâtre.

Des récriminations très nombreuses ont été échangées à ce sujet pendant la guerre de 1870. Il est certain (nous ne citons que les faits constatés par des témoins oculaires) qu'on a vu un médecin major pourvu de ses insignes, massacré à coups de sabre par un officier prussien, qu'une ambulance à été retenue 21 jours sur les ruines d'un village où elle ne trouvait même pas d'eau potable[1] ; d'autres faits ont été cités assez nombreux et assez certains pour motiver un échange de correspondances entre M. de Chandordy et le prince de Bismark[2]. Il paraît certain aussi que nos troupes, surtout les nouvelles levées faites pendant la durée de la guerre, n'ont pas toujours été instruites à temps de leurs devoirs à cet égard. Mais il y aura toujours quelques accidents regrettables et il paraît incontestable qu'en 1870 on a, de part et d'autre, exécuté la Convention, incomplètement peut-être, mais avec une parfaite bonne foi.

La Convention de Genève a été rigoureusement respectée du côté des Russes pendant la guerre de 1877. Le commandant des troupes russes prit toutes les mesures

[1] Rapport de M. le docteur Armand Rey secrétaire général du comité international de Grenoble. — Grenoble-Maisonville, 1871.

[2] Rolin Jaequemyns. R. D. I. 1871, pp. 324 et s. Lueder (la convention de Genève pp. 226 et ss), s'étend longuement sur les infractions à la convention reprochées aux armées françaises.

nécessaires à son observation. Du côté des Turcs, il n'en
a pas été de même. Elle n'a pas été observée du tout. Les
soldats ne la connaissaient pas, et comment l'auraient-
ils connue ? il n'en existait pas une seule traduction en
langue turque [1]. Aussi ne trouva-t-on point de blessés
russes chez leurs adversaires, ils les avaient tous massacrés, et ce trait de cruauté n'étonnera personne parmi
ceux qui connaissent les mœurs de ces barbares.

Enfin la guerre de 1885, entre la Serbie et la Bulga-
rie, a mis à une nouvelle épreuve la valeur pratique de
la Convention de Genève [2]. Malgré quelques réclamations
plus bruyantes que fondées qui se produisirent, on peut
dire que les prescriptions de la Convention, ont été scrupuleusement respectées. Même on a eu pour la première
fois ce spectacle consolant autant qu'inattendu de belligérants empruntant le territoire ennemi pour le passage
de leurs ambulances, et se procurant chez leurs adversaires, et du plein gré de ces derniers, les fournitures
nécessaires pour le traitement de leurs blessés.

La Convention de Genève forme en quelque sorte,
le patrimoine des amis de l'humanité patrimoine à
l'amélioration duquel ils ne cessent de travailler. Le
point qui forme l'objet principal de leurs préoccupations,
est d'assurer l'observation de ses prescriptions, en atta-

[1] De Martens III, p. 245.
[2] Moynier R. D. I. 1886, pp. 554 et ss.

chant à toute transgression de la part des belligérants, une sanction énergique. Cette sanction paraît en effet nécessaire pour éliminer, dans la mesure du possible, les infractions à la Convention, mais comment l'assurer ? Nombre de projets ont été émis sur ce point, et par les personnalités les plus considérables de ce domaine du droit des gens, Lieber, Holtzendorff, Rolin Jaequemyns, Moynier.

Le projet de Moynier est le plus connu [1]. Il consisterait à instituer une juridiction internationale, composée en majorité ou même exclusivement d'éléments neutres, qui déciderait sur les cas qui lui seraient déférés, prononcerait des peines, alloueerait des dommages-intérêts, et dont les divers gouvernements seraient obligés d'exécuter les décisions. Ce projet comme tous ceux qui tendent à subordonner à l'appréciation de tiers désintéressés les affaires particulières des États, nous paraît purement chimérique. On a vite fait de dire que le tribunal international prononce son jugement, et que les gouvernements intéressés l'exécuteront. Mais cette exécution qui la garantira, quel sera le shériff comme le demande très bien Lieber.

Ce n'est pas en dehors des États intéressés qu'il faut aller chercher des garanties d'exécution de la Convention de Genève : c'est à eux-mêmes, à leur justice, à leur conscience de leurs intérêts véritables, qu'il faut se con-

---

[1] Moynier R. D. I. 1872, pp. 325 et ss.

fier. Que chaque puissance militaire publie, par tous les moyens possibles, le texte de la Convention, qu'elle en rappelle solennellement les prescriptions au début de chaque campagne, et le plus gros de la besogne sera fait, car il est remarquable que le plus grand nombre des infractions provient de l'ignorance des combattants, et non pas de leur mauvais vouloir. Puis que l'on inscrive dans les Codes militaires des peines contre ceux qui sciemment violeraient la Convention, et l'on aura atteint le but cherché en dehors de toute ingérence étrangère. Peut-être serait-il possible, (comme le proposait Holtzendorff) de charger des délégués d'État neutres de la constatation des infractions commises, et sur ce point, une réforme de la Convention serait-elle souhaitable. Mais quant à attribuer le jugement des infractions à des neutres, cela est impossible, parce que cela est contraire à l'indépendance et à dignité des États.

Telle est cette Convention de Genève, pleine d'imperfections lorsqu'on la regarde de près, mais qui n'en reste pas moins, l'un des plus beaux monuments qui aient jamais été édifiés à la gloire de l'humanité[1].

INHUMATIONS. — Le soin de la santé des armées en campagne, non moins que l'intérêt général de la région, théâtre des hostilités, exigent que le service des inhuma-

[1] Sur la neutralisation du service de santé dans les guerres maritimes. V. les articles additionnels 6-14 et Moynier. *Etude sur la Convention de Genève*, pp. 251 271.

tions soit soumis à des règles rigoureuses. Malgré leur intérêt général, ces matières n'ont pas fait jusqu'ici l'objet d'un règlement international. Elles restent dans le domaine des législations particulières. Voici les principales dispositions de la nôtre sur ce point[1].

Pour connaître le nom des militaires décédés, chaque soldat porte une plaque d'identité sur laquelle se trouvent inscrites, avec son nom, quelques indications essentielles. Cette plaque, n'est enlevée à l'homme qu'au moment de l'inhumation. En cas de défaut de cette plaque, on recueillera sur les effets de l'homme toutes les indications possibles. Les généraux feront bien de se transmettre mutuellement les renseignements ainsi obtenus.

Dans le but d'éviter l'infection résultant d'inhumations mal faites, un règlement contient des prescriptions minutieuses qui malheureusement ne seront pas toujours de nature à être éxécutées[2].

Il serait souhaitable enfin que, par une disposition précise, on écartât le danger où l'on se trouve toujours sur les champs de bataille d'inhumer des blessés qui n'ont pas cessé de vivre. Ce vœu est formulé dans le protocole de la conférence tenue à Genève en 1868[3].

---

[1] Décret du 25 août 1884. art. 26 et Notice 1. Lueder. La Convention de Genève pp. 269 et ss.

[2] Décret du 25 août 1884. Notice 5.

[3] Manuel de l'Institut, art. 19 et 20.

NEUVIÈME CONFÉRENCE

Nécessité des rapports entre belligérants au cours des hostilités. — Des parlementaires. — Leur inviolabilité. — Précautions prises contre eux, cérémonial de leur réception. — Relations entre belligérants, objets divers. — Conventions les plus usitées. — Des armistices. — Armistices généraux et armistices spéciaux. — Durée. — Effets de l'armistice. — Reprise des hostilités. — Dénonciation. — Capitulations. — Règles françaises. — Contenu des capitulations. — Usages ordinairement suivis. — Honneurs de la guerre. — Considérations générales. — Influence de la pratique des conventions sur la formation du droit des gens.

En vertu d'une règle constante de discipline militaire, au cours des hostilités, les belligérants doivent avoir ensemble le moins de rapports possible [1]. Outre que la fréquence des communications serait de nature à favoriser l'espionnage et à provoquer la trahison, elle aurait encore cette mauvaise conséquence d'affaiblir l'esprit militaire des troupes et de relâcher leur discipline. Un général évitera donc tous rapports avec l'ennemi qui ne seraient pas impérieuse-

_____
[1] Décret du 24 déc. 1811, art. 12. — Décret du 13 oct. 1863, art. 256. Code de just. mil. art. 205, 2°.

ment prescrits par les circonstances : ce n'est pas à dire cependant qu'il n'en entretienne point du tout. Il n'est pas de guerre où les chefs des armées opposées ne procèdent à un échange de communications. Comme nous allons le voir, ces communications leur sont nécessaires dans bien des cas pour régler certains points qui les intéressent également, et qui ne peuvent attendre une solution satisfaisante que de l'accord amiable des belligérants. De tout temps les conventions militaires ont été en usage ; de tout temps aussi leur observation stricte et loyale a été considérée comme la première et la plus certaine des lois de la guerre [1]. Il y a sur ce point unanimité complète parmi les anciens et parmi les modernes, car il apparaît trop clairement à l'esprit que la guerre, si elle autorisait même les manquements à la foi donnée, donnerait lieu à une suite de fourberies déshonorantes, et détruirait la confiance réciproque sur laquelle est basée toute espérance de retour à un état de paix. Les publicistes mêmes qui ont exagéré avec plus de complaisance l'étendue des droits respectifs des belligérants exigent le respect de la foi donnée. Bynkershoek, embarrassé de concilier cette solution avec la licence absolue qu'il reconnaît

---

[1] Grotius, l. III, ch. xix. — Vattel, l. III, ch. x. Bynkershoek. Quæst jur. publ. l. I, ch. i. Cf. Cic. de Off. I, § 13, iii, § 27 et le résumé des opinions de Balthazar Ayala dans Wheaton *Histoire des progrès dn droit des gens*. Intr. pp. 44.

au soldat, imagine d'expliquer que les adversaires qui
ont échangé leur parole ont cessé d'être ennemis et sont
devenus des amis pour qui concerne leur convention, et
chez les modernes, Rüstow, si vivement qu'il s'élève contre
toute idée de droit, ne laisse pas que de considérer l'usage
des conventions entre ennemis comme une exigence nécessaire de l'humanité [1].

Nous sommes donc ici en présence d'une loi incontestée, *Fides etiam hosti servanda*, et précisément parce que
cette loi est vraiment nécessaire, il ne faut pas hésiter à
lui donner une application aussi générale que possible.
Elle aura la même valeur en cas de guerre civile et en
cas de guerre étrangère, la même force dans les guerres
lointaines que dans les guerres européennes, et l'honneur
militaire est assez directement intéressé à son observation pour que l'on puisse dire que la parole donnée à un
ennemi ne doit pas être violée même à titre de représailles.

Les relations entre ennemis s'engagent par le moyen des
parlementaires. On désigne sous ce nom les militaires choisis par leurs chefs pour porter au commandant ennemi les
propositions, et en général les communications que ceux-ci
jugent à propos de lui faire. On se servait autrefois pour
cette mission de trompettes ou de tambours, particuliè-

---

[1] Bynkershoek, l. c. — Rüstow. Kriegspolitik, p. 226.

ment des tambours-majors[1] ; les fonctions de parlementaire ne sont plus maintenant aussi simples, et on les
confie exclusivement à des officiers choisis parmi les plus
intelligents et les plus expérimentés. Le parlementaire
se dirige vers les lignes ennemies accompagné d'un trompette et d'un soldat porteur d'un fanion blanc. Un inter-
prète le suit s'il le faut. On ne doit pas tirer sur un parlementaire, mais aussi n'est-on pas obligé de faire cesser
le feu au lieu où il se présente [2]. Si lui-même ou quelqu'un de sa suite vient à être atteint, c'est un accident de
guerre au sujet duquel aucune question de responsabilité
ne peut être élevée.

Un général n'est nullement obligé de recevoir le parlementaire qui demande à l'entretenir [3]. Il lui fera connaître alors aux avant-postes qu'il ne peut pas être reçu, et
donnera les ordres nécessaires pour qu'il puisse se retirer
en toute sécurité[4]. Même notre manuel de droit international
admet que l'on peut déclarer d'une façon générale que l'on
ne recevra pas de parlementaires, et décide qu'un officier

[1] Rüstow. Kriegspolitik, p. 228.

[2] Lentner enseigne qu'il est permis de tirer sur un parlementaire
quand il cherche à prendre la fuite après avoir été arrêté. (Das Recht
in Kriege p. 137). C'est qu'en pareil cas le soupçon d'espionnage devient à son égard une certitude.

[3] Lentner, l. c. p. 135. — Lueder, § 104, n. 2, — Bluntschli, § 684. —
Geffcken sous Heffter, § 126 nte 6. — Guelle I, p. 225.

[4] Manuel fr. p. 58. Cf. Déclar. de Bruxelles art. 44. §§ 1 et 3. et les
Actes de la Conférence pp. 49 et ss.

qui se présenterait aux avant postes en dépit de cette déclaration s'exposerait à être traité comme combattant. Mais
le manuel dit en même temps que cette résolution ne
peut être prise sans de très graves motifs, et seulement
pour un temps déterminé. Elle ne s'explique qu'autant
qu'un secret absolu doit couvrir une opération déterminée, une concentration ou un changement de front par
exemple ; aussitôt l'opération terminée, la défense doit
être levée, car un général s'exposerait à une juste réprobation s'il refusait de parti pris de recevoir les communications de l'ennemi pendant la durée d'une campagne.

S'il importe qu'un parlementaire puisse s'acquitter en
toute liberté et en toute sécurité de sa mission, il importe
au moins autant que cette mission ne puisse pas devenir
un prétexte à espionnage, une occasion de fraude, une
source de renseignements pour l'ennemi. C'est pourquoi
les règlements militaires déterminent jusque dans ses
plus petits détails le cérémonial qui doit accompagner
l'admission d'un parlementaire. Le décret du 26 oct.
1883 portant règlement pour le service des armées en
campagne (art. 174) dit que le parlementaire doit être
arrêté en dehors des lignes, et reconnu par le chef du
petit poste. Ses dépêches lui sont prises et envoyées au
commandant de la grand'garde chargé de les faire parvenir au chef des troupes. Jusqu'à ce que la réponse soit
transmise, le parlementaire doit être tenu le dos tourné à

l'armée et surveillé par le chef du petit poste. Aussitôt arrivée la réponse que l'on attend, le parlementaire est congédié.

Si le parlementaire demande à parler au commandant des troupes, on lui bandera les yeux, ainsi qu'à son trompette. Ce dernier sera gardé au petit poste ; quant à l'officier, il n'obtiendra accès auprès du commandant qu'autant que ce dernier aura donné l'ordre de l'introduire : à l'aller et au retour il aura les yeux bandés.

Une fois la commission faite, le parlementaire et son escorte doivent avoir la faculté de se retirer : cependant leur départ peut être différé pendant quelque temps si les nécessités militaires l'exigent. Enfin le règlement porte interdiction absolue de toute conversation avec un parlementaire. Ces précautions peuvent paraître minutieuses. On a dû les prendre parce que trop souvent sans cela, l'envoi de parlementaires ne serait qu'une ruse destinée à procurer sur les forces et les positions de l'ennemi des renseignements que l'on ne peut obtenir autrement.

Il est à peine besoin de remarquer que le parlementaire et les soldats de son escorte doivent de leur côté s'abstenir de tout acte d'espionnage. S'ils manquaient à cette loi que l'honneur leur impose aussi bien que l'usage de la guerre, ils pourraient être punis ; encore les Instructions pour les armées des Etats-Unis remarquent-elles que l'on ne doit procéder contre eux qu'avec une prudence extrême en raison du caractère sacré du drapeau qui les couvre [1].

Malgré toutes les précautions prises, il arrive trop souvent qu'un parlementaire est tué ou blessé. C'est ainsi que pendant la guerre de 1870 les belligérants se sont faits à ce sujet des reproches réciproques, mais jamais il n'a été démontré que d'une part comme de l'autre les accidents aient été dus à autre chose qu'au hasard ou à l'ignorance de quelques soldats. Que l'on fasse bien savoir à la troupe que l'on ne tire pas sur les parlementaires, c'est tout ce qui peut être exigé. A Strasbourg en 1870, pour éviter des accidents qui s'étaient répétés, il fut convenu que les parlementaires montés n'iraient jamais qu'au pas. [2] La mesure était bonne, mais, prise en vue d'une occasion particulière, elle ne peut être considérée comme une loi générale de la guerre .

CONVENTIONS ENTRE BELLIGÉRANTS. — Les communications faites d'une armée à l'autre peuvent avoir une infinité d'objets différents. Il faut donc se borner à citer les principales. Généralement elles se réfèrent à des conventions

[1] Instr. amér. art. 111-114.
[2] Calvo, § 2430, IV, p. 371, n° 1.
[3] Sur mer on se sert pour les communications entre belligérants de navires, dits navires de cartel qui à la condition de se confiner dans leur rôle, et de s'abstenir de toutes hostilités et de tout commerce, jouissent de l'inviolabilité des parlementaires. Ils ne peuvent être capturés ni à l'aller ni au retour (Phillimore III, §§ 112 et 113).

que l'un des partis propose à l'autre de contracter. Cependant, même en dehors de toute convention, il peut intervenir des communications ayant une importance internationale. Ainsi, après une bataille, celui des belligérants qui est resté maître du terrain et a eu la charge d'inhumer les morts, transmettra à l'autre soit les plaques d'identité trouvées sur les cadavres de ses soldats, soit les numéros de leurs effets, et en général tous les renseignements propres à établir leur identité. De même, il est du devoir de chacun des belligérants d'avertir son adversaire de l'armistice intervenu entre leurs gouvernements, lorsque cet armistice doit étendre sur eux ses effets [1]. Des communications pourront encore s'établir pour la commodité du service sanitaire (par exemple pour rapatrier des médecins ou des blessés) ainsi que pour une quantité d'autres objets.

Mais les plus fréquentes et les plus importantes de beaucoup de toutes les relations, qui peuvent intervenir, sont celles qui se réfèrent aux conventions entre belligérants. Passons en revue les plus usitées d'entre ces conventions pour nous arrêter ensuite aux deux types les plus fréquents, les armistices et les capitulations.

---

[1] Il est du reste certain que quoique prévenu par son adversaire de la signature d'un armistice, un général ne sera obligé de suspendre ses opérations que lorsqu'il aura reçu de son propre gouvernement notification de l'événement. Lentner, l. c. p. 137.

En général, une convention passée en temps de guerre
est valable pourvu qu'elle ait été librement consentie par
ceux qui avaient le droit de la signer, et que son objet
n'ait rien qui excède les nécessités de la guerre, ni qui soit
contraire aux principes d'honneur qui doivent la dominer. Elle doit être librement consentie, en ce sens au
moins que le général qui y souscrit ne doit pas être l'objet
d'une violence actuelle. Il faut qu'il jouisse de toute sa
liberté et puisse mûrement peser les avantages et les
inconvénients de la transaction qu'on lui propose. Une
promesse arrachée par le moyen de l'intimidation n'aurait soit contre lui, soit contre ses troupes aucune valeur[1].

[1] M. le commandant Guelle nous paraît aller trop loin lorsqu'il affirme que l'on n'a pas à tenir compte en notre matière de ce que l'on
appelle, en droit civil, la théorie des vices du consentement (t. I, p.
219). La nécessité d'un consentement exempt de vices, n'est nullement
une exigence purement juridique et civile, ce n'est rien autre que la
conséquence de cette idée évidente que le consentement n'a de valeur
comme manifestation de la volonté, qu'autant qu'il émane d'une volonté
libre de toute influence extérieure. Laissons de côté la lésion qui
même au point de vue civil est tout à fait exceptionnelle. M. Guelle
pense-t-il qu'un chef aurait à tenir la parole qu'on lui aurait extor-
quée à l'aide d'artifices coupables, à respecter par exemple un armistice que son ennemi aurait obtenu de lui, en lui affirmant sur l'honneur la signature d'une capitulation qui n'a jamais été conclue ? Pense-t-il qu'une convention est valable si les généraux qui l'ont conclue
ne se sont pas entendus sur son objet ? ou bien encore si l'un d'entre
eux a été de la part de l'autre l'objet de violences graves de nature à
le priver de toute liberté de détermination ? En temps de guerre,
comme en temps de paix, il est vrai de dire que les vices du consentement en altèrent la nature au point de lui ôter toute valeur.

Il faut en outre qu'il soit qualifié pour cela, mais il n'est nullement besoin d'une autorisation expresse à cet effet. D'après les usages, ou plutôt d'après les nécessités de la guerre, un chef d'armée doit être considéré comme ayant la libre disposition des troupes placées sous ses ordres ; quelques instructions qu'il ait reçues, au regard de l'ennemi, ce qu'il fait est bien fait, et la parole qu'il a donnée doit être tenue. Ce principe est nécessaire parce que trop souvent, après une capitulation, par exemple, on a excipé de ce que le commandant des troupes avait dépasssé ses pouvoirs pour se soustraire à l'observation des articles qu'il avait consentis. Il est naturel que les pouvoirs d'un général ne s'étendent pas au-delà des limites de son commandement : si donc il consentait à une convention portant, soit sur des forces non soumises à son autorité, soit sur des intérêts étrangers à la nature de ses fonctions, comme le seraient les intérêts politiques du pays, l'acte par lui consenti n'aurait aucun effet à moins d'une ratification de la part de l'autorité compé-tente.

Les conventions les plus usuelles entre belligérants sont les suivantes.

— Les échanges de prisonniers. Chacun des belligé-rants trouve à un échange de prisonniers ce double avantage de se débarrasser d'un poids mort qui l'encom-bre, et de récupérer un certain nombre de combattants tout formés. Pour établir dans les échanges la plus grande égalité possible, on a coutume de les pratiquer ainsi qu'il suit. Le nombre des hommes remis de part et d'autre est rigoureusement égal : on compte homme pour homme et blessé pour blessé. Les officiers sont échangés contre des officiers de grade égal : en cas de besoin on échange un officier contre un certain nombre d'hommes de troupe [1].

— Les conventions de rachat ou de rançon usitées en matière maritime à l'égard des navires de commerce qui ont été pris par les croiseurs ennemis.

— Les traités par lesquels on convient de considérer comme neutre une portion déterminée du théâtre des hostilités.

— Les accords relatifs au traitement des blessés ou des prisonniers, au service des postes ou à d'autres objets d'un intérêt commun.

— LES SAUF-CONDUITS. On les donne à certaines personnes pour leur permettre de traverser les lignes de l'armée, et en général de circuler dans des lieux qui sans cela leur seraient interdits. Lorsqu'ils sont accordés à des commerçants pour le fait de leur commerce, ils prennent le nom de licences. Les sauf-conduits ne sont dus qu'aux personnes revêtues d'un caractère diplomatique. Pour tou-

---

1 Calvo, §§ 2153-2156, iv, pp. 202-204. Wheaton II, 3.

tes autres personnes, des voyageurs, des correspondants de journaux, par exemple, ils sont simplement facultatifs. En dehors des licences commerciales, les sauf-conduits sont purement personnels à celui qui les obtient. Ils peuvent être révoqués lorsque les circonstances l'exigent, mais on ne les considère pas comme révoqués de plein droit par la mort ou le départ du général qui les a accordés.

Les sauf-conduits ne sont naturellement valables que pour l'armée dont le chef les a délivrés.

Sauvegardes. — On appelle sauvegarde la protection particulière accordée à un établissement que l'on désire mettre à l'abri des accidents de la guerre. Les sauvegardes sont mortes ou vives, mortes lorsqu'elles consistent simplement dans la délivrance d'un écrit constatant les immunités particulières que l'on juge bon de concéder, vives quand pour les rendre plus efficaces on fait garder l'établissement par un poste armé [1]. Ainsi un général donnera une sauvegarde à une maison lorsqu'en raison du zèle déployé par ses habitants en faveur des blessés, il leur accordera la dispense des logements militaires ou des contributions de guerre. Les sauvegardes à la différence des sauf-conduits ont une portée internationale. En cas d'occupation ennemie, les

---

[1] Klüber, § 274. — Bluntschli, § 686.

privilèges conférés par la sauvegarde ne sont pas nécessairement maintenus, mais· il est d'usage de laisser les
hommes qui constituent la sauvegarde rejoindre paisiblement leur parti avec armes et bagages.

ARMISTICES. Les armistices comptent parmi les conventions militaires les plus usitées et les plus délicates.
Ils ont un double emploi, et se divisent par suite en deux
espèces bien distinctes. Il y a des armistices généraux
et des armistices particuliers. Les premiers servent tantôt à faciliter la conclusion de la paix, et tantôt à la remplacer. Il arrive fréquemment (c'est presque la règle de
nos jours) que, pendant que l'on discute les conditions de
la paix, on convient d'un armistice général qui ne se ter-
mine qu'à la signature du traité. C'est ainsi que le traité
de Prague a été précédé par l'armistice de Nikolsburg, le
traité de Francfort par l'armistice de Versailles, le traité
de San Stefano par l'armistice d'Andrinople. Ces armistices sont de véritables traités de paix provisoires. Ils
sont conclus directement par les gouvernements intéressés [1], et le rétablissement des relations amicales entre les
belligérants ne tarde pas à se produire. Il peut arriver

---

[1] Le caractère provisoire du gouvernement de la défense nationale a
ainsi contribué à rendre pendant la dernière guerre les relations difficiles entre les belligérants. Il est intéressant de constater avec quelle
prudence et quelle habileté M. de Bismark a évité durant le siège de
Paris de se prêter à des actes qui auraient pu passer pour une reconnaissance de ce gouvernement.

même qu'un armistice fasse véritablement fonction de traité de paix. Pendant longtemps, la Porte croyait devoir à ses croyances de ne jamais conclure avec des chrétiens que des trèves de longue durée [1]. Ce procédé du reste fut appliqué aussi entre puissances chrétiennes. En 1684 une trève de vingt ans fut conclue entre la France et ses ennemis, ce fut la trève de Ratisbonne, et tout récemment, en 1871, une trève perpétuelle fut conclue entre l'Espagne d'une part et les républiques du Chili, de Bolivie, de l'Equateur et du Pérou d'autre part. Ce procédé présente à la vérité cet avantage de permettre le rétablissement de la paix, sans qu'aucun des deux adversaires soit obligé de se désister de ses prétentions, mais son emploi laisse après lui des semences de guerres futures : aussi est-il préférable de ne pas y recourir.

Mais ces grands armistices nous intéressent peu. Notre attention doit se porter de préférence sur les armistices de courte durée dont les effets sont limités le plus souvent à une partie des combattants, et qui sont consentis par les généraux en vue des besoins communs de leurs armées. Le Manuel français les appelle des suspensions d'armes, les Allemands pour bien les définir les qualifient de Waffenruhe, tandis qu'ils réservent le nom de Waffenstillstand [2] pour les armistices dont nous venons

1 Wheaton. Eléments II, p. 60. — Lueder, l. c. § 120 n. 40.
2 Lueder, l. c. § 120, p. 532. Le général de Schœnfeld avait proposé

de parler. Ces armistices peuvent être conclus en vue de
plusieurs objets différents, quelquefois pour prendre le
temps de relever les blessés et d'enterrer les morts après
une grande bataille, quelquefois pour permettre l'accomplissement d'une cérémonie — un armistice a été ainsi conclu à l'occasion des funérailles de Marceau, ou encore simplement parce qu'un impérieux besoin de repos s'est fait
sentir en même temps dans les deux camps. En pareil
cas, la question d'armistice est traitée par les chefs des
armées ou fractions d'armées en présence, sans qu'il soit
besoin d'aucune ratification du pouvoir central.

Un armistice est généralement convenu pour un temps
déterminé, un certain nombre d'heures ou de jours. Il
importe dans ce dernier cas de bien préciser, car il peut
facilement subsister un doute sur le point de savoir si
le premier et le dernier jour sont compris dans l'armistice. Lorsqu'il est dit que les hostilités cesseront pendant
un certain nombre de jours, cinq jours par exemple, on
compte ce délai d'heure à heure à partir du moment de
la convention, ou du moment fixé par la convention
comme devant être celui de la cessation des hostilités
suivant les cas. Lorsqu'il est dit que l'armistice durera
du 2 au 8 juin, on se demande si la journée du 8 juin

à la conférence de Bruxelles de distinguer entre l'armistice et la suspension d'armes. Ce projet n'aboutit pas parce que le général Hors-
ford, délégué Anglais, fit observer que l'anglais n'avait pas d'expression
pour désigner la suspension d'armes (Actes p. 53).

doit y être comprise. La question est très discutable, et il sera prudent de se servir d'expressions qui ne laissent place à aucun doute sur l'intention des contractants.

Aussitôt l'armistice arrêté, les hostilités doivent cesser. Aussi, de part et d'autre, le premier soin doit être de répandre sur toute la ligne la nouvelle de la suspension d'armes. Si les messagers n'arrivaient pas assez tôt pour empêcher des engagements partiels de se produire, on ne pourrait que le regretter, mais au moins tous les évènements réparables intervenus devraient être réparés, les prisonniers faits mis en liberté, le butin rendu, les prises maritimes restituées, et l'on comprend très bien que des croiseurs ne reçoivent qu'après un long temps la notification du fait de l'armistice. Il est arrivé souvent qu'un défaut de notification a été suivi des conséquences les plus graves. Notre histoire militaire en offre un triste exemple. On sait que par une décision dont les motifs sont difficiles à discerner, l'armée de Bourbaki avait été exceptée de l'armistice conclu le 28 janvier 1871. Bourbaki avait appris l'armistice, mais on ne lui notifia pas à temps l'exception dont il avait été l'objet [1]. Cette négligence fut, au témoignage de nos adversaires, une des principales causes de l'insuccès de ses opérations. Le point le plus délicat que l'on rencontre dans cette théorie de l'ar-

---

[1] Lentner, l. c. p. 145. — Rüstow. *Guerre des frontières du Rhin*. II, pp. 246 et s. — Ch. de Mazade. *La guerre de France, Revue des Deux-Mondes*, 1873, 10.

mistice est la détermination de ses effets. Il est clair qu'à
compter de la suspension d'armes toutes hostilités doivent cesser. En même temps donc que la poudre se taira,
chaque troupe se gardera soigneusement de toute incur-
sion sur le territoire occupé par l'ennemi, de toute saisie
également, car une saisie ne se justifierait que par le droit
actif de la guerre. Chacun reste donc sur ses positions,
et d'habitude, pour éviter les conflits, on trace à chaque
armée une ligne de démarcation qu'elle ne doit pas
franchir, de façon à laisser inoccupé entre ces deux lignes un territoire en quelque sorte neutre, et qui réali-
sera la séparation que l'on veut effectuer. Mais les obligations des belligérants s'arrètent-elles là, ou ne doivent-ils pas se soumettre dans leurs camps ou dans leurs
retranchements à une certaine inaction qui leur serait
commandée par le fait même de l'armistice ? En particulier, peuvent-ils réparer des brèches faites à leurs fortifications, peuvent-ils changer leurs positions et, éventuellement, abandonner un emplacement dans lequel ils
courraient le risque d'être cernés à brève échéance ? Une
place assiégée peut-elle se ravitailler, ou l'assiégeant est-il
fondé à refuser le passage aux approvisionnements ? On
aperçoit le grand intérêt de ces questions. Le plus souvent elles ne naissent pas, parce que les stipulations inter-
venues ont touché à ces divers points, mais il est possible aussi que celles-ci soient restées muettes, et alors le

doute s'élève, doute d'autant plus fondé qu'il n'existe pas de pratique constante à cet égard. Deux opinions se sont formées qui adoptent des formules différentes ; l'une veut que chacun des belligérants ne fasse rien pendant l'armistice de ce que l'ennemi aurait pu empêcher si les hostilités n'avaient pas été interrompues [1], l'autre plus libérale admet que les hostilités mises à part tout est permis [2]. Nous nous rallierons avec le Manuel français à cette dernière formule, parce que l'opinion contraire est d'une application impossible. Empêchera-t-on pendant l'armistice les troupes de se reposer, de se reformer, de s'exercer, et cependant tout cela la continuation des hostilités l'aurait empêché. Empêchera-t-on les généraux de combiner de nouvelles résolutions, et pourtant suivant toute vraisemblance, obligés de poursuivre leurs opérations, ils n'auraient pas pu le faire. La bonne foi si essentielle entre belligérants exige que leurs obligations respectives soient nettement délimitées, et elles ne le seront qu'autant que seules les hostilités leur seront interdites.

---

[1] Cocceius sur Grotius (Pradier-Fodéré sous Grotius, t. III, p. 430, n. 1). — Vattel, L. III, ch. xvi, §§ 245 et 246. Wheaton-Eléments, t. II, § 22, p. 61. — Fiore Traité, t. II, pp. 355 et s ; Code art. 1139. — Bluntschli, § 691 et n^to 1. — F. De Martens, III, p. 303. — Lentner, p. 146. — Phillimore III, § 118, pp. 186 et s. — Neumann, p. 200. — Dahn, p. 30. — Calvo, § 2439, iv, pp. 375 et s. — Berti. Le leggi. p. 61.

[2] Grotius, l. III, ch. xxi, § 7. — Klüber, § 278 (implicit). — Heffter, § 142, p. 331. — Guelle I, pp. 241 et s. — Lueder, § 120, pp. 535 et s. et n. 28-38. — Manuel, fr. p. 62. Cf. Instr. amér. art. 144. Cf. Morin, t. II, pp. 300 et s.

Peut-on savoir en effet ce que l'ennemi aurait empêché et ce qu'il n'aurait pas empêché. Cela est nécessairement incertain, cela prête à d'éternelles contestations. Donc l'assiégé pourra réparer ses brèches, le général pourra faire évacuer une position jugée par lui trop périlleuse. Ce ne sont pas des hostilités, et la foi donnée n'est pas violée. Que si par ces manœuvres un avantage est assuré à l'un des partis, l'autre ne pourra imputer le tort qui en résultera pour lui qu'à la seule imprudence qu'il a commise en consentant hors de propos à un armistice. Une ville cernée doit pouvoir attirer à elle les vivres nécessaires à sa consommation journalière [1], quoique cela ait été contesté per certains défenseurs de notre opinion, parce que la privation de cette ressource est un moyen d'action, un véritable acte d'hostilité (c'est le seul qui soit légitime contre la population de la ville), et que par suite le maintien de cette privation n'est autre chose que la continuation de l'action hostile. On sait qu'un armistice négocié en octobre 1870 échoua faute d'entente sur la question du ravitaillement de Paris.

Quoi qu'il en soit, il est facile de voir à quelles difficultés cette matière peut donner lieu, et combien est sage la recommandation faite par les auteurs de rédiger toujours par écrit les armistices et d'en calculer les termes avec le plus grand soin.

---

[1] Calvo, § 2440. — Guelle I, p. 243. — Contra Lueder, l. c. n^te 33.

Le temps fixé par la durée de l'armistice ayant pris fin, les hostilités peuvent recommencer de plein droit et sans dénonciation préalable, à moins que l'observation de cette formalité n'ait été convenue entre les parties. L'armistice prend également fin si ses clauses sont manifestement violées par l'un des belligérants. On agite alors la question de savoir s'il faut ou s'il ne faut pas une dénonciation. En droit rigoureux, la dénonciation n'est peut-être pas nécessaire, mais on fera sagement d'y procéder, ne fût-ce que pour ne pas s'exposer au reproche d'avoir recommencé le premier le combat. Il faut de plus bien observer que les faits d'hostilité qui se produisent n'engagent la responsabilité de l'ennemi, et ne servent de juste cause à une rupture de l'armistice qu'autant qu'ils sont commandés ou tout au moins autorisés par l'autorité militaire de l'adversaire. Si ces faits s'analysent dans des actes d'individus isolés et que rien ne permet de croire soutenus par leurs chefs, l'autorité de l'armistice n'en reçoit aucune atteinte: il n'y a rien autre à faire que d'en avertir l'ennemi, lui demander le châtiment des coupables [1], et une indemnité pour les dommages matériels qui ont pu être causés.

En général, dans le but d'éviter toute collision, on interdit dans chaque camp aux soldats tous rapports avec les soldats de l'autre camp.

[1] Bulmerincq, l. c. p. 377.

DES CAPITULATIONS. — Il peut arriver un moment où une forteresse assiégée, une armée cernée, ou un vaisseau désemparé se voient incapables de résister à l'ennemi et obligés à se rendre. La capitulation est l'acte qui consacre cette soumission. Les pouvoirs d'un officier sont, relativement aux capitulations, tout différents suivant que l'on envisage ses rapports avec l'ennemi ou avec le gouvernement dont il dépend. Vis à vis de l'ennemi, un commandant a ƒoujours le droit de capituler, le traité qu'il passe à cet effet est valable, et le pouvoir central serait mal venu d'en contester les termes. Mais en même temps il est possible que le fait de la capitulation engage gravement la responsabilité de l'officier envers son pays. Les lois françaises particulièrement sont sur ce point d'une juste sévérité. Le commandant d'une troupe qui capitule en rase campagne est puni de mort avec dégradation militaire, si la capitulation a pour résultat de faire poser les armes à sa troupe, ou si avant de traiter il n'a pas fait tout ce qu'exigeaient l'honneur et le devoir (art. 210 C. just. mil.) — Le commandant d'une place n'est autorisé à capituler qu'après avoir épuisé tous ses moyens de défense, et avoir rempli son devoir jusqu'au bout [1]. La peine est encore la mort. De plus tout commandant qui perd une place ou un vaisseau,

---

[1] Décret du 4 oct. 1891 sur le service des places de guerre, art. 195,

fùt-ce dans les conditions les plus honorables pour lui, passe devant un conseil d'enquète.

Ces sévères prescriptions auront pour conséquence de rendre les capitulations plus rares. Cependant, il s'en produira toujours : aussi devons-nous étudier cette importante convention.

Autrefois le commandant d'une place qui se rendait faisait battre la chamade, aujourd'hui on se borne à hisser le drapeau parlementaire. L'usage est de cesser le feu dès que l'on aperçoit ce drapeau, mais cet usage est-il obligatoire [1] ? La question est fort délicate parce que l'humanité paraît y contrarier la raison. D'un côté, il est certain qu'il y a de l'inhumanité à s'obstiner à cribler de projectiles une ville, un fort qui ne demandent qu'à se rendre, mais d'un autre côté la situation de l'assiégeant peut être fort critique. Outre que cette production du drapeau parlementaire n'est parfois qu'une ruse destinée à faire traîner les choses en longueur, il est possible que le temps employé aux négociations compromette sa position et l'expose à être serré entre deux feux par une armée de secours qui s'approche. Que fera-t-il en pareil cas ? Nous croyons que c'est avec raison que l'on admet que l'assaillant n'est pas obligé de cesser le feu, mais ce qu'il devra faire, à notre avis, pour donner satisfaction

---

[1] Cf. Lueder § 119, p. 527.

aux exigences de l'humanité, sera d'envoyer le plus rapidement possible un parlementaire aux assiégés, chargé
de leur offrir la reddition sans conditions. Par ce moyen
les intérêts de l'assiégé seront conciliés avec ceux de
son agresseur et les nécessités de la guerre n'auront pas
empêché l'humanité de réclamer ses droits.

Les termes d'une capitulation dépendent naturellement
des stipulations qui y sont insérées par ceux qui la ré-
digent. Quoique toujours digne d'attention, cette matière
ne présente point l'intérêt qu'elle avait autrefois. Au
moyen âge et jusqu'à une époque relativement récente,
le droit du vainqueur sur la garnison et même sur la population civile de la place conquise était absolu. La
personne comme les biens des habitants étaient à la
merci de l'ennemi, et il n'était pas rare de voir une population tout entière passée au fil de l'épée. Cependant
de telles atrocités demeuraient l'exception, et le plus
souvent quelques habitants étaient désignés, qui par le
sacrifice de leur vie devaient apaiser la fureur du vainqueur. L'exemple des bourgeois de Calais, qui durent
leur salut à l'intervention de la reine d'Angleterre, est
une image fidèle du sort habituellement réservé après
capitulation aux villes qui s'étaient bravement défendues [1]. Aujourd'hui, grâce à Dieu, la valeur n'est plus

---

[1] Farrer *Military manners.* pp. 100 et ss. Farrer (105) remarque très

un crime et les assiégés qui ont fait la résistance la plus opiniâtre sont aussi ceux qui forcés de se rendre reçoivent les meilleures conditions.

Il s'est formé relativement aux capitulations une pratique courante, sorte de loi générale dont nous trouvons l'expression la plus exacte dans les capitulations que durent subir nos troupes à la suite de nos premiers désastres en 1870[1]. Les généraux allemands nous imposèrent les conditions suivantes : Remise de la forteresse et de son matériel. Entrée en captivité de toute la garnison à l'exception (d'après Calvo) des gardes nationaux et des gardes mobiles qui habitaient la ville avant la déclaration de guerre. Faculté laissée aux officiers de garder leur liberté à la condition de s'engager par écrit à ne plus porter les armes contre l'Allemagne, condition qui par la suite fut modifiée et transformée en l'obligation plus large de ne rien faire de contraire aux intérêts de l'Allemagne[2]. Abandon de tout le matériel de guerre y compris les drapeaux, les armes, les munitions.

justement qu'à la guerre les plus grandes atrocités ont toujours été présentées comme un moyen d'abréger les hostilités. C'est par cette raison que l'on justifiait autrefois les menaces de mort que l'on adressait au commandant et aux défenseurs d'une place. C'est encore le même sophisme que l'on invoque pour pallier de nos jours l'abus du bombardement.

[1] Lueder, § 119 nto 8.

[2] Une pareille offre ne pourrait plus en un cas semblable être acceptée par des officiers français (Décret du 4 oct. 1891 art. 196).

Exceptionnellement les garnisons de Phalsbourg et de Belfort ayant forcé l'admiration de leurs ennemis obtinrent de sortir avec les honneurs de la guerre, c'est-à-dire en armes et leurs drapeaux déployés. Dans la guerre russo-turque, la capitulation de Nisch présenta ces particularités d'exempter la garnison de la captivité de guerre, et de contenir pour la population l'obligation de déposer provisoirement les armes [1].

Une question doit être examinée à ce propos. Lorsque toute prolongation de la défense étant jugée impossible, le commandant s'est résolu à capituler, est-il obligé de conserver pour les remettre à l'ennemi ses drapeaux, ses armes, ses approvisionnements ? Une distinction est ici nécessaire. Tant que la capitulation n'a pas été signée, le commandant demeure libre de détruire jusqu'à son dernier fusil et de noyer jusqu'à sa dernière cartouche. Aussi le commandant Taillant de Phalsbourg qui, après une résistance désespérée, détruisit tout son matériel ne mérita et ne reçut que des félicitations pour sa conduite. De plus, le règlement sur le service des places prescrit en pareil cas au commandant de brûler ses drapeaux ; [2] cet ordre n'a rien de contraire aux principes du droit international. Une fois l'accord intervenu, la situation

---

[1] Lentner, p. 143.
[2] Décret du 4 oct. 1891, art. 196 § 86.

change, et le vaincu est tenu sur son honneur à conserver pour son vainqueur tout ce qu'il a promis de lui remettre. C'est ainsi que l'explosion de la poudrière de Laon, alors que les Allemands occupaient déjà la citadelle, eùt été fort blàmable si elle avait été ordonnée par l'autorité militaire. On sait que cet accident eut pour cause le zèle intempestif d'un sous-officier. Le commandant eut tort cependant de ne pas exercer sur son personnel une surveillance plus exacte.

Observons que les capitulations ne doivent pas contenir de clauses politiques étrangères aux fonctions des généraux qui les consentent.

Ce doit être un point d'honneur pour les vainqueurs d'observer de bonne foi et rigoureusement les termes de la capitulation qu'ils ont accordée. Les exemples d'une conduite contraire ne sont malheureusement que trop fréquents. La capitulation de Gênes en 1814 en est resté un exemple célèbre [1]. Sur la foi des proclamations anglaises lui promettant le retour de son ancienne splendeur, Gênes se rendit aux troupes de lord Bentink, et ne fut pas moins incorporée au Piémont. Cette conduite trouva même en Angleterre de sévères détracteurs. De même, lorsque le maréchal Saint-Cyr, après une défense honorable, rendit Dresde aux alliés, on promit à la garnison le retour en

---

[1] Phillimore III, pp. 189 et ss.

France. A l'aide de manœuvres déloyales, on décida le maréchal à diviser son armée en petits groupes, puis on lui déclara qu'une capitulation accordée sans l'autorisation du général en chef prince de Schwartzenberg, était nulle, on fit les Français prisonniers. Marbot a raison de dire qu'en cette circonstance les généraux alliés se sont déshonorés [1].

Telles sont les conventions entre belligérants. Terminons par une observation générale. Les traités de cette sorte ont sur la formation du droit international une influence prépondérante. En effet, les diverses améliorations dont notre science peut s'enorgueillir ont eu leur origine première dans de petites conventions, toutes temporaires et relatives, passées entre généraux. Ces conventions souvent répétées ont donné naissance à une coutume, et le jour est venu où cette coutume a paru assez bien établie pour qu'il ne fût plus besoin de stipulations particulières pour la faire observer. Il en a été ainsi pour les blessés, pour les prisonniers, pour les capitulations, pour d'autres objets encore. Et telle est la marche ordinaire de la science. Ses premiers pas sont timides, puis par la force de la vérité, ses progrès s'accroissent sans cesse, et un moment vient où du consentement de tous elle règne en maîtresse incontestée.

[1] Mémoires, t. III, p. 367.

DIXIÈME CONFÉRENCE

De la sanction des lois de la guerre. — Moyens indirects. — Discipline
exacte maintenue par le général au sein de ses propres troupes. —
Constatation immédiate des infractions commises par l'ennemi. —
Moyens directs. — Application des lois aux délinquants. — Représailles. — Leurs inconvénients. — Silence des auteurs à cet égard. —
Des actes qui peuvent être accomplis à titre de représailles. — Contre qui est-il permis de les exercer. — Dans quelle mesure les représailles sont-elles licites. — Conclusion.

Nous avons cherché jusqu'ici à déterminer les règles
de conduite que la raison et l'humanité recommandent
aux belligérants. Mais cela ne suffit point, et notre œuvre ne sera complète que lorsque nous aurons indiqué
les moyens à l'aide desquels on pourra assurer une application constante, et suffisamment certaine aux principes que nous avons posés. Cette question de la sanction
des règles concernant le droit de la guerre, constitue assu-
rément la partie la plus difficile de la matière. Nous savons
déjà que l'indépendance respective des nations s'oppose à
ce qu'il puisse exister une autorité supérieure ayant charge
de définir les règles qui présideront à leurs rapports
réciproques, et possédant la force qui serait nécessaire
pour garantir leur observation. Au moins si la présence

d'une autorité suprême de cette sorte est théoriquement
concevable, elle ne s'est jamais vérifiée en fait, et
c'est sur le terrain des faits que nous poursuivons ces
études. Dès leur début nous avons eu à nous préoccuper des difficultés engendrées par cet état de choses, et
nous avons cherché à démontrer qu'il ne fait nullement
obstacle à l'existence et à la détermination du droit
de la guerre. Il convient maintenant de rechercher par
quels moyens on arrivera à assurer son observation,
même de la part de l'ennemi.

La première condition qu'il faut remplir pour obliger
son ennemi à suivre exactement les règles posées par le
droit des gens, est de les observer scrupuleusement soi-
même. Il est rare, en effet, que les infractions que l'on re-
doute se produisent ouvertement, et aucun chef n'est
jamais assez confiant dans sa force pour proclamer au
grand jour son mépris des exigences de l'humanité. Les
actes les plus barbares se couvrent du nom de représailles, et lorsqu'une injustice flagrante est commise, le
prétexte d'une injure antérieure est toujours là pour la
pallier. Un général ôtera tout prétexte à de semblables
défenses en exigeant rigoureusement de ses troupes l'observation des lois de la guerre. Qu'il les porte à leur
connaissance, qu'il prescrive solennellement à toutes
personnes ayant autorité de veiller à leur observation,
qu'il réprime ouvertement et sévèrement les fautes qui

peuvent être relevées à la charge de ses soldats, et par là même il agira sur son adversaire, en mettant ce dernier dans l'alternative de conformer sa conduite à l'exemple qui lui est donné, ou d'avouer à la face du monde que ce n'est point en civilisé, mais en barbare qu'il compte combattre son ennemi.

Il sera fort utile aussi de faire constater, de la façon la plus sérieuse, les infractions dont on peut avoir à se plaindre au fur et à mesure qu'elles se commettent.

A la guerre, les événements se précipitent, et dans le bouleversement qu'elle entraîne disparaissent rapidement les traces matérielles des faits que l'on aurait eu intérêt à sauver de l'oubli. Que l'on recueille toutes les preuves que l'on peut avoir d'une violation des lois de la guerre, alors qu'il en est encore temps, pour qu'ensuite on ne soit pas arrêté dans les réclamations qu'il peut être utile de formuler par l'impossibilité de fournir à l'ennemi une démonstration matérielle et irréfutable des infractions qu'on lui reproche. Même il faudrait pouvoir porter immédiatement les faits de ce genre à sa connaissance, car ce serait lui ôter tout prétexte à un renouvellement des mêmes délits. Il serait utile aussi de pouvoir faire faire des constatations de ce genre à des personnes appartenant à des puissances neutres, il serait excellent que ces dernières prissent l'habitude d'accréditer auprès des commandants en chef quelques officiers d'état-major qui, en même temps qu'ils suivraient les opérations militaires, constateraient la façon dont les lois de la guerre sont observées de part et d'autre, et dont les rapports fixeraient l'opinion publique sur ce point essentiel. N'est-il pas regrettable que la prudence excessive des neutres leur ait interdit de suivre à cet égard en temps de guerre les pratiques dont-ils usent depuis longtemps pendant la paix, et la cause de l'humanité et du droit ne serait-elle pas gagnée le jour où les hostilités se passesaient sous les yeux de témoins éclairés et impartiaux, véritables juges d'honneur dont les dépositions déverseraient sur les armées en présence l'éloge ou le blâme qu'elles auraient mérités[1] ?

On peut aussi réagir contre les infractions commises par des moyens de fait. Le plus efficace et le seul juste, est celui qui consiste à frapper rigoureusement les coupables. En temps de guerre, la facilité même des infractions, les nombreuses chances que possède le coupable de demeurer impuni, veulent que la punition soit exem-

---

[1] Ce mode d'emploi des neutres nous paraît seul vraiment pratique Autant il serait difficile de faire accepter aux belligérants l'immixtion dans leurs affaires d'une juridiction supérieure dont ils promettraient d'exécuter les arrêts, autant il est naturel que les neutres servent de témoins au cours des phases diverses d'un duel entre nations, et qu'après le rétablissement de la paix ils livrent à l'opinion publique, seule juge véritable, les résultats de l'enquête qu'ils ont été à même de poursuivre.

plaire lorsque le délinquant parvient à être saisi. En pareil cas, il est juste de dire qu'une sévérité inexorable est v éritablement de l'humanité, car elle prévient des maux infiniment supérieurs à ceux qu'elle entraîne, sans recourir cependant à la douloureuse nécessité de frapper des innocents. Voilà pourquoi la loi martiale est toujours si rigoureuse. On a souvent reproché aux Allemands la proclamation, adressée en août 1870 [1], aux habitants des départements occupés. Il est certain que les peines qui y sont portées témoignent d'une sévérité extrême, et que l'on peut espérer réprimer certains délits, sans prononcer toujours la peine de mort. Cependant cette sévérité se comprend, et une seule disposition de cette proclamation est vraiment barbare, c'est celle qui enjoint aux conseils de guerre de ne pas prononcer d'autre peine que la mort. Il peut y avoir en toutes circonstances des degrés dans la culpabilité, ne pas en admettre dans le châtiment c'est manifester l'intention de terroriser, et non pas de punir.

Mais il est difficile en notre matière de découvrir et de punir un coupable, et il a fallu recourir au moyen plus efficace, mais plus cruel des représailles.

Les représailles ont ici la même nature que nous leur

---

[1] Valfrey. *Histoire de la diplomatie du gouvernement de la Défense nationale*, t. III, pp. 271 et ss.

àvons reconnue lorsque nous les mettions au nombre des moyens de prévenir des hostilités imminentes. Elles consistent à répondre à une injustice par une autre injustice, à forcer l'ennemi à suivre le droit chemin par la crainte des maux auxquels il s'exposerait en persistant dans ses errements coupables. Un général sarde a donné des représailles une appréciation excellente en posant à leur sujet la règle suivante « quoique la représaille paraisse juste et de bonne guerre, il est des cas où il vaut mieux ne pas l'exercer »[1] . Toute la politique des représailles est dans ces mots, comme nous allons le voir en les examinant de plus près.

Les représailles sont légitimes parce qu'elles sont nécessaires; dans bien des cas, il n'existe pas d'autre moyen de montrer à l'ennemi que l'on est fermement décidé à ne pas tolérer plus longtemps les pratiques irrégulières qu'il ne craint pas d'employer. Les représailles en pareil cas seront la meilleure des démonstrations ; là où les représentations les plus pressantes ont échoué, il n'est pas rare qu'elles réussissent. Telle est leur utilité. Mais, en retour, que d'inconvénients ne présentent-elles pas ?

Les réprésailles sont éminemment difficiles à appliquer justement. Elles supposent qu'une injustice première a

---

[1] Marquis Costa de Beauregard. Mélanges tirés d'un portefeuille militaire, t. II, p. 31 règle 16.

été commise dont on veut empêcher le renouvellement.
Or, il est fort difficile, au milieu du tumulte d'un combat, de se rendre compte de l'esprit qui anime l'un des
belligérants, et de décider si un acte déterminé est dû
au hasard, à l'inattention, ou à la volonté arrêtée de méconnaître les principes du droit de la guerre. Un parlementaire a été atteint, est-ce hasard, est-ce intention,
nul ne peut le dire. Un blessé laissé sur le champ de bataille est retrouvé mort d'une nouvelle blessure, la
doit-il à la main homicide d'un maraudeur, ou à une
balle perdue, ou à un éclat d'obus ?

Pour un cas dans lequel le fait de l'infraction se dessi-
nera nettement, il s'en présentera dix dans lesquels il
restera douteux, et il faut considérer de plus qu'animés
par la chaleur de l'action, les belligérants sont naturellement portés à s'imputer mutuellement les excès les plus
condamnables. User de représailles sera souvent de nature à créer un double danger, le danger de commettre
une injustice, et le danger d'exaspérer un ennemi qui
prenant pour une provocation ce qui n'aurait dû être
qu'un châtiment, rejettera peut être tous les ménagements dont il avait cru devoir user jusque-là.

Mais ceci n'est encore que le moindre inconvénient
des représailles. Leur défaut le plus grave est de frapper
des innocents. Il répugne vraiment à la conscience
d'admettre qu'un soldat, innocent de tout crime et qui

a fait bravement son devoir devant l'ennemi, se voie
maltraité, plus souvent encore mis à mort pour venger les torts de compagnons d'armes qu'il ne connaît
même pas. Il n'a pas encouru la responsabilité et cependant il supporte la peine. Il n'est pas dans la guerre de
nécessité plus cruelle que celle-là.

Un cas a particulièrement frappé l'attention des pu-
blicites, c'est celui du capitaine Asgill [1]. Au cours de la
guerre d'indépendance américaine, un capitaine congres-
siste du nom de Huddy fut pendu par les loyalistes
sous prétexte de représailles. Le général anglais sir
Henri Clinton fit immédiatement arrêter et poursuivre
le capitaine sous la garde duquel était le prisonnier,
mais cette conduite n'apaisa pas Washington, qui de-
manda que ce capitaine lui fût immédiatement livré, et,
sur le refus de Clinton corroboré par la décision du conseil de guerre qui acquitta le prétendu coupable comme
ayant agi conformément à son devoir, fit tirer au sort
les officiers faits prisonniers à la capitulation d'York
Town. La victime désignée par le sort fut un tout jeune
homme, le capitaine Asgill, dont la destinée excita une
pitié universelle.

Ajoutons que pour cette fois l'humanité triompha des
usages barbares de la guerre, et que le capitaine Asgill
dut son salut à la médiation de la reine Marie-Antoi-

---

[1] Phillimore, t. III, pp. 169 et ss.

nette. Il fut sauvé, mais combien d'autres ont, dans des
cas semblables, été sacrifiés, qui n'étaient ni moins intéressants ni plus coupables, qui furent seulement plus
malheureux.

Encore si ces procédés produisaient toujours l'effet
que l'on attend d'eux. Mais il s'en faut qu'il en soit ainsi.
Trop souvent il arrive que les représailles, loin de ra-
mener à des sentiments plus justes de leurs devoirs ceux
qui les subissent, ne servent qu'à les irriter davantage.
Il en sera fatalement ainsi toutes les fois où les représailles auront été exercées sans motif sérieux, ou que
même fondées, elles auront dépassé la mesure de ce qui
paraissait juste. Or, n'est-il pas difficile d'éviter ce double écueil? Alors il arrivera qu'à de premières représailles succéderont de secondes représailles plus cruelles
que les premières, et que de représailles en représailles,
d'atrocités en atrocités, la guerre perdra sa noblesse, les
combattants leur honneur, et que la lutte se terminera
par une série de cruautés inouïes. Ainsi un procédé
employé pour remettre en vigueur le droit des gens,
aboutira fréquemment à ruiner complétement son crédit.
Il en était presque toujours ainsi au moyen-âge. Aussitôt que certains usages furent reconnus dans la pratique
de la guerre, l'habitude s'introduisit d'employer les représailles pour les faire respecter. Farrer[1] nous a donné

---

[1] Farrer. *Military manners and customs,* ch. IV.

un tableau sombre mais juste de l'état de choses que ces habitudes finirent par constituer : comme une vague amène une vague, un massacre en appelait un autre, et toute humanité finissait par disparaître dans cette suite de prétendues vengeances d'injures prétendues. Il rapporte [1] que pendant le séjour du duc d'Albe, dans les Pays-Bas révoltés, le siège de Harlem ne fut qu'une série ininterrompue de cruautés. Les Espagnols commencèrent, les Hollandais répondirent, et cela alla ainsi pendant toute la durée du siège, chacun cherchant à surpasser son adversaire en atrocité, sans que ces sanglantes représailles apportassent la moindre amélioration à la conduite des belligérants.

On comprend, en vérité, qu'en plus d'une circonstance des chefs aient aimé mieux souffrir patiemment l'injure de leurs ennemis plutôt que de recourir au moyen douteux et dangereux des représailles.

De ces inconvénients des représailles a résulté une conséquence curieuse. C'est que un grand nombre d'auteurs, même parmi les plus considérables et les plus soigneux, ont évité de traiter cette matière [2], pensant peut-être qu'il vaut mieux laisser dans l'ombre un sujet devant lequel il semble que le droit et l'humanité

---

[1] Id. p. 97.

[2] V. cep. Bluntschli, §§ 567, 580, 654 n. 4, 685 nte. — *Instr. améric.* §§ 27-29. — *Manuel de l'Institut*, art. 85, 86. — *Manuel fr.* ch. IV, p. 25. — De Martens III, p. 266. — Morin, ch. XIV, t. II, pp. 60 et ss.

restent également impuissants. Les délégués réunis en
conférence à Bruxelles ont eux aussi pris le parti du silence. Un projet de réglement des représailles avait été
soumis à la conférence [1], il fut écarté peut-être à raison
des difficultés que présentait ce règlement, ou plus probablement parce que les souvenirs de la guerre franco-
allemande étaient encore trop vivants pour permettre
aux délégués de discuter ce point dans toute leur liberté
d'esprit. On peut le regretter. Sumner Maine observe justement qu'il y a là une partie du Droit international sur laquelle il serait très désirable de posséder

— M^{ts} Costa de Beauregard l. c. — Calvo. §§ 2041, 2042, iv pp. 126 et
ss. — Funck-Brentano et Sorel. — *Précis du droit des gens*, pp. 293
et ss. Sumner Maine. *Le droit intern. La guerre* pp. 226 et ss. —
Guelle I pp. 138 et ss. — Berti. *Le leggi. Terza parte* pp. 103 et ss.
  [1] Voici le texte des dispositions relatives à cet objet.
  Principes généraux, § 5. Dans le cas où l'ennemi n'observerait pas
les lois et coutumes de la guerre, telles qu'elles sont définies par la
présente Convention, la partie adverse peut recourir à des représailles,
mais seulement comme un mal inévitable et sans jamais perdre de vue
les devoirs de l'humanité.
  · Section iv. *Des représailles.* § 69. Les représailles ne sont admises
que dans les cas extrêmes, en observant, autant que possible, les lois
de l'humanité quand il sera irrécusablement prouvé que les lois et
coutumes de la guerre ont été violées par l'ennemi et qu'il a recours à
des moyens réprouvés par le droit des gens.
  §70. Le choix des moyens et l'étendue des représailles doivent être
en rapport avec le degré d'infraction de droit commise par l'ennemi.
Des représailles démesurément sévères sont contraires aux règles du
droit des gens.
  § 71. Les représailles ne seront admises qu'avec l'autorisation du
commandant en chef, qui aura également à fixer le degré de leur rigueur et de leur durée.

un système de règles positives, et le baron Jomini, président de la Conférence de Bruxelles, faisait fort bien observer à ses collègues que si leur réticence pouvait faire
supprimer cette pratique, il ne pourrait que l'approuver,
mais qu'il n'en était point ainsi et que ce silence ne pouvait que nuire à la cause de l'humanité [1].

Nous suivrons l'avis du baron Jomini, et nous essaie-
rons de déterminer quelles mesures peuvent être prises à
titre de représailles contre qui il est permis de les diri-
ger et dans quelles limites il convient de les employer.

Tout n'est pas permis à la guerre, et cela est vrai
même lorsqu'on pratique des représailles. Pour arriver à
une séparation des représailles licites et des représailles
illicites, les considérations suivantes me semblent devoir
être proposées. On sait que le droit de la guerre tout entier repose sur un principe de logique et sur un principe
de morale. La logique veut que même durant les hostilités on ne fasse que le moins de mal possible, que toute
violence dont la nécessité n'est pas démontrée soit par
là même réputée illicite : de son côté, la morale exige que
la force s'arrête et renonce à se faire sentir là où son
emploi irait contre l'honneur de ceux qui la dirigent ou
contre les prescriptions de l'humanité. L'état de représailles nous paraît abolir ici l'influence de la logique, mais
il ne touche en rien aux exigences de l'honneur ou à celles

[1] Actes de la Conférence p. 194.

de l'humanité. Il admet les violences généralement inutiles, l'incendie, la dévastation, voire même le meurtre des prisonniers ou le refus de quartier, et ces actes ordinairement réprouvés comme inutiles prennent alors un sens particulier ; ils sont utiles au moins en tant que représailles, et servent la cause du droit si, en les pratiquant, on parvient à rétablir l'autorité méconnue des lois de la guerre. Mais l'état de représailles ne justifie ni une trahison, ni un manquement à la parole donnée, il ne saurait excuser davantage des actes manifestement inhumains, le meurtre de femmes, d'enfants, de personnes complètement étrangères au métier des armes et que l'humanité commande d'épargner, il ne légitimerait pas non plus, suivant nous, l'usage de moyens perfides comme le poison ou cruels comme l'emploi d'armes combinées de façon à augmenter sans profit les souffrances des blessés. Enfin, il ne peut en aucun cas faire disparaître le bénéfice de l'inviolabilité assurée aux malades et aux blessés, et il est à remarquer que la Convention de Genève ne contient pas un mot qui permette de penser que ses prescriptions perdent quelque chose de leur force en cas de représailles. En résumé, cet état particulier autorise toute rigueur, mais la cruauté il ne l'autorise pas. Sans doute la limite peut être difficile à tracer entre ces deux termes, et la seule chose à dire sur ce point est que chacun la cherchera dans sa propre conscience. En cette matière comme dans toutes celles qui intéressent directement l'honneur, aucune loi écrite ne peut indiquer avec la dernière précision les règles à suivre.

La détermination des personnes contre lesquelles les représailles peuvent être exercées prête à des recherches plus profondes. Il convient de remarquer d'abord que les représailles frappant par une nécessité malheureuse des innocents, établit entre tous ceux qui peuvent en devenir les victimes, une sorte de solidarité en vertu de laquelle chacun répond des fautes des autres. Cette solidarité est-elle indéfinie ou ne doit-elle pas subir certaines limitations ? Les représailles sont-elles en d'autres termes un procédé fatalement aveugle et susceptible de frapper une personne quelconque, ou n'y a-t-il pas ici même des distinctions à faire qui aboutiront à placer certaines catégories de personnes en dehors de leurs atteintes ? Nous pensons que des distinctions s'imposent ici qui nous sont suggérées non pas par le vain désir d'opposer une digue arbitraire aux rigueurs de la guerre, mais par la considération de l'objet et de l'utilité de ce mode d'action. Les représailles sont destinées à avertir l'ennemi en lui fournissant l'exemple des maux auxquels il s'exposerait en persistant dans la conduite irrégulière qu'il a adoptée. Il faut donc qu'elles soient de nature à faire impression sur ceux-là même dont dépend la cessation de cette conduite. De là cette règle que nous n'hésitons pas à considérer comme une loi absolue. Lorsque les infractions dont on se plaint émanent de militaires, c'est sur les militaires seuls que les représailles doivent porter. C'est d'eux en effet et uniquement d'eux que dépend la cessation des pratiques contre lesquelles on proteste. Et même un général avisé frappera plus volontiers en haut qu'en bas. C'est à ceux à qui est commise la surveillance des troupes qu'incombe plus particulièrement la responsabilité de leurs écarts de conduite. Des représailles exercées contre des officiers ou des sous-officiers seront plus profitables que celles qui atteindraient de simples soldats, elles seront aussi moins odieuses, car il est juste que la faute des hommes retombe sur leurs chefs [1]. Dans tous les cas, il nous paraît inhumain autant qu'absurde de venger sur des non combattants les torts imputables aux combattants. Quelle action les premiers peuvent-ils avoir sur les derniers, quelle espérance peut-on former de l'utilité de semblables traitements ? Ils sont étrangers les uns aux autres et c'est barbarie pure que de prétendre leur faire porter le poids d'une responsabilité commune.

La méconnaissance de cette loi a été peut-être le côté le plus odieux de la conduite tenue en 1870 par les Allemands pendant l'occupation. Nous ne citerons qu'un trait, il suffira. C'est l'épisode que M. Rolins Jaequemyns ap-

[1] De Martens III, p. 268.

pelle justement le crime de Vaux [1]. Le 28 octobre. 1870,
des francs-tireurs attaquèrent les troupes prussiennes
occupant le village de Vaux dans les Ardennes : ils leur
tuèrent un sous-officier. Immédiatement quarante habitants du village complètement innocents de toute participation aux hostilités étaient enfermés dans l'église du
village. Le lendemain, à la suite d'un conseil de guerre
tenu au presbytère et présidé par un colonel, le maire et
le curé furent invités à indiquer les plus mauvais sujets
de l'endroit pour être fusillés. L'un et l'autre s'y refusèrent avec indignation, alors on prit le parti de faire désigner par le sort les victimes de cet acte odieux, et,
après entente des habitants enfermés dans l'église, trois
d'entre eux furent saisis et massacrés sur le champ. Que
dire d'un semblable procédé ? En admettant même (ce
qui n'est pas) que les francs-tireurs eussent commis quelque délit en attaquant les troupes en résidence à Vaux,
quelle raison pouvait conduire à faire expier à de
malheureux habitants, désarmés, impuissants à se défendre comme à attaquer, un acte auquel ils n'avaient pris
aucune part et dont ils n'avaient pas la possibilité de prévenir le renouvellement ? Il faut se borner à transcrire
ici l'expression du dégoût soulevé chez les neutres par
l'abominable conduite de nos ennemis. « Le monde, dit
l'un d'eux, doit au moins aux Allemands de lui avoir mon-

---

[1] Rolin Jaequemyns. R. D. I. 1873, pp. 279 et ss.

tré la guerre sous son vrai jour, en la ramenant du domaine du roman où on la couvrait de brillantes couleurs
et de l'éclat de nobles actions à la région du jugement
sain où le soldat, le voleur et l'assassin peuvent à peine
être distingués [1]. » Sans croire avec Farrer que ces excès
soient le propre de toutes les armées, il faut convenir
que les Allemands ont fait durant la dernière guerre tout
ce qu'il fallait pour accréditer cette opinion.

Le crime de Vaux n'est pas demeuré isolé, bien d'autres faits ont été commis presqu'aussi atroces et qu'il
nous répugne de rapporter ici [2] ; bien d'autres fois les
Allemands ont affirmé cette solidarité étrange et barbare
entre les soldats et la population civile, montrant ainsi le
cas que l'on pouvait faire de la parole solennelle donnée
par leur empereur au moment où il était entré sur le
territoire français.

[1] « The world, therefore, at least, owes this to the Germans, that
they have tanght us to see war in its true light, by removing it from
the realm of romance, where it was decked with bright colours and
noble actions, to the region of sober judgement, where the soldier,
the thief, and the murderer are seen in scarcely distinguishable colours. » (Farrer. *Military manners.* p. 119).

[2] Régulièrement les moindres sujets de plainte élevés contre des
combattants étaient suivis de contributions énormes imposées aux habitants qui n'en pouvaient mais, et encore ne s'en est-on pas toujours tenu là, comme le prouvent, entre autres exemples, la destruction
par le feu du village de Fontenoy et l'enlèvement d'otages pour venger
la captivité des officiers de la marine marchande allemande (Proclamation du général de Bonin. Nancy, 23 janvier 1873. — Valfrey. Pièces justificatives, t. III, p. 284).

Passons au cas où l'infraction alléguée est le fait d'individus non combattants, et demandons-nous dans quelle mesure la responsabilité de leurs concitoyens peut être engagée et servir de motifs à représailles. L'hypothèse ne peut pas être jugée par les principes précédemment exposés, car elle n'est pas analogue. Il n'existe pas dans le sein de la population civile une discipline semblable à la discipline militaire, sur l'action de laquelle l'ennemi puisse compter, et dont il ait le droit de considérer l'insuffisance comme une irrégularité susceptible de servir de base à des représailles. Il existe, en vérité, des autorités publiques dans chaque localité un peu importante, un sous-préfet, un maire, au moins un adjoint ; mais quelle action peut-on attendre de ces personnes en temps de guerre, alors qu'elles n'ont plus derrrière elle la force publique de leur pays, qu'elles ne peuvent compter que sur leur ascendant personnel pour dominer et maintenir dans la règle du devoir leurs administrés, et de plus cette population flottante qui, chassée de son domicile par les opérations militaires, erre cà et là se réfugiant partout où elle pense pouvoir trouver un abri. Les représailles exercées sur les habitants devraient être supprimées ; plus que toutes autres elles sont injustes et en plus elles sont inutiles[1]. Pense-t-on que lorsque l'on aura par le fer et le feu dé-

[1] De Martens III, p. 269.

truit les trois quarts d'une population, comme le général von der Tann l'a fait à Bazeilles, lorsque l'on aura incendié systématiquement une ville, brûlant dans leurs lits les malades et les blessés incapables de fuir, comme le général von Wittich l'a fait à Châteaudun [1], on empêchera un maraudeur d'achever un blessé pour le dépouiller, ou même un habitant, rendu fou par toutes ces atrocités, de saisir un fusil et de tirer sur le premier ennemi venu? A quoi bon ces représailles, et ne semble-t-il pas que tout cela n'a été fait que pour le plaisir de verser le sang ? Ces actes sont mille fois plus horribles et tout aussi inutiles que le sac du palais d'été de l'empereur de la Chine, que l'on nous a si souvent reproché, quoique le commandant français, loin de l'ordonner, ait fait des efforts malheureusement infructueux pour le prévenir [2]. Il faut que l'ennemi se défende cependant. Comment y parviendra-t-il si on ne lui permet pas d'exercer des représailles sur les personnes des non combattants ? Nous répondons à cela que les sévérités de la loi martiale se justifient précisément par cette nécessité de se défendre contre des entreprises isolées et imprévues qui seraient trop tentantes si des peines rigoureuses n'y étaient attachées. Nous irons plus loin, et

[1] Pour Bazeilles. V. la lettre déjà citée du duc de Fitz. James au Times (Calvo, § 2060, t. IV, p. 142) pour Châteaudun la lettre du maire au ministre de l'intérieur dans Valfrey, t. III, p. 276.

[2] Morin, t. II, p. 82.

nous admettrons que si ces entreprises se multiplient au point de faire craindre que la position des troupes ne devienne bientôt intenable, on pourra repousser cette population et, par la destruction complète de ses habitations, la contraindre à une expatriation momentanée. Ajoutons que, par des règlements de police bien ordonnés, il sera possible de faire disparaître la plus grande part des dangers que l'on peut redouter. Il est toujours possible à un occupant de maintenir l'ordre, et l'ordre une fois établi, les périls qu'il peut courir deviennent insignifiants en face des périls généraux de la guerre.

On voit donc que les représailles contre la personne des habitants ne sont ni nécessaires ni utiles, c'est dire que leur suppression s'impose [1].

Reste enfin à déterminer dans quelle mesure ou comment les représailles pourront être exercées. Plusieurs règles doivent être posées ici qui ont déjà reçu l'assentiment de la science et de l'opinion publique.

Il faut d'abord qu'une infraction au droit des gens ait été commise, car les représailles honnêtement exercées n'ont pas le caractère d'une vengeance, mais celui d'un châtiment [2]. Et cela ne laisse pas que de présenter des

---

[1] Le seul cas où la nécessité de représailles personnelles contre l'habitant puisse être défendue avec raison est celui d'une guerre contre des non civilisés qui, étrangers à toute idée d'ordre et de devoir ne peuvent être contenus que par des exemples éclatants.

[2] Bluntschli, § 567. — Morin II, pp. 74 et ss. — Calvo IV, p. 127.

difficultés en raison des nombreux points de notre discipline qui sont encore l'objet de doutes sérieux. Il arrivera souvent qu'un chef ordonne de bonne foi et en
pleine sûreté de conscience des mesures qui seront cependant considérées par son adversaire comme autant
d'atteintes à ses droits, et donneront lieu à des représailles au moins imprévues, si elles ne sont imméritées.
Pour éviter autant qu'il est possible des inconvénients
de ce genre, il est bon que l'exercice du droit de représailles soit précédé d'une dénonciation [1]. Cette dénonciation aura une double utilité. Si le caractère délictueux
de l'acte incriminé est constant, elle servira d'avertissement au chef auquel elle est adressée. Par une surveillance plus sévère, celui-ci pourra faire cesser le
désordre qui a donné lieu à la plainte, et échapper ainsi
aux mauvais traitements dont on le menace. Mais il est
possible que le caractère de l'acte reproché soit lui-même
contesté : en ce cas la dénonciation préalable donnera
lieu à une discussion de laquelle une entente pourra
résulter ; à la suite de cette entente, l'action contestée
sera proclamée illicite de part et d'autre, ou sera admise
comme conforme au droit de la guerre. Dans l'un et
l'autre cas les représailles seront encore évitées. Sans
doute toutes difficultés ne seront pas levées par là, et il

[1] Guelle I, p. 141.

pourra arriver que les belligérants ne parviennent pas à se mettre d'accord sur la question qui les divise. C'est ce que nous avons vu se produire au sujet de la capture et de l'internement des équipages de vaisseaux de commerce allemands capturés par la marine française[1]. La tradition autorisait cette capture, et la question de savoir si le principe de l'abolition de la course dépouillait la tradition de son autorité était fort délicate. Aussi des notables bourguignons furent-ils arrachés à leur foyers et internés en Allemagne en plein hiver à titre de représailles. On peut regretter l'issue de cette affaire, car il semble que rien n'eût empêché de soumettre à l'arbitrage d'une puissance neutre et désintéressée la solution de cette grave difficulté[2].

On s'accorde à exiger que les représailles soient ordonnées par le chef de l'armée[3]. C'est en effet le

V. la dépêche du prince de Bismark au gouvernement de la défense nationale du 4 oct. 1870, la réponse de M. de Chaudordy du 28 octobre et la seconde dépêche du prince de Bismark du 16 novembre, dans Valfrey III, pp. 296 et ss.

[2] Rappelons à ce propos que les pires excès commis par les Allemands en 1870, l'incendie de Châteaudun par exemple, ont été parés du titre de représailles motivées par l'intervention de francs-tireurs dans les hostilités. Les corps francs ayant incontestablement la qualité de combattants réguliers, ces prétendues représailles n'avaient, en réalité aucune raison d'être, et ne sont pas moins blâmables dans leur principe, que dans les moyens sauvages employés pour les exécuter.

[3] *Manuel de l'Institut,* art. 86, § 2. — Morin II, p. 79. — Guelle, l. c.

meilleur moyen d'obtenir qu'elles ne soient exercées qu'en cas de nécessité véritable, et qu'elles ne dépassent pas la mesure permise. Cependant cette règle même ne saurait être réputée absolue. Il est possible qu'un détachement agissant isolément se trouve dans l'obligation d'employer ce moyen de répression. L'officier qui le commande pourra alors, quel que soit son grade, prendre les mesures nécessaires. sauf à rendre compte de sa conduite à ses supérieurs hiérarchiques. Il est à peine besoin de dire que, dans ce cas spécial, les représailles ne sont pas soumises à d'autre lois que celles qui les régissent en général. En aucun cas elles ne doivent être permises à de simples soldats.

Nous avons enfin posé la question de la mesure dans laquelle les représailles peuvent être légitimement exercées. Il y a là un point nécessairement livré à l'appréciation individuelle, et sur lequel cependant certaines considérations générales ne seront pas inutiles. Une règle universellement admise d'abord, c'est que les représailles à exercer doivent être mesurées dans leur rigueur sur la gravité de l'infraction dont on se plaint. Des représailles insignifiantes vis à vis d'une infraction grave seraient simplement puériles. Des représailles fort sévères pour une irrégularité de peu d'importance sont cruelles et arbitraires. On a blâmé l'Angleterre pour avoir ainsi donné une importance évidemment exagérée à la célèbre affaire de dom Pacifico. Pour quelques dommages causés par une insurrection à un étranger qui se couvrait de la protection anglaise, (quoique sa nationalité anglaise fût incertaine), l'Angleterre ombrageuse à l'excès mit ses flottes en mouvement et ordonna le blocus des côtes de la Grèce. L'affaire elle-même eut sa conclusion dans un arbitrage, et aboutit à une condamnation à 3,000 fr. de dommages-intérêts. *Parturiunt montes, nascitur ridiculus mus.* Il faut donc une certaine proportion entre l'offense et sa punition [1].

Est-ce là le seul rapport qu'elles doivent présenter entre elles ? Les représailles tiennent évidemment comme nature de la peine du talion. Il faut donc, si cela est possible, établir une certaine ressemblance entre l'offense et le châtiment. Vous massacrez nos prisonniers, nous massacrerons les vôtres, vous laissez nos blessés sans secours, nous agirons de même envers vous en pareil cas, vous tirez systématiquement sur nos parlementaires, nous vous prévenons que nous n'en accepterons aucun de votre part, tout cela est juste, exactement égal. C'est, s'il est permis de s'exprimer aussi, l'idéal des représailles. Mais cela n'est pas toujours possible. On ne peut pas venger les ravages commis par l'occupant dans le pays occupé par des ravages semblables, mais on peut saisir

---

[1] Manuel, fr. p. 26. — *Manuel de l'Institut*, art. 86 § 1.

les biens appartenant aux nationaux de l'occupant, et les faire vendre pour le prix être employé à titre de dommages. Ou bien, on ne veut pas imiter l'ennemi parce que sa conduite a quelque chose de déshonorant : dans ce cas, encore, on procédera par équivalents en se gardant bien de toutes pratiques qui pourraient être jugées excessives. C'est pour ce motif qu'un dommage matériel ne doit pas avoir comme corrélatif un acte de rigueur contre les personnes, moins encore le sacrifice de leur vie. Il y aurait abus manifeste. Ajoutons en terminant que les représailles étant comme la guerre elle-même dirigées contre la puissance publique de l'ennemi, elles devront être dirigées d'abord contre les biens de l'Etat et seulement ensuite contre la fortune, la liberté ou la vie des simples particuliers.

Ainsi se trouve épuisée la suite des questions relatives aux hostilités et aux rapports des belligérants. La théorie de l'occupation militaire, la matière de la neutralité, les diverses questions qui se rattachent au rétablissement de la paix, forment un nouveau sujet d'études : il sera traité dans une seconde série de conférences.

Les développements que nous avons consacrés aux divers sujets ci-dessus traités ont montré à maintes reprises les grandes difficultés que présente la détermination des lois de la guerre. Malgré l'incertitude qu'il est impossible d'éliminer complétement d'un matière de ce genre, ils auront eu leur utilité, s'ils ont contribué à établir cette vérité que l'homme ne peut se mettre au-dessus du droit, même dans les circonstances où son observation paraît rencontrer le plus d'obstacles, que le droit de la guerre a sa raison d'être, et qu'il ne peut y avoir ni dignité morale pour l'individu, ni honneur véritable pour les nations sans un attachement inébranlable à ses principes.

FIN

TABLE DES MATIÈRES

SIXIÈME CONFÉRENCE

DES SIÈGES ET DES BOMBARDEMENTS

SEPTIÈME CONFÉRENCE

HUITIÈME CONFÉRENCE

FIN DE LA TABLE

Imprimerie DESTENAY, Saint-Amand (Cher).

EXTRAIT DU CATALOGUE GÉNÉRAL

ASSER (T.-M.-C.), conseil du Ministère des Affaires étrangères du royaume des Pays-Bas, avocat, professeur à l'Université d'Amsterdam : — **Eléments de Droit international privé ou conflit des lois.** Droit civil. — Procédure. — Droit commercial. Ouvrage traduit, complété et annoté par Alphonse RIVIER, professeur à l'Université de Bruxelles, secrétaire général de l'Institut de Droit international, 1 vol. in-8 . . . . 8 fr.

CALVO (Charles), ancien ministre, membre correspondant de l'Académie des sciences morales et politiques et de l'Institut de France, de l'Académie royale d'histoire de Madrid, fondateur de l'Institut du Droit international, etc. — **Le Droit international théorique et pratique**, précédé d'un exposé historique des progrès de la science du droit des gens, 5e édit. revue et complétée, 5 vol. grand in-8. 75 fr.

— **Manuel de Droit international pratique et privé**, conforme au programme des Facultés de Droit, 3e édition, 1892, 1 vol. in-12. 7 fr.

— **Dictionnaire de Droit international public et privé**, 2 vol. gr. in-8, 1885 . . . . 50 fr.

— **Dictionnaire manuel de Diplomatie et de Droit international public et privé**, 1 vol. gr. in-8. 1885. . . . . 25 fr.

DARRAS (Alcide), docteur en Droit : — **Des droits intellectuels.** —
— **Du Droit des auteurs et des artistes dans les rapports internationaux.** (Ouvrage couronné par la Faculté de droit de Douai et par l'Académie de législation), 1 vol. in-8 . . . . . 12 fr.

FAUCHILLE (Paul). — **Du blocus maritime.** Étude de Droit International et droit comparé, suivie d'une table analytique 1882, 1 vol. in-8 . . . . 9 fr.

HOLTZENDORFF (Franz de), professeur à l'Université de Munich : — **Eléments de droit international public**, traduit de l'allemand par G. Chr. Zographos, 1 vol. in-8, 1891. . . . . 5 fr.

LÉVASSEUR, *membre de l'Institut, professeur au Collège de France et au Conservatoire des Arts-et-Métiers*. **La population française.** Histoire de la population avant 1789 et démographie de la France comparée à celle des autres nations aux XIXe siècle. précédée d'une introduction sur la statistique, 3 vol. gr. in-8 . . . . . 37 fr 50

MILOVANOWITCH, docteur en droit : — **Les traités de garantie au XIXe siècle.** Étude de Droit international et d'histoire diplomatique. Théorie juridique. Les congrès de Vienne et la Sainte-Alliance. Question Polonaise. Neutralité Suisse. Neutralité Belge. Formation de l'unité Allemande. Neutralité du Luxembourg. Question d'Orient. Valeur pratique des traités de garantie, 1888, in-8 . 8 fr.

NEUMANN (Baron Léopold de), conseiller privé, professeur de Droit à l'Université de Vienne, membre de l'Institut de Droit international : — **Elément du Droit des gens moderne européen.** Traduit de l'allemand sur la 3e édition revue et augmentée, et annoté par A. DE RIEDMATTEN, avocat à la Cour d'appel de Paris, docteur en Droit, 1886, in-8. 7 fr.

PICCIONI (Camille), docteur en droit: — **Essai sur la neutralité perpétuelle** 1 vol. in-8 1891 . . . . 5 fr.

VERNESCO (Constantin-G.), docteur en Droit : — **Des fleuves en Droit international**, 1 vol. in-8, 1888 . . . . 8 fr.

SAINT-AMAND (CHER). — IMPRIMERIE DESTENAY, BUSSIÈRE FRÈRES.

www.ingramcontent.com/pod-product-compliance
Lightning Source LLC
Chambersburg PA
CBHW060420200326
41518CB00009B/1430